元和十四年

大唐中兴与沉沦的十字路口

李旭东 著

团结出版社

图书在版编目（CIP）数据

元和十四年：大唐中兴与沉沦的十字路口 / 李旭东著 . -- 北京：团结出版社，2024.8
ISBN 978-7-5234-0992-3

Ⅰ.①元… Ⅱ.①李… Ⅲ.①中国历史－唐代－通俗读物 Ⅳ.① K242.09

中国国家版本馆 CIP 数据核字 (2024) 第 098584 号

出　版：团结出版社
　　　　（北京市东城区东皇城根南街 84 号 邮编：100006）
电　话：（010）65228880　65244790（出版社）
　　　　（010）65238766　85113874　65133603（发行部）
　　　　（010）65133603（邮购）
网　址：http://www.tjpress.com
E-mail：zb65244790@vip.163.com
　　　　tjcbsfxb@163.com（发行部邮购）
经　销：全国新华书店
印　装：三河市东方印刷有限公司

开　本：163mm×240mm　16 开
印　张：19.75
字　数：299 千字
版　次：2024 年 8 月　第 1 版
印　次：2024 年 8 月　第 1 次印刷

书　号：978-7-5234-0992-3
定　价：69.00 元
　　　　（版权所属，盗版必究）

目 录

第一章　宪宗皇帝上位史

饱经磨难的皇孙　　　　　　　　　　／ 2

岌岌可危的太子之位　　　　　　　　／ 8

险象环生的登基之路　　　　　　　　／ 16

"永贞内禅"的内幕　　　　　　　　／ 27

罗令则案与顺宗之死　　　　　　　　／ 40

第二章　错综复杂的三川乱局

屈辱妥协还是冒险一战　　　　　　　／ 54

高崇文脱颖而出背后的隐情　　　　　／ 60

花了一半预算就结束的战争　　　　　／ 66

土豪的好日子到头了　　　　　　　　／ 75

平稳过渡中的小插曲　　　　　　　　／ 85

高崇文的不安　　　　　　　　　　　／ 93

武元衡的作用　　　　　　　　　　　／ 102

第三章　保卫大唐的钱袋子

李锜的小心思　　　　　　　　　　　／ 108

三个人结束一场战争　　　　　　　　／ 115

大唐经济生命线　　　　　　　　　　／ 121

第四章　元和三年制举案背后的权力斗争

  扑朔迷离的真相　　　　　　　　　／ 130
  李吉甫为何会突遭罢免　　　　　　／ 139
  裴垍的高光时刻　　　　　　　　　／ 143

第五章　贸然发动却又惨淡收场的战争

  情理之中的意外　　　　　　　　　／ 148
  各方的小算盘　　　　　　　　　　／ 155
  穿破乌云的希望之光　　　　　　　／ 160

第六章　旷日持久的淮西之役

  迟早要到来的战争　　　　　　　　／ 166
  实力悬殊的对比　　　　　　　　　／ 169
  用人不当引发的恶果　　　　　　　／ 173

第七章　宰相当街公然被杀之后

  一死一伤的悲剧　　　　　　　　　／ 178
  险些遭到血洗的洛阳城　　　　　　／ 182
  再度铩羽而归的无奈　　　　　　　／ 184

第八章　雪夜下蔡州

  不靠谱的统帅　　　　　　　　　　／ 190
  有着一颗不安分之心的不知名将领　／ 195
  旧貌换新颜的蔡州　　　　　　　　／ 207

第九章　元和中兴的落幕之战

  作死的李师道　　　　　　　　　　／ 212

当断不断　反受其乱　　　　　　　　/ 216
　　宰相遇刺的真相　　　　　　　　　　/ 221
　　骤然而至的叛乱　　　　　　　　　　/ 224

第十章　碑文之争背后的权力博弈

　　究竟是谁挑起了这场争端　　　　　　/ 230
　　孰优孰劣的两篇碑文　　　　　　　　/ 233
　　这场风波背后的政治动因　　　　　　/ 236

第十一章　后宫危机与宪宗之死

　　不立皇后的皇帝　　　　　　　　　　/ 249
　　太子死亡疑云　　　　　　　　　　　/ 250
　　更换太子的前奏　　　　　　　　　　/ 256
　　始料未及的疯狂反扑　　　　　　　　/ 261

第十二章　功亏一篑的中兴

　　一个决定丢了两个藩镇　　　　　　　/ 268
　　因一个人毁了整个计划　　　　　　　/ 271
　　劳而无功的征讨　　　　　　　　　　/ 278
　　大敌当前的内部斗争　　　　　　　　/ 283

附录　　　　　　　　　　　　　　　　/ 289

参考文献　　　　　　　　　　　　　　/ 305

元和十四年（公元819年）是唐宪宗李纯在位的最后一个完整年度，这一年似乎只是大唐二百八十九年中的普通一年，却影响了此后长达一个半世纪的历史进程；这一年看似是在凯歌高奏中度过的，但朝堂上早就暗流汹涌，后宫中早已杀机四伏！

这一年里发生的很多事看似偶然，其实却是必然；看似随意，其实却饱藏深意。身为皇帝的李纯自认为能够掌控一切，但他的生命却因一场阴谋戛然而止，以至于大唐中兴之梦刚刚实现便迅速沦为了泡影。由此带来的负面影响直到北宋立国才渐渐得以消除。

第一章

宪宗皇帝上位史

元和十四年（公元 819 年）正月初一，气势恢宏的大明宫内按照惯例应当举行盛大的庆典来庆祝新的一年的到来，不过宪宗皇帝李纯却突然下诏停止庆贺，因为讨伐淄青的战事正在如火如荼地开展，大唐的将士们正在寒风中激烈厮杀着，他想要与自己的将士们同甘共苦、风雨同舟。

淄青之战即将成为李纯削藩的收官之战，曾经遥不可及的中兴之梦如今已然是触手可及，此时此刻只有他自己才知道这一路走来是多么的不易，多么的艰难！

饱经磨难的皇孙

大历十三年（公元 778 年）二月十四日，伴随着一声清脆的啼哭声，一个稚嫩的小生命在长安大明宫内呱呱坠地，这个孩子就是日后在史册中留下浓墨重彩的大唐宪宗皇帝李纯，不过当时他还叫李淳，李纯这个名字是他登基之后才改的。

对于长子李纯的到来，他的父亲李诵自然是满心欢喜，自此之后也算是后继有人了，此时的他还不知道自己将会有多达二十八个儿子。也正是因为过度沉迷酒色使得年仅四十四岁的他便因中风而卧床不起。以至于他苦等二十五年，却仅仅在位一百八十六天，虽有满腔抱负，却无处施展，堪称大唐最为悲催的皇帝。

当时在位的皇帝是李纯的曾祖父代宗皇帝李豫，虽然李豫亲手终结了长达八年之久的安史之乱，但这一切也都是妥协的结果，大唐只是实现了名义上的统一。那些安史叛将们摇身一变成为大唐节度使，而且一当就是一辈子。他们管辖的地盘俨然成了一个又一个独立王国，他这个皇帝甚至都不知道这些地区究竟有多少百姓、有多少田地、收多少税、养多少兵……这些区域仅仅是存在于大唐的版图中。

就在李纯出生的次年，心力交瘁的代宗皇帝便溘然离世，他虽然没有力挽狂澜的魄力，也没有定鼎乾坤的能力，却是一位称职的守成之君，带领大唐走过了安史之乱硝烟散去前后的混乱局面，却无力改变藩镇割据势力日益滋长的局面。

李纯的祖父李适登上了皇位，史称"唐德宗"。德宗皇帝对李纯这个孙子很是喜爱，经常将他抱在自己怀中逗他开心。

那日，德宗皇帝笑着对他说："你是谁家的孩子，怎么会在我的怀中？"

李纯用稚嫩的语气答道："我是第三天子！"虽然"第三天子"的名号闻所未闻，但他身为德宗皇帝的长孙，按照祖、父、子的顺序，这个提法倒也还算合理。

望着聪明伶俐的孙子，德宗皇帝的脸上露出了久违的笑容。此时的德宗皇帝还不会想到就是这个自称是"第三天子"的孙子最终实现了他追求一生却一生都难以实现的政治理想，使得大唐荣光再现！

德宗皇帝登基时三十八岁，既没有父亲的暮气，也没有孙子的稚气，他迫切地想要改变大唐江河日下的局面。

随着时光的流逝，魏博节度使田承嗣、成德节度使李宝臣、淄青节度使李正己这些昔日驰骋疆场的悍将们已然垂垂老矣，他们的儿子们全都跃跃欲试，不愿轻易放弃自己家族到手的权力，迫不及待地想要继承父亲的节度使之位。但德宗皇帝一旦准许了，这些地区的节度使将会由终身制变为世袭制，从而彻底脱离大唐的控制，这显然是德宗皇帝无法容忍的。

德宗皇帝拒不授予那些人节度使旌节，以至于战端再起，他做梦都不会想到局势竟会恶化到不可收拾的地步，以至于他两度落荒而逃，几度死里逃生。他面对的将是一个比安史之乱更为错综复杂的乱局。安史之乱时，叛军虽然强大，却始终站在你的对面；可在这场变乱之中，德宗皇帝竟一时间分不清谁是敌、谁是友，只因敌人随时会变成战友，而战友也随时会变成敌人！

建中四年（公元783年），这一年李纯只有六岁，不过他却即将经历一场突如其来的大变乱。

魏博、成德、淄青、幽州、淮西等藩镇相继反叛朝廷，战火迅速烧遍黄河上下，为了迅速平息这场叛乱，原本负责戍守长安的禁军神策军不得不分批开赴前线，以至于长安城兵力空虚，更要命的是德宗皇帝对此竟然还不知情！

主持招募禁兵的神策军使白志贞对东征死亡的神策军将士一概隐瞒不报，他在收受市井商贾富人的贿赂之后便会将他们或者他们的子弟征召入伍，虽然这些人享受着朝廷的供给与赏赐，却只是存在于神策军将士名册中，以至于长安城内外能够实际调动的兵力其实已经非常有限了，根本应对不了突发事件，可就在这个危急时刻，一场叛乱却骤然而至。

泾原节度使姚令言率领五千将士冒着淅淅沥沥的秋雨星夜兼程地赶赴前线。此时他手下的将士们仍旧穿着单衣，萧瑟的雨水打湿了他们的衣服，一阵比一阵猛烈的寒冷向他们袭来。

不过繁华的长安逐渐进入他们视野，他们顿时爆发出阵阵热烈的欢呼声，因为他们觉得帝国皇帝与都城百姓肯定会热情地款待他们，可他们却失望了，没有鲜花，没有掌声，没有欢送的人群，更没有丰厚的赏赐，只有一些粗茶淡饭，一股强烈的怒火在他们心中熊熊燃烧起来。

当年十月初三，京兆尹奉命前去犒劳泾原将士，却只送了一些粗米饭和菜饼，将士们心中的怒火再也按捺不住了。他们踢翻了面前的饭碗，大声嚷道："我们即将提着脑袋去上战场，如今却连口饱饭都吃不上！听说皇上琼林、大盈两个内库里金银锦帛装得满满的。既然你们不给，不如我们亲自去取！"

将士们穿上铠甲，举起旗帜，擂鼓呐喊，浩浩荡荡地杀奔长安城。

此时节度使姚令言正入宫向德宗皇帝辞行，就在两人亲切交谈之际，一名宦官却慌慌张张地跑进来，大声呼喊："大事不好了！泾原兵哗变了！"

姚令言乘马急驰回营，在长乐坡与哗变的部下相遇。他本想用自己的威严来弹压那些叛乱的士兵，但士兵们此时已被愤怒冲昏了头脑，任何人都阻挡不了他们抢掠金银财宝的步伐，甚至肆无忌惮地向自己的长官姚令言放箭。姚令言急忙趴在马背上，箭镞带着冷风从他的身边划过。

姚令言仍旧没有放弃而是继续策马来到士兵中间，大声呼喊道："诸位打错了主意！这次东征是一个千载难逢的立功机会。一旦立功，难道你们还愁得不到富贵吗？你们怎么能干出这种满门抄斩的事情呢？"

此时愤怒的士卒们却根本听不进他的任何劝告，居然拿着刀枪将姚令言劫持了。姚令言没有挣扎，也没有反抗，在部下的胁迫之下一步步走向长安城。他感觉这段短短的路程居然走了好久好久，因为这一路走来，忠诚逐渐离他而去，信仰逐渐离他而去，他也将彻底完成从忠臣到逆臣的蜕变。

顿感事态严峻的德宗皇帝急忙命令宦官赏赐给每名泾原将士两匹锦帛，此举不仅没有平息叛乱反而有些火上浇油的意味。等到德宗皇帝终于决定拿出金银锦帛二十车准备赐给乱兵时，却为时已晚！

进入长安城内的乱兵们肆意抢掠，随着乱兵的喊杀声越来越近，德宗皇帝只能仓皇出逃，此时年幼的李纯紧紧跟在父亲李诵身后，就此踏上了漫漫逃亡路。

德宗皇帝一行人逃到了与长安近在咫尺的奉天县（今陕西省咸阳市乾县），以为这场变乱很快就能平息，谁知泾原乱兵却在姚令言的策动下拥立曾经担任过泾原节度使的太尉朱泚为皇帝，关中局势也就此变得越来越复杂。

朱泚决意拼死一搏，亲自率领声势浩大的军队前来攻打危如累卵的奉天。呼啸的北风猛烈地吹打着满目疮痍的奉天城，骤雨般的战鼓声和着风声传向很远很远的地方。

叛军推着体型庞大的云梯距离城墙越来越近。无论是乱箭、飞石还是火把都阻挡不了这个大家伙进攻的步伐。敌军合力进攻奉天城东北角，一时间箭石如雨，守城将士纷纷倒下，就在防守出现混乱的那一刹那，叛军已经有人登城了。

德宗皇帝与手下大将浑瑊相对而泣，对他说了一句意味深长的话："今便与卿别！"这个"别"字饱含诀别之意。

浑瑊跪在地上痛哭流涕。德宗皇帝轻轻地抚摸着他的后背，哽咽得说不出任何话。

在激烈的厮杀声中，夜幕悄然降临了，这注定是一个不眠之夜，也是惊恐之夜，叛军射来的箭镞居然落到距离德宗皇帝三步远的地方，此时的德宗皇帝犹如惊弓之鸟，任何微小的声响都会使得他的神经濒于崩溃。

云梯碾轧过守城将士们刚刚挖掘的地道，一只轮子偏倒陷落，动弹不得。就在这时，浓浓的烈焰突然从地道里冒出来，大风也往回吹，守城将士纷纷投下芦苇火把，洒上松脂，浇上膏油，欢呼之声，震动大地。

云梯和云梯上的将士在熊熊烈火中化为灰烬，燃烧所散发的焦臭之气连数里以外都可以闻得到。

望着葬身火海的同伴们，叛军开始胆怯了，退却了，溃退了。

奉天城东、南、北三座城门同时打开，城中的将士如下山的猛虎般冲杀出来，此时太子李诵就在他们身后，他们没有理由迟疑，也没有理由迟滞。

奉天这座狭小的县城被乱军围困了长达一个月之久，随着城内的粮食消耗殆尽，一场空前的饥饿也开始席卷全城。每当夜深人静的时候，城中身手敏捷的将士们就会趁着叛军疲惫休息的时候偷偷地顺着绳索跑到城外，冒着生命危险去找寻食物献给德宗皇帝。德宗皇帝望着碗中的几粒粗米不禁流下了悔恨的泪水。

身陷绝境的德宗皇帝将官员和将领们召集起来，声泪俱下地说："朕因无德，自陷于危亡之中，实是咎由自取。诸位没有罪过，最好及早投降，以便救出身陷囹圄的家人。"

在场的将领和官员们全都伏地叩头，痛哭流涕，相互约定要竭尽所能地保卫皇帝，拱卫帝国。

此时各路前来勤王的援军正在源源不断地赶来，朔方节度使李怀光派遣兵马使张韶穿着普通百姓的衣服抄小道先行前来奉天。

当张韶抵达奉天城下时，叛军正向危如累卵的奉天城发动着潮水般的进攻，还驱使着张韶与那些穷苦百姓们一起填塞壕沟，为叛军发动下一轮更为猛烈的进攻铺平道路。

张韶一直苦苦地等待着进城的机会。瞅准叛军防备松懈之际，他突然越过壕沟跑到城下，大声地呼喊道："我是朔方军的使者！"

城下的叛军被眼前突然发生的这一幕惊呆了，经过短暂的停顿之后，一个如梦方醒的叛军将领大声喊道："放箭！射死他！射死他！"

弓弩中射出的箭如同雨点般向着张韶袭来，可他丝毫不畏惧，仍旧紧紧攥着绳索用力向上攀爬着，箭镞深深地扎进他的肉里，鲜血顺着冰冷的箭镞向外流淌着，染红了他爬过的每一块墙砖，可他仍旧艰难地向上攀爬着，他一定要把那封重要的表章送进城中。

奄奄一息的张韶被守城将士抬到德宗皇帝面前，他用颤抖的手从怀中拿出一颗蜡丸，交给翘首以盼援军到来的德宗皇帝的手中。

那是一颗希望的火种，足以燃起那些濒临绝望的将士们心中继续抗争下去的希望之火。李怀光终于率领大军赶来了，德宗皇帝最艰难的日子终于要熬过去了。

可就在局势一片大好之际，德宗皇帝却有些不近人情地要求千里迢迢的李怀光率军夺回长安，这使得李怀光对朝廷产生了怨恨。后来德宗皇帝也曾试图挽回，却使得李怀光对朝廷的猜忌越来越深，最后居然也被逼上了反叛之路，此时前来奉天勤王的各路军队已经陆续返回本镇，德宗皇帝再度命悬一线！

李怀光与朝廷彻底决裂，德宗皇帝知道继续留在奉天已然变得愈加危险，于是继续向南逃到梁州（今陕西省汉中市），年幼的李纯只得跟随祖父再度踏上逃亡之路。

兴元元年（公元784年）三月十九日，这天成为流亡途中的德宗皇帝最痛苦的一天，他的长女唐安公主在逃亡途中病逝，可他们却不敢多加停留，继续穿行在险峻的秦岭山脉中。在高耸入云的群山掩映之下，他们是如此的渺小！

在经历了一连串的打击之后，德宗皇帝再也不似即位之初那样意气风发，他原本想要通过削藩来中兴大唐，谁知却使得大唐烽烟四起、满目疮痍。魏博节度使田悦、淄青节度使李纳、幽州节度使朱滔、成德节度使王武俊同时称王，朱泚、李希烈先后称帝，因此这场变乱也被称为"两帝四王之乱"。

面对如此混乱的局面，悲痛欲绝的德宗皇帝向全天下发布了《罪己诏》，深刻反省自己的错误，也赦免了所有参与叛乱的将士，想要通过无原则的退让与无底线的妥协来迅速平息这场绵延半个大唐的叛乱。成德、幽州、魏博、淄青、淮西获得了自己想要的利益之后便结束了与朝廷的对抗。

德宗皇帝顺利返回长安，但他却发现那些手握重兵的节度使们变得越来越嚣张，纷纷效仿那些割据型藩镇，不仅自己想要干一辈子，即便自己死后也想要将自己的位子传给自己的亲戚或是部将，长此以往朝廷的威望恐怕将会一落千丈，但李适对此却一直听之任之。

李纯目睹了，也亲身经历了这场大战乱，他想要为江山社稷做些什么，但那时的他尚且年幼，只得将所有苦难都默默地记在心头，苦苦地等待着自己长大，等待着中兴大唐的机会！

岌岌可危的太子之位

德宗皇帝李适一生曾经用过三个年号，分别是建中、兴元和贞元，这三个年号也代表着他的三种心境。

建中年间，雄心勃勃的李适迫不及待地想要建功立业，谁知却导致天下大乱，自己流离失所，帝国烽烟四起，百姓生灵涂炭。

兴元年间，他久经磨难，不停反思，不断地改变，也不断地妥协，虽然平定了那场震惊天下的变乱，可朝廷的尊严也被无情地践踏了。

贞元年间，他心有余悸，得过且过，对于藩镇割据势力一味地妥协，一味地退让。此时的他才刚刚过了不惑之年，却已经显得有些老气横秋了，虽然他之后又活了二十年，却如同死去。李适心中的中兴之梦早已破灭，他就如同一只被阉割了的雄鸡，再也不像之前那样英姿勃发了。

在长达二十一年的贞元年间，大唐表面上风平浪静，但暗地里却是波涛汹涌，各方都在为新一轮的博弈与对抗积蓄着力量。

贞元三年（公元787年），此时刚刚十岁的李纯却不得不再次经历了一番惊心动魄，虽然这次他依旧只是个可有可无的旁观者，但他也更加深刻地理解了政治的残酷性！

这场政治风波发端于他父亲李诵的岳母，也就是太子妃萧氏的母亲郜国大长公主。郜国大长公主是肃宗皇帝李亨的女儿，是德宗皇帝李适的亲姑姑。郜国大长公主仗着自己辈分高、资格老，一贯飞扬跋扈，为所欲为，起初换老公，先嫁给裴徽，后嫁给萧升；后来老公死了，干脆换情人。人家挑选情人有着很严格的标准，既要长相出众，还得素质突出，所以在她一长串情人名单上几乎全都是政府官员，包括蜀州别驾萧鼎、彭州司马李万、丰阳县令韦恪等政界精英。

禁军将领李升也时常出入郜国大长公主宅邸。当年逃亡梁州途中，李适一行人进入骆谷后正值大雨连绵，路险道滑，李适身边的很多侍卫受不得凄苦，也看不到希望，于是悄悄溜走了，留下来的将士中也不知有没有叛军的奸细，因此李适总有一种朝不保夕之感。

就在德宗皇帝惶恐不安之际，李升与郭子仪之子郭曙等六人聚在一起咬破手臂立下盟誓，相约拼死也要保证皇帝的安全。他们轮流为李适牵马，不让其他人接近李适，等回到长安后，六人全都被任命为禁卫将军，李适对忠心耿耿的六人也很是宠信优待。

可如今却有人告发李升与郜国大长公主通奸，李适虽然并不太关心姑姑的生活作风是否糜烂，不过她与禁军将领往来密切却让他起了疑心，就在这个关键时刻，宰相李泌主动出面澄清。

李泌是已然故去的肃宗皇帝李亨的好友，算是德宗皇帝祖父辈的老臣，曾在安史之乱时帮助肃宗皇帝平定两京，后来效仿西汉张良主动隐退，远离了朝中的是是非非，不过在德宗朝又复出执掌朝政。

老臣李泌道出了这件事的原委，李升的父亲李叔明担任剑南东川节度使时与时任剑南西川节度使的张延赏有嫌隙，如今张延赏回到朝中担任宰相，他断然这定是张延赏在挟私报复，因此李适并未深究此事，只是于当年七月将李升调任太子詹事，不再让他继续负责宫廷宿卫。此事原本可以到此为止了，谁知仅仅一个月后居然风波再起，矛头居然直指太子李诵。

有人出面告发郜国大长公主暗中邀请巫师诅咒李适快点死掉，这样她的女婿李诵就能早些登基称帝。怒不可遏的德宗皇帝将郜国大长公主拘押在宫中，她的那些情人们、儿子们该斩杀的斩杀、该流放的流放。

案发后，太子李诵陷入巨大的恐慌之中，也想要效仿自己的祖父肃宗皇帝李亨，于是提出想要与太子妃萧氏离婚，却遭到了父亲李适的断然拒绝。

李诵为此惶惶不可终日，意识到父亲或许不会就此轻易放过自己。

念在郜国大长公主是自己的长辈，李适最终并未对她进行惩处，但这个案子却使得她颜面扫地，声名狼藉。郁郁寡欢的郜国大长公主在案发三年后撒手人寰，就在她去世后不久，太子李诵也病了，李适以为太子消灾为名将太子妃萧氏残忍杀害，可见李适对萧氏和她的母亲怨恨之深。

面对这场政治危机，李诵也隐隐猜到了推波助澜之人究竟是谁，此人就是父亲的另一个儿子，准确地说是侄子舒王李谊。虽然李谊并非是亲生的，但李适却一直对他关怀备至，也对他寄予厚望，以至于很多人都不知道李谊与他之间真正的关系，这种超越血缘的特殊宠爱既是因为李适对能干仁孝的李谊的赏识与器重，更是源于他对李谊的生父李邈未能登上皇位的某种亏欠。

德宗皇帝虽是代宗皇帝长子，但他的母亲却只是个身份卑微的宫女，他同父异母的弟弟李邈虽是次子，但他的母亲却是身份尊贵的崔贵妃，与戏剧《打金枝》中的历史原型升平公主是一母所生的亲兄妹。

《旧唐书》记载："宪宗懿安皇后郭氏，尚父子仪之孙，赠左仆射、驸马都尉暧之女。母代宗长女升平公主。"① 此处是在介绍后来嫁给李纯的郭贵妃的家世，称她的母亲升平公主为代宗皇帝长女，但实际上升平公主却并非是代宗皇帝年纪最长的女儿，《旧唐书》记载她为代宗皇帝第四女，怎么成了长女呢？

升平公主墓志记述她为第二女，因为年纪最长的灵仙公主与真定公主死得早，她们的公主封号是后来追封的，因此在代宗皇帝成年的女儿中，升平公主排行第二，但无论怎么排，她也不应该是长女，因为她还有一个姐姐永清公主，因此《旧唐书》的长女应为嫡长女的意思。代宗皇帝早年曾有一个妻子崔氏，升平公主的母亲崔贵妃极有可能就是代宗皇帝的原配夫人，不过后来崔氏却因为某些原因没能被册立为皇后。

鉴于崔贵妃的特殊地位，李邈虽是次子，却属于准嫡长子，因此代宗皇帝在挑选太子人选时着实费了一番脑筋，最终庶子李适登上了皇位，不过他

---

① （后晋）刘昫等撰：《旧唐书·卷五十二·后妃传下》，汉语大辞书出版社2004年版，第1728页。

与弟弟李邈并未因此而互相猜忌，反而互相成就，只可惜李邈二十八岁时就病故了。在父亲的要求之下，李适收养了侄子李谊，还将自己对弟弟的关爱和愧疚全都倾注到了他的身上。

皇子们对于封国多是象征性遥领，但李谊却是个例外，李适责令有关部门将封国上交的钱粮中应该属于李谊的那份定期送到舒王府，更为重要的是他还不失时机地利用各种时机来培养锻炼李谊，寄希望于他能够迅速成长起来。

刘文喜叛乱后，李谊出任泾原节度大使。讨伐李希烈时，李谊出任诸军行营兵马元帅，不过由于突发泾原兵变，长安沦陷，李谊不得不终止了建功立业的梦想。在德宗皇帝最艰难的时候，李谊一直陪伴在养父身旁，经常以皇帝名义传达命令和慰问将士，甚至有时一个多月都未曾脱过衣服。

返回长安后，德宗皇帝愈加偏爱李谊。李谊的禄米不仅高于诸王，甚至还曾一度高过太子李诵，如今李诵因为受到岳母牵连，太子之位岌岌可危，李谊也就此成为呼声最高的新太子人选。如若李诵的太子之位就此被废，那么李纯日后也就不会有大展宏图的机会了！

在李诵生死存亡的关键时刻，宰相李泌再度站了出来。那日，德宗皇帝突然莫名其妙地对他说："舒王孝敬友爱，温和仁厚，如今又已成年，也到了该册封的年龄。"

李泌自然猜透了圣上的心思，舒王已然是亲王，如果再册封必将是太子，于是意味深长地说："陛下惟有一子，奈何一旦疑之，欲废之而立侄，得无失计乎！"[①]虽然德宗皇帝并非只有一个儿子，却只有一位皇后所生的嫡子李诵。

德宗皇帝不禁勃然大怒，厉声斥责道："你听谁说舒王是朕的侄子？你为什么要离间我们父子？"

李泌并没有被德宗皇帝的盛怒吓倒，依旧不卑不亢地说："微臣曾经听陛下提起过，主上（代宗李豫）令圣上收养昭靖太子（李邈）之子。如今陛下连自己的亲生儿子都怀疑，又何况是自己的侄子呢？虽然舒王如今看上去

---

① （北宋）司马光主编：《资治通鉴·卷二百三十三》，中华书局1956年版，第7497页。

很孝顺，但陛下怎会知道他会一如既往地孝顺您呢？"

"难道爱卿就不爱惜你自己的家族吗？"此时德宗皇帝的眼中满是怒火与杀意。

"正因为我爱护自己的家族才会对陛下知无不言，言无不尽。如果我担心会触怒陛下而欲言又止，一旦日后陛下后悔了，必定会怨恨我失职，那时我的家族才会真的危险。如今我已经老了，自然也就没有那么多顾忌。如果陛下冤杀了自己的儿子，却将自己的侄子立为后嗣，我真不知道您将来是否还能享受得到他的祭祀！"

李泌哽咽了，深受触动的德宗皇帝含着泪说："如今事情已经闹成这个样子，朕又如何是好啊？"

"废立太子是一件关乎大唐国运的大事，希望陛下三思而后行。微臣并不相信太子真的会对陛下做出什么不利的事情。即便果真有确凿证据证实太子图谋不轨，也应当册立皇孙，这样即便陛下百世之后，君临天下的人才永远是陛下的子孙！"

德宗皇帝突然问道："这是朕的家事，你为什么要如此袒护太子呢？"

李泌平复了一下自己的紧张情绪，说："天子以四海为家，微臣以四海安宁为己任。我不会眼睁睁地看着太子蒙冤受屈而选择明哲保身！"

德宗皇帝渐渐被李泌说动了，挥挥手说："朕愿意因为你的缘故明天再处理此事。"

李泌抽出朝笏，一边恭敬地叩头一边哭着说："陛下万万不可将撤换太子的意图透露给身边人，否则太子可就真的危险了！"

德宗皇帝若有所悟地点了点头，李泌回家后忽然生出一种恍如隔世的感觉。他对子弟们心有余悸地说："我一向视富贵如浮云，可如今却事与愿违，身居相位，我恐怕要连累你们了！"

惶恐不安的太子李诵秘密派人来找李泌，对他说："如果局势无法挽回了，我就先行服毒自杀！"

李泌随即给正处于绝望之中的李诵捎去了一句话："太子不必多虑，尽管像以前那样孝敬圣上，除非我李泌不在了！"

李适最终还是回心转意了，单独在延英殿召见李泌，抚摸着他的后背，老泪纵横地说："若不是你竭力进言，朕恐怕后悔都来不及了！"

正是李泌关键时刻舍身相救，太子李诵才得以度过了最为严峻的一次考验。不过随着李适年龄的增长，他的猜忌心也变得越来越重。

这场政治风波之后的次年六月，十一岁的李纯获封广陵郡王。他一直跟随自己的父亲住在大明宫少阳院，李适的寝殿就近在咫尺。从玄宗皇帝李隆基开始，太子就通常不会再住在东宫而是被安置在皇宫之中，以便皇帝能够随时掌握太子行踪，随时掌控太子行动！

五年后，十六岁的李纯成婚了，他迎娶的王妃可是大有来头。王妃郭氏的祖父是功高盖世的中兴名将郭子仪，她的父亲是深受恩宠的驸马郭暧，母亲是代宗皇帝的女儿升平公主，两人的故事被后人编成了脍炙人口的《打金枝》。其实从辈分上讲，郭氏是宪宗皇帝的姑姑，不过这段亲上加亲的婚姻却并不幸福，但此时李纯却并未将情绪显露出来，因为他知道自己的父亲要当上皇帝，自己要想当上太子还要仰仗满门勋贵的郭家人。

自从那场政治风波之后，太子李诵终日深居简出，谨言慎行，小心翼翼地说话，胆战心惊地行事。在这段孤寂的日子里，王伾与王叔文始终陪伴在他的左右。王叔文因棋艺精湛成为翰林院"棋待诏"，王伾因书法精湛成为"书待诏"。

翰林院是玄宗皇帝李隆基设立的机构，最初仅仅是因为满足娱乐生活的需要而将某一领域技艺精湛的专业人士征召来，当时有文辞待诏、书待诏、画待诏、棋待诏、医待诏，此外还有精通阴阳五行之人，甚至还有德高望重的僧道。大诗人李白曾在玄宗朝担任过文辞待诏，不过当时这个官职却并没有后来那么显赫，皇帝当时主要是让他写写诗，寻个乐子而已，不过后来文辞待诏却被改为翰林学士，成为令朝野青睐瞩目的重要使职。

由于王叔文与王伾都有一技之长，李适便让两人服侍在太子李诵身旁，研习丹青与静心对弈也就此成为李诵生活的常态。

王叔文在李诵身边相伴十八年之久，虽然他貌似只是在陪李诵下棋，但他的视野却并没有被小小的棋盘所束缚，他有着一颗不安分的心，同时他也知道李诵也是一个有理想、有追求、有抱负、有策略的"四有"太子，如今的宁静淡泊不过是为了明日爆发在积蓄力量。王叔文经常在不经意间流露一些关于治国安邦的想法，李诵也渐渐地对面前这个陪自己下棋的人刮目相看。

大诗人白居易所写的名篇《卖炭翁》中有这样的诗句："一车炭，千余斤，宫使驱将惜不得。半匹红绡一丈绫，系向牛头充炭直。"《卖炭翁》反映的正是宫市弊端，皇帝任命宦官为宫市使，到长安城中采买宫中所需物品，但采买后来却渐渐演变为强买强卖，甚至是明抢。

那些利欲熏心的宦官们在长安东西两市、交通要道、繁华街巷全都安排有负责望风打探的探子。他们事先将陈旧衣料或是朽坏丝帛染上红色或紫色，按照规定，只有三品以上官员才能穿紫色官服，五品以上官员才能穿红色官服，普通老百姓或未获准许的低级别官员不允许随意使用这两种颜色。

虽然红色与紫色在当时代表着高贵，但这些衣料丝帛实际上却值不了几个钱，他们遇见心仪的货物之后便会扯下几尺来交给卖主当作货钱，往往还会要求货主将这些货物运到宫里去，如果不去居然还要让人家支付脚价钱，甚至还被勒索缴纳进奉门户钱，也就是入宫后每过一道门都要给守门人交一份钱。这些可恶的宦官们通过东张西望就能白白获得自己想要的东西，因此他们也获得了一个绰号——"白望"。

对于这些"白望"的真实身份，百姓们自然是真假难辨，没有人敢询问他们的来历，更不敢跟他们讨价还价，只能竭尽所能地躲避，如果有上好的货物定然会设法藏起来，远远地发现了这些人的身影之后便会停止营业，关闭门户，但一味躲避终究不是个法子，而是"哪里有压迫哪里便有反抗"！

长安郊外的一个农夫用驴驮着木柴来城里卖，几个突然出现的宦官拦住了他，给了他几尺绢之后就想拿走他的木柴，不仅要求他用驴将这些木柴送到皇宫里去，还向他索要进奉门户钱。农夫自然舍不得辛辛苦苦得来的木柴，哭着将几匹绢还给了宦官，可那几个宦官对他不仅没有丝毫的怜悯，居然还恶狠狠地说："哭什么哭？我们不仅要你的木柴，还要你的驴！"

那个农夫哭着说："我家里有父母、妻子、儿女，全都指望着我卖了这车木柴之后糊口。你们要是将木柴白白夺了去，我可怎么向他们交代啊！既然你不让我们活，我索性就与你们拼了！"

怒不可遏的农夫动手殴打那些欺人太甚的宦官，他也很快就被官府抓捕。这个案子虽只是个普通的打架斗殴案件，却因牵涉到饱受诟病的宫市而迅速引起朝野上下的关注。李适迫于巨大的舆论压力只得下诏贬谪了那位欺压百姓的宦官，还赐给农夫十匹绢，但仍旧不肯废除宫市制度。

此事在贞元十三年（公元797年）年底持续发酵，以至于朝廷重臣、御史谏官纷纷上书要求废止宫市。太子李诵也想要向父亲进谏，就在身边人全都拍手称快的时候，王叔文却诚惶诚恐地说："太子只管向圣上问安，最好不要谈及其他事情。陛下在位久了，势必会怀疑太子在蓄意收买人心，太子一定要谨言慎行啊！"

如梦方醒的李诵不禁惊出了一身冷汗，满是感激地说："先生一席话惊醒了梦中人！"

就在同一年，王叔文结识了李适身边的宠臣韦执谊，这还要得益于李诵的穿针引线。经过那场席卷半个中国的大变乱之后，李适变得敏感而又多疑，宰相们不过是凑数而已，他所信赖的多是裴延龄、李齐运这样擅长逢迎巴结的奸臣，年轻有为的韦执谊算是个特例，因此李诵一直想要结交此人，但他又不能给父亲留下拉拢朝臣的不良印象，所以一直都在等待合适的机会。

就在这一年李适过生日的时候，李诵特地进献了一幅佛教画像，李适看完后很高兴，于是便让才华横溢的翰林学士韦执谊给这幅画像题赞，李适对于他撰写的赞也很满意，于是便让李诵代替自己酬谢韦执谊。得到太子赏赐的财物后，韦执谊前来向李诵当面道谢。对于他的到访，李诵表现得格外热情，还特地将身边的王叔文介绍给他认识，还说他"伟才也"[①]，两人也至此成为莫逆之交！

其实李诵是在悄无声息地搭建自己日后的执政班底，他深知王叔文虽然很有才干，却品级低，资历浅，若想身居宰辅之位还需假以时日，王伾的品级虽比王叔文高，但无论是眼界格局，还是能力素质，他恐怕都难堪大任，唯有翰林学士韦执谊是个可以倚重的人才，后来事态的发展无疑也印证了李

---

① （后晋）刘昫等撰：《旧唐书·卷一百三十五·韦执谊传》，汉语大辞书出版社2004年版，第3133页。

诵当年的判断，不过他唯一没有算到的是自己居然会当如此之久的太子。

李诵在太子之位上苦苦等待了漫长的二十六年时间，在我国历史上，凡是当太子当得时间长的人几乎都没有什么好下场！

清朝康熙皇帝册立的太子胤礽当了三十六年太子，却是两度被立，两度被废，最终被幽禁而死；西汉武帝册立的太子刘据当了三十二年太子，却身陷巫蛊之祸，性命堪忧之际被迫起兵，最终兵败被杀；梁武帝册立的太子萧统当了三十年太子，最终却没能活过自己的父亲，病逝而死。

在我国历史上，李诵是在位时间第四长的太子，在如此之长的时间内，极度压抑的他时常通过纵情声乐来麻痹自己，因此他的儿子多达二十七个，仅次于风流皇帝李隆基，或许是过于沉溺女色迅速掏空了他的身体，以至于突患中风卧床不起。

虽然儿子李诵的身体已经彻底垮了，但李适仍旧牢牢记着李泌当初对他说的话那些话，再也没有动过废立太子的念头。

险象环生的登基之路

贞元二十一年（公元 805 年）正月初一，诸王、百官照例前来向刚刚迎来六十四岁的德宗皇帝李适祝贺。在祝贺的人群之中，唯独没有太子李诵的身影，四十五岁的李诵因为中风已经成为行动不便之人。

在这个欢乐祥和的喜庆气氛里，德宗皇帝想到患病的太子李诵居然流下了酸楚的泪水。他为太子感到悲哀，也为自己感到悲哀，更为帝国感到悲哀。在接下来的二十多天里，李适的病情持续恶化，已然进入了临终关怀的人生最后时刻。

在冰冷的大殿里，德宗皇帝在病榻之上呻吟着、昏迷着、挣扎着，但就在这个关键时刻，宫中与外界的联系却突然中断了，以至于朝臣们一时间不知道皇帝与太子的安危，长安的政治空气紧张得让人有些喘不上气了。

正月二十三日，德宗皇帝带着巨大的遗憾走了，临终之际他对大唐的未来感到迷惘和彷徨，也感到有些无能为力。

虽然炭火中的火苗在不停地蹿动着，但金銮殿内的空气却仍旧冷得刺骨。翰林学士郑絪、卫次公脚步匆匆地走进这座空旷的大殿，此时的他们才得知李适已经驾崩了，赶忙询问李适临终前有没有留下遗诏。

"禁中议所立尚未定。"[①]对方居然说德宗皇帝并没有明示究竟让谁来接班，这句话看似无所指，实际上是在说太子李诵继承皇位本就是顺理成章之事，可德宗皇帝却偏偏没提让他即位的事情，难道他的心中还有更合适的人选吗？

这句话到底是谁说的，史书中并未留下记载，不过这个人极有可能就是俱文珍或是他的党羽。在决定未来皇帝的关键时刻，原本在宦官群体中最具话语权的左、右神策军中尉杨志廉、孙荣义全都不约而同地选择了沉默，因为他们已经拥有的够多了，没有必要再冒险，否则输了之后将会失去所有。

此时大殿内安静得可以清晰地听到每个人的心跳，没有人说话，却一直在暗中角力；没有人表态，却一直在暗中博弈！

太子李诵的太子之位之前就曾经动摇过，如今能否顺利继位也成为一个未知数。

在这个紧要时刻，翰林学士卫次公率先打破了沉默，他铿锵有力地说："虽然太子如今身患疾病，但他却是先帝的嫡长子，太子继位乃是人心所向，大势所趋。如若迫不得已另立他人，也应册立皇太孙广陵王李淳，否则大祸可就不远了！"

"所言极是！"郑絪随声附和道。

宦官们最终还是妥协了，如果得不到翰林学士的支持，他们便无法草拟遗诏，关键是他们对于改立李谊也缺乏足够的底气。

在史书中，卫次公与郑絪是打破政治僵局的关键人物，却都不约而同地回避了另外一位重要人物。

就在李适驾崩前夕，"革新派"重要成员凌准紧急出任翰林学士，此番

---

① （北宋）司马光主编：《资治通鉴·卷二百三十六》，中华书局1956年版，第7607页。

任命定然大有深意，不过他后来沦为政治失意者，因此史书对于他的努力只字未提。

不过凌准的好友柳宗元听闻他去世的噩耗之后曾经撰文对他进行哀悼，写道："德宗崩，迩臣议秘三日乃下遗诏，凌准独抗危词，以语同列王伾，画其不可者六七，乃以旦日发丧，六师万姓安其分。"虽然鉴于两者的亲密关系，或许柳宗元有夸大凌准功绩的可能，但他却不敢无中生有进行杜撰。

作为"革新派"安插在翰林院的重要棋子，凌准的作用绝对不容小觑，正是经过他与卫次公、郑絪两人的艰苦抗争，那些企图趁乱另立他人的别有用心之人只得罢手了。

太子李诵勉强支撑着病体身着紫衣，足穿麻鞋，吃力地走出九仙门召见群臣，向世人宣告自己具有履职的身体条件。

正月二十四日，大明宫宣政殿内响起了德宗皇帝的遗诏。两天后，太子李诵在太极殿正式继承皇位，史称"唐顺宗"。皇宫的侍卫们全都踮着脚，伸着脖子，向殿内紧张地张望着，当他们看清李诵的脸之后，兴奋地说："继位的人的确是太子！"有的人甚至还流下了激动的泪水。

其实支持李谊的人中不仅有宦官，还有后宫嫔妃，这些人也形成了一个貌似强大的政治同盟。

李诵的母亲王氏曾被封为淑妃，泾原兵变时，她将传国玉玺系在自己的衣带上，随同丈夫德宗皇帝逃离长安。贞元二年（公元786年）十一月初八，病入膏肓的王淑妃被德宗皇帝册立为皇后，仅仅三天后，王皇后便在两仪殿去世。王皇后虽然只当了三天皇后，但大唐再次册立皇后却是一百一十年之后的事情了。

王皇后去世后，韦贤妃成为后宫实际上的主人，不过她却一直没有儿子，唯有将其他皇子拥上皇位，才能长久地保全自己的荣华富贵。虽然史书中并没有留下韦贤妃拥立李谊的任何记载，不过一个细节却透露出了极为重要的信息。

太子李诵即位后，韦贤妃突然莫名其妙地提出想要前往德宗的陵园为他守灵。白居易所作《新乐府·陵园妾》："山宫一闭无开日，未死此身不令出。"守陵无异于关终身禁闭，如果不是因为避祸，韦贤妃怎么会主动放弃宫中奢华的生活，主动要求跑到陵园里去了却残生呢？

李诵如愿以偿地成为大唐新皇帝，但此时的他却已经无法讲话了，由于有孝在身，他还不能正式亲政，如果有紧急政务，他只能坐在帘幕之后，宦官李忠言、宠妃牛昭容站在他的两边伺候，朝中官员奏请什么事情，帘幕之后的李诵便用手语表达自己的意见。

虽然李诵的身体状况堪忧，却仍旧身残志坚，他想要通过两位亲信王伾与王叔文对那些长久以来的弊政进行摒弃或是改革。两位亲信时常陪伴在李诵身边，总是趁机对李诵说："某人可以担任宰相，某人可以担任将领，希望太子将来对他们委以重任。"

其实两人一直在暗中结交在朝中很有名望的翰林学士韦执谊以及陆淳、吕温、李景俭、韩晔、韩泰、陈谏、柳宗元、刘禹锡等怀揣着政治理想的青年官员，彼此约定成为生死相托的朋友，后来凌准、程异也加入到他们的阵营，这些人构成了"革新派"的班底。

二月初三，李诵在紫宸门首次接受朝中官员朝见，仅仅八天之后，韦执谊便被任命为大唐宰相，以王叔文、王伾为首的"革新派"成员纷纷身居要职，一场轰轰烈烈的"永贞革新"也就此拉开了序幕。

"革新派"领袖王伾相貌丑陋，还操着一口长安人听着很吃力的吴地方言，不过却因陪伴李诵多年，很得这位新皇帝的赏识，不过他却并非是个干大事的人，"革新派"重大决策全都出自王叔文之手。王叔文的才能虽在王伾之上，但他的仕途却并不顺畅，只是个从七品地方小官，因此政敌们总是轻蔑地称呼他为"江南一吏"。

不过今非昔比的王叔文如今却摇身一变成为翰林学士。翰林学士院渐渐与翰林院分离，翰林学士全是官员中的翘楚，基本上都会升迁至高位，甚至还会拜相。不过翰林学士却只是使职，并没有定员，多的时候会有九人，少的时候只有两人，不过后来却渐渐保持在六人，有人出院后才会补充新的翰林学士。

---

① （北宋）欧阳修、宋祁等撰《新唐书·卷六十二·宰相中》中记载韦执谊从吏部侍郎升任尚书右丞，与其他史书均不一致，应是记载有误。

"革新派"成员升迁情况

姓名	原职务	第一次升迁	第二次升迁
王叔文	苏州司功 （从七品下阶）	起居舍人 （从六品上阶） 翰林学士	户部侍郎 （正四品下阶） 度支副使 盐铁转运副使
王伾	殿中丞 （从五品上阶）	左散骑常侍 （正三品）	翰林学士
韦执谊	吏部郎中① （从五品上阶）	尚书左丞 （正四品上阶） 同中书门下平章事	中书侍郎 （正三品） 同中书门下平章事
韩泰	监察御史 （正八品上阶）	户部郎中 （从五品上阶）	神策行营节度司马
陈谏	不详	仓部郎中（从五品上阶） 判度支案	—
柳宗元	监察御史里行 （正八品上阶）	礼部员外郎 （从六品上阶）	—
刘禹锡	监察御史 （正八品上阶）	屯田员外郎 （从六品上阶） 判度支盐铁案	—
韩晔	不详	司封郎中 （从五品上阶）	—
凌准	浙东廉使判官	翰林院侍从学士	都官员外郎 （从六品上阶）
程异	监察御史 （正八品上阶）	虞部员外郎 （从六品上阶） 盐铁转运、扬子院留后	—
陆淳	台州刺史 （从三品）	给事中 （正五品上阶）	—
吕温	侍御史 （从六品下阶） 入蕃副使	因出使吐蕃未能参与"永贞革新"	—
李景俭	谏议大夫 （正五品上阶）	因母亲守丧未能参与 "永贞革新"	—

—20—

翰林学士既是皇帝的机要秘书，也是皇帝的贴身顾问，被誉为"天子私人"和"内相"。翰林学士之所以被称为"天子私人"，是因为中书省原本是皇帝的秘书机构，中书舍人是专门负责为皇帝撰写诏书的政务秘书，起居舍人是专门记录皇帝言行的工作秘书，不过除了这些正式秘书外，皇帝往往还会任命其他官员为翰林学士，负责草拟重要诏书，就如同是皇帝自己聘用的私人秘书。翰林学士之所以会被称为"内相"，是因为他们不仅仅需要草拟诏书，还是皇帝的侍从顾问，遇到疑难问题，皇帝常常会首先询问较为信任的翰林学士。

翰林学士不仅分割了中书省草拟诏书的权力，也分割了宰相参政议政的权力。翰林学士院位于大明宫右银台门北夹城之中一个宽五十五米、长四百米的狭长封闭院落，有一道复门通向皇帝居住的内廷。即便是宰相，也只有遇到紧急公务时才有权请求皇帝奏开延英殿议事，没有皇帝征召便不能随便入宫，但翰林学士却可以在宫中值班。

身为翰林学士的王叔文也只能进入翰林院，不过王伾却曾是殿中省的副长官殿中丞，又很得李诵的赏识，因此他可以一直走到柿林院，随时与李诵身边的李忠言和牛昭容取得联系。每每遇到难以决断的大事，李忠言与牛昭容都会授意王伾前往翰林院征求王叔文的意见，等到王叔文作出决断之后，他们再以李诵的名义向中书省下达诏令，由宰相韦执谊来奉行。韩泰、柳宗元等人负责搜集探听外界的情报并及时上报给"二王"，作为他们决策时的重要依据。

只要"革新派"中有人说"某人可以担任某官"，过不了一两天，此人便能获得这个职位，因此"二王"及其同党门前昼夜车马往来、门庭若市。等候谒见他们的客人不计其数，有的客人由于迟迟轮不到自己，只能在饼店酒铺过夜，饼店酒铺的老板们发觉这可是难得的商机，于是按照每人一千钱的标准收取留宿费，否则便予以驱逐。

王伾是个很贪婪的人，大肆收受贿赂，特地制作了一个专门用于收藏金钱丝帛的大柜子，他们夫妇二人有时甚至会睡在这个大柜子上，或许这样能做个好梦吧！

王叔文随后又被任命为度支副使和盐铁转运副使，名义上是杜佑的副手，但实际上他才是财政政策的实际操盘手。户部使（也称为判户部）、度支使（也称判度支）、诸道盐铁转运使合称"三司"，到了北宋时期朝廷还专门设立了"三司使"，号称"计相"。

户部使执掌国家正税两税的账册、赋税减免和社会救济，负责发放京官的工资，手中掌握着一笔专属经费，用于特殊事项的需要；度支使主要负责两税的征收以及财政支出管理，德宗皇帝将安史之乱后名目繁多的税费合为一种，因在夏、秋两季征收，所以被称为"两税"；诸道盐铁转运使既负责征收盐铁等重要物资的专营税，也负责执掌漕运事务并将各地税赋运往长安，下设有盐监、盐场、巡院等机构。

王叔文的经济思想对李诵产生了很大的影响，因此李诵一上台就驾临丹凤门，宣布大赦天下，对于百姓们拖欠的名目繁多的租税拖欠一律予以免除。除常规贡品之外，他下令停止其他贡物的进献，尤其是取消了百姓们深恶痛绝的宫市与"五坊"。

五坊是专门替皇帝养雕、养鹘、养鹞、养鹰、养狗的地方。由宦官们担任的五坊小儿经常以为皇帝逮捕鸟雀为名盘剥百姓，甚至将罗网设在百姓家门口，不许人家出入，或是将罗网张设在水井上面，不许人家打水，等到人家走到近前，他们就会说："你惊动了准备进献给皇帝的鸟雀，该当何罪？"他们往往会狠狠地殴打人家一顿，然后再狠狠敲诈一大笔钱财才肯善罢甘休。

这些五坊小儿们时常聚集在饭店里大吃大喝，酒足饭饱之后才肯离去，有的店主不知道他们的身份向他们索取酒饭钱，往往会招致他们的一顿打骂，更有甚者拿出一袋蛇扔在店内，说："这些蛇是用来给皇帝捕捉鸟雀的，你可要好生地饲养它们，别让它们挨饿受渴，否则皇上怪罪下来你们可吃罪不起！"店主赶忙连连道歉，苦苦哀求，他们这才将那袋蛇拿走。

宦官们作恶多端的行径多是通过王伾、王叔文等身边人传入李诵耳中，不过当时父亲德宗皇帝还在位，他敢怒而不敢言，如今他终于登基称帝，迫不及待地想要革除这些残害百姓的弊政，却也触动了宦官们的既得利益，自然遭到了宦官们或明或暗的抵制。

五月初三，李诵任用老将范希朝为京西神策诸军节度使，三日后任命

"革新派"成员韩泰为神策行营行军司马,明眼人一看就知道这实际上是想让韩泰掌握实权,范希朝不过是个幌子而已,就如同老臣杜佑与王叔文的关系,不过宦官执掌神策军多年,又岂肯乖乖地交权呢?

李诵的祖父代宗皇帝李豫曾经费尽千辛万苦先后铲除了执掌禁军的李辅国、程元振与鱼朝恩,彻底废除了宦官统领禁军的制度,重新回归到武将统领禁军的老路上,使得宦官的势力就此一蹶不振。

不过后来禁军将领刘希暹却因飞扬跋扈很快便被处死,行事一向低调的王驾鹤由于长期掌管禁军也变得日益狂妄。德宗皇帝登基后想要撤换桀骜不驯的王驾鹤,却又担心会发生意外,只得使用计策才将他免职。

那天,宰相崔祐甫在德宗皇帝的授意下特地召王驾鹤来宰相官署谈话。王驾鹤若无其事地来了,不过让他没有想到的是他却再也回不了禁军了。

两人的谈话持续了很长时间。就在两人相谈甚欢之际,新任神策军使白志贞已经马不停蹄地前往军营去接管禁军部队了。等到一切都安排就绪之后,王驾鹤才意外获知自己的新职务居然是东都园苑使,无奈只得黯然离开了长安,独自前往东都洛阳去管理园林宫苑去了。

由于武将不可靠,德宗皇帝特意选择文官白志贞来掌管禁军。白志贞虽然对他俯首帖耳,可最终却辜负了他的殷切期望,使得他在泾原兵变时落得个无家可归的悲惨境地。虽然这并不是白志贞一个人的错,他也有着许多无奈和委屈,不过落荒而逃的德宗皇帝从那一刻起又开始重新考虑,究竟由谁来出任禁军统帅才更为合适,既可以使他安心,又可以让他放心。

在德宗皇帝最孤独无助的时候,亲信宦官们始终寸步不离地守候在他的身旁,因此他特地创制了由宦官担任的左、右神策军中尉制度,这项制度也一直延续了一百零七年,直到唐朝末年宦官们被屠杀殆尽,这项制度才彻底走到了历史尽头,不过却也敲响了大唐覆亡的丧钟!

这似乎是一个历史的轮回,不过德宗皇帝却绝非穿新鞋走老路,并未真正忘记大宦官李辅国、程元振和鱼朝恩干政的教训,所以他不再让一名宦官来统领禁军而是让两名心腹宦官各自统领一军,互相牵制,互相制约。此前确立的枢密制也使得宦官手中的军事权与行政权相分离,避免像李辅国那样凭借军事权力来谋求政治影响,进而要挟皇帝。

虽然德宗皇帝对自己亲自设计的这套制度很是得意，但李诵却对宦官执掌军权的弊端看得很清楚，因此想要有所改变，如果他成功了，那么整个中晚唐的历史将会被他改写，因为到了中晚唐，宦官蜕变成皇帝身边最危险的敌人，甚至可以左右皇帝的册立，决定皇帝的生死！

神策军不仅驻扎在京城长安，还驻扎在长安周边的广大区域。为了减少阻力，李诵决意先从京外兵马入手，因此左、右神策军中尉起初并未意识到这项人事任命带给他们的威胁，但戍守外镇的神策军将领纷纷来找两个中尉进行控诉，此时大宦官们才意识到新皇帝其实是想要夺走他们手中的兵权，于是紧急联络神策军诸位将领抵制朝廷诏命。

等到范希朝来到奉天之后，神策军各位将领接到他的征召之后居然全都不来朝见，他俨然成了一个光杆司令。"革新派"重要成员韩泰赶忙骑马返回长安将这个重要情况禀报给王叔文，王叔文也没有想到宦官对神策军的控制力居然会如此之强，居然连皇帝的诏令都不肯听从。不过他除了抱怨和恼怒之外，也是无计可施，踱着步无奈地说："这可怎么办？这可怎么办？"

"革新派"与宦官交恶的同时，与宰相们相处得也很不融洽，王叔文自以为得到了新皇帝的宠信与首肯，自己的政治主张便可以顺理成章地成为政治现实，殊不知得不到以宰相为首的朝臣们的拥护，他们将会变得举步维艰！

唐朝宰相制度经过多次变动，到了此时已经基本定型，凡是被加授"同中书门下平章事"衔的朝廷官员才是宰相，不过加"同中书门下平章事"衔的节度使却是"使相"，也就是荣誉宰相，并不实际参与政事。虽然宰相人数并没有明确限定，却基本维持在四人左右，李诵即位之初朝中便有贾耽、杜佑、高郢、郑珣瑜四位宰相，不过他却任命韦执谊为第五位宰相。

按照政治惯例，新皇帝即位后势必会对宰相班子进行调整，往往会先罢免老宰相，然后再任命新宰相，比如太子李纯监国之初便罢免了高郢、郑珣瑜两位老宰相，任命杜黄裳与袁滋为新宰相。但李诵无论是调整宰相，还是调整翰林学士却只新增，不罢免，造成了超编的现象，这也从侧面说明他对政局的掌控能力很弱，想要通过不断地妥协来换取权力的平稳过渡。

出任宰相的官员大多像高郢这样为三、四品官，最低为五品官，韦执谊拜相时为从五品上阶，属于品级相对比较低的宰相，但拜相后往往会快速升迁至三品官。一、二品高官有时也会拜相，老臣贾耽与杜佑便是如此，虽然他们也是宰相，品级高，地位高，但他们却既无属官，也无衙署，仅仅是参与最高决策而已，实际权力很有限。

检校官与正员官也有区别，正员官有职数限制，但检校官却没有，可以同时由多位官员担任。杜佑担任淮南节度使时为检校尚书左仆射，这些检校官并不实际管理尚书省事务，仅仅是享受从二品的待遇。他后来担任检校司空、检校司徒也是如此，不过后来正任司徒，那时他才是真正地位列"三公"。

在大唐立国之初，尚书省的地位明显高于中书、门下两省，因此首相几乎都出自尚书省，不过后来随着尚书省的权力陆续被削，中书、门下两省的地位不断上升，因此担任中书侍郎、门下侍郎的宰相实际权力往往大于其他宰相，因此韦执谊很快就从尚书左丞升任中书侍郎，高郢却从中书侍郎转为刑部尚书，这样的人事安排显然是皇帝想要通过韦执谊来彻底掌控大唐权力中枢。

之前的四位宰相全都是六七十岁的老臣，难免给人暮气沉沉之感，韦执谊的拜相无疑为其注入了一丝活力，不过在五位宰相中，他任职最晚，资历也最浅，王叔文的率性而为又常常使得韦执谊与宰相同僚们心生芥蒂，渐渐有被同僚孤立排斥的趋势。

"贾耽以王叔文党用事，心恶之，称疾不出，屡乞骸骨。"[1] 史书普遍记载贾耽因为厌恶小人得志的王叔文称病不出，还屡屡要求辞职。贾耽多次上表辞职自然是事实，不过他是否是因厌恶王叔文而辞职却不好说。其实早在九年前，他就因为身体原因而多次提出辞呈，但当时在位的德宗皇帝却并未予以批准。就在当年十月一日，七十六岁高龄、已经担任宰相十三年之久的贾耽病逝于长安光福里私宅，因此他称病不出或许是真的疾病缠身。

不过王叔文飞扬跋扈的作风的确给宰相们留下了极为不好的印象。贞元

---

[1] （北宋）司马光主编：《资治通鉴·卷二百三十六》，中华书局1956年版，第7613页。

二十一年（公元805年）三月二十八日，翰林学士王叔文大摇大摆地走进宰相公署中书门下前来找宰相韦执谊议事，却偏偏赶上宰相们正在会食，守门人告知王叔文宰相们正在吃饭，暂时不会客。

贞元年间宰相情况表

姓名	当时年龄	拜相前职务	拜相时间	拜相时职务	拜相后升迁	罢相时间	罢相后职务
贾耽	76岁	检校尚书右仆射（从二品）、义成节度使	贞元九年（公元793年）五月	尚书右仆射（从二品）、同中书门下平章事	检校司空（正一品）、同中书门下平章事	永贞元年（公元805年）十月	去世
杜佑	71岁	检校尚书左仆射（从二品）、同中书门下平章事、淮南节度使	贞元十九年（公元803年）三月	检校司空（正一品）、同中书门下平章事	检校司徒（正一品）、度支使、盐铁转运使；后正任司徒、同中书门下平章事	元和七年（812年）六月	以太保（正一品）之职致仕
高郢	66岁	太常卿（正三品）	贞元十九年（公元803年）十二月	中书侍郎（正三品）、同中书门下平章事	刑部尚书（正三品）、同中书门下平章事	永贞元年（公元805年）七月	刑部尚书（正三品）
郑珣瑜	68岁	吏部侍郎（正四品上阶）	贞元十九年（公元803年）十二月	吏部侍郎（从五品上阶）、同中书门下平章事	吏部尚书（正三品）、同中书门下平章事	永贞元年（公元805年）七月	吏部尚书（正三品）
韦执谊	42岁	吏部郎中（从五品上阶）	永贞元年（公元805年）二月	尚书左丞（正四品上阶）、同中书门下平章事	中书侍郎（正三品）、同中书门下平章事	永贞元年（公元805年）十一月	崖州司马（从六品上阶）

心高气傲的王叔文没有想到自己登门居然也会吃闭门羹，不由分说便将人家臭骂了一顿。守门人心中虽极为气恼，却也深知王叔文是新皇帝的宠臣，更知道他与韦执谊的关系非同一般，自然不敢轻易得罪，于是赶忙跑进去将此事禀告给正在吃饭的韦执谊。

韦执谊没有想到王叔文居然会选在此时来找自己，顿时面露难色，不想去见，却又不敢不见，他踌躇良久之后还是决定前去看看，其他三位宰相杜佑、高郢、郑珣瑜有些不悦地放下了手中的筷子。他们原以为韦执谊很快就会回来，可等了许久，小吏才跑回来传话说，韦执谊将王叔文引到自己办公的阁内，王叔文索要饭食，两人已经在那里吃上了。

三位宰相听后肺都快要气炸了，不过年事已高的杜佑和高郢都是深藏不露的政治高手，知道此时深得皇帝恩宠的王叔文可是个很不好惹的厉害角色，但郑珣瑜却根本不理会这些，径直回府了，从此便称病不出。

就在"革新派"面临着被日益孤立的不利局面时，一件又一件令王叔文头疼不已的事情却接踵而至！

"永贞内禅"的内幕

新皇帝李诵的病情迟迟没有好转的迹象，只能在众人搀扶下，拖着病体登上大殿前去会见群臣，但群臣们却只能远远地看他一眼，此时已经不能说话的李诵既不能说些什么，也不能问些什么。

由于李诵的身体状况一直堪忧，因此朝廷内外的官员们全都感到忧惧不安，希望李诵早日册立太子。

史书中都记载妄图独揽大权的王叔文极为厌恶册立太子之事，似乎在这件事上与李诵产生了严重分歧，这恐怕并非是事实，极有可能是后人为了美化李纯、贬低王叔文而刻意杜撰出来的。

其实王叔文反对册立太子并未完全为了自己，更是为了维护李诵的利益。李诵因为中风行动不便，无法说话，一旦册立了太子，众人势必会纷纷投向太子，他这个残疾皇帝势必会被众人边缘化，事实也证明的确如此！

王叔文反对册立太子虽是在维护李诵的利益，却也因此犯了众怒，不管是为了谋取私利的宦官，还是为了维护政局稳定的朝臣，全都站在了王叔文的对立面。愈显孤立的王叔文可以依靠的只有"革新派"，以及时刻不离李诵左右的宦官李忠言与嫔妃牛昭容。

牛昭容在后宫嫔妃中的品级虽然并不算低，但她之前却只是正四品的美人，得宠后才迅速升为正二品的昭容，不过她的上面还有王昭仪与赵昭仪，两人还都为李诵产下了皇子，因此牛昭容在后宫时常会遭遇掣肘。

自从外戚杨国忠酿成安史之乱后，大唐的皇帝们对后妃干政便心有余悸，因此中晚唐嫔妃们的权势远远不如宦官，但牛昭容的亲密搭档李忠言在宦官群体中的地位偏偏又不高，那些资格更老、地位更高的老牌宦官们根本就不把他这个晚生后辈放在眼里。

宦官俱文珍、刘光琦、薛盈珍都曾是德宗皇帝身边的亲信宦官，他们一直不甘心大权旁落，不遗余力地想要夺到对李诵的控制权。他们之前就曾经或明或暗地反对过李诵登基，眼见着此事难以阻止，只得迅速改变斗争策略，转而支持李诵的长子李纯，如果将李纯成功地送上了太子之位，李纯不仅不会追究他们当初企图拥立舒王李谊之罪，还会感念他们的拥立之功！

俱文珍、刘光琦、薛盈珍以李诵的名义传召翰林学士前来金銮殿，当时的翰林学士多达九人，不过王叔文、王伾、凌准却都是李诵即位前后新任命的翰林学士。之前的六位翰林学士均是进士出身，但王叔文等三人的出身却因缺乏历史记载不得而知，应该并非是进士出身，否则不会没有留下相关的历史记载，这三位并非进士出身的翰林学士全都缺席了这次重要活动。

不过六位老翰林学士，此番却只来了四位，分别是郑絪、卫次公、李程与王涯。在翰林学士院，郑絪与卫次公任职时间最长，品级也最高，两人的态度至关重要，他们很可能事先已经与俱文珍等人达成了某种共识或是默契。

郑絪与卫次公应该早就倾心于李纯，在德宗皇帝病逝后皇位还没有归属的时候，他们就提出如果太子患病不能即位，那么也应该册立皇孙，最有资格问鼎皇位的皇孙自然就是李诵的长子李纯。

李程、张弘、王涯、李建在同一年进入翰林学士院，品级相差也不大，除李程稍稍高些，其他三人均为九品官，如今四位之中却只来了两位，张弘与李建缺席了这次极为重要的政治活动，究竟是两人在政局不明朗前不愿贸然卷入这场政治风波，还是郑絪、卫次公这两位带头大哥不愿意带这两个小弟玩儿可就不得而知了。

人员到齐之后，郑絪主动提出册立太子之事不用再请示李诵，直接在纸上写下"册立嫡长子"几个字上呈送给李诵。李诵看了看，微微点了点头，这就算通过了。确立太子原本是件极其严肃的事情，他们居然通过如此小儿科的办法就确定了，真可谓是千古奇闻！

但此时的李诵已经很难表达自己的真实意思，谁将他掌控在自己的掌心便可以决定未来政局的走向。

俱文珍等人可以随心所欲地册立太子，说明牛昭容与李忠言已经丧失了对李诵的控制权，这无疑为踌躇满志的"革新派"敲响了警钟！

郑絪等人草拟的册立长子李纯为太子的册书于三月二十四日正式昭告天下，此时距离李诵登基仅仅过去了两个月的时间，从这一刻开始，他的皇帝生涯已然进入了倒计时。

贞元二十一年（公元805年）四月初六，李诵拖着病体驾临宣政殿，亲自主持册封李纯为太子的大典。仪表堂堂的太子李纯与疾病缠身的皇帝李诵站在一起形成了鲜明的对比，从这一刻起，群臣们心中的天平已经开始有所偏向了。

其实对于大唐而言，中风的李诵早早地册立太子无疑是一件好事，否则一旦李诵突然驾崩，围绕皇位继承或许将会再度上演一番腥风血雨的争斗，这显然是多数人不愿意看到的，因此绝大多数朝臣参加完册封大典之后都面露喜色，甚至有人还流下了激动的泪水。

唯独王叔文等"革新派"的脸上却露出了忧愁之色，或许他们为自己未来的处境深深地感到了担忧，不过他们最担忧的还是李诵在这场激烈的父子博弈中究竟会何去何从。此时有苦难言的王叔文只得吟诵着大诗人杜甫所作的《蜀相》："出师未捷身先死，长使英雄泪满襟。"他将自己比作运筹帷幄的诸葛亮。但事实上，新太子李纯却并非是孱弱的刘禅，而是带领大唐走向浴火重生的一代英主！

永贞时期翰林学士

姓名	出身	入院时间	入院职务	出院时间	出院职务
郑絪	进士制举	贞元八年（公元792年）	司勋员外郎（从六品上阶）、知制诰	永贞元年（公元805年）十二月	中书侍郎（正三品）、同中书门下平章事
卫次公	进士	贞元八年（公元792年）四月	左补阙（从七品上阶）	元和二年（公元807年）	权知中书舍人（正五品上阶）
李程	进士制举	贞元二十年（公元804年）九月	监察御史（正八品上阶）	元和三年（公元808年）	随州刺史（正四品下阶）
张聿	进士	贞元二十年（公元804年）九月	秘书省正字（正九品下阶）	元和二年（公元807年）一月	左拾遗（从八品上阶）
王涯	进士制举	贞元二十年（公元804年）九月	蓝田县县尉（正九品下阶）	元和三年（公元808年）四月	都官员外郎（从六品上阶）
李建	进士	贞元二十年（公元804年）十二月	秘书省校书郎（正九品上阶）	元和六年（公元811年）	詹事府司直（正七品上阶）
凌准	不详	贞元二十一年（公元805年）正月	侍御史（从六品下阶）	贞元二十一年（公元805年）五月	都官员外郎（从六品上阶）
王叔文	不详	贞元二十一年（公元805年）二月	起居舍人（从六品上阶）	贞元二十一年（公元805年）五月	户部侍郎（正四品下阶）
王伾	不详	贞元二十一年（公元805年）三月	左散骑常侍（正三品）	贞元二十一年（公元805年）八月	开州司马（正四品下阶）

册立太子也成为这九位翰林学士人生中的重要分水岭,在草拟制书的时候,王叔文、王伾、凌准等"革新派"成员被刻意排除在外,因为他们都是李诵的人,人家自然会担心三人从中作梗,三人此后不久无一幸免地遭到了极其残酷的政治清算,很快离开了人世间。张聿与李建因为某些难以言说的原因错失了这个宝贵机会,两人离开翰林学士院时也只是个七、八品小官,终其一生都只是微末小官。

李纯登基后时常会感念立下拥立之功的四位翰林学士,先后任用郑絪、王涯出任宰相,对李程也很器重,特地将他提拔到中书舍人、礼部侍郎等极易拜相的重要岗位上来,后来李程成为敬宗朝宰相。四人之中仅有卫次公一人未能拜相,其实他与宰相之位也仅有一步之遥,只可惜运气差了那么一点。

自从李纯被册立为太子之后,朝中的政治格局也发生了翻天覆地的变化,杜黄裳对此看得很真切。德宗朝后期奸臣当道,政治黑暗,他曾经在侍御史这个职位上停留了十年之久,后来虽有所升迁,却也只是担任太子宾客这样的虚职,如今他的女婿韦执谊都出任宰相了,他才被提拔为太常卿,成为主管祭祀等事宜的太常寺的一把手。

杜黄裳劝自己的女婿韦执谊率领群臣请求太子监国,韦执谊吃惊地望着他说:"您刚刚得到朝廷提拔,怎么能够随意议论宫廷之事呢?"

杜黄裳气得脸色都变了,说:"我蒙受肃宗、代宗、德宗三朝恩典,难道一个太常卿就能收买我吗?"

杜黄裳气得拂袖而走。其实如果当初听信了岳父之言,韦执谊或许能化险为夷,但这么做政治风险也会很大,不仅会辜负了李诵对他的提携之恩,也将会与自己曾经的亲密战友王叔文、王伾势同水火,不过岳父的话却使得他更加关注李纯的动向,也开始为自己预先安排后路。

在韦执谊的推荐下,给事中陆淳被任命为太子侍读,陆淳是当时久负盛名的经学大家,被誉为唐朝新《春秋》学派的集大成者。韦执谊想要通过他暗中观察太子的动向,然后趁机向李纯说一说身不由己的苦衷。

李纯自然知道陆淳是"革新派"的重要成员,本就对他心生厌恶,但对于父亲给他安排的这个侍读又不便公然拒绝。如今见他想要在自己面前公然为韦执谊洗白，李纯很生气地对他说："陛下让先生为我讲解经书义理，您为什么要说其他事情呢？"

陆淳这个有着极高自尊心的老夫子见自己在太子面前碰了一鼻子灰，只得惶恐不安地离开了，苍凉与无奈的背影似乎在预示着"革新派"未来多舛的命运。

"革新派"企图从宦官手中夺取神策军军权的行动失败后，宦官们也开始了绝地反击。李诵在宫中的处境日益堪忧，王叔文愈加明显地感觉到来自宦官的阻力变得越来越大。

五月二十三日，王叔文升任户部侍郎，成为四品官，依然担任度支副使和盐铁转运副使，不过他所担任的最重要的职务翰林学士却被免去了。王叔文看到制书后大为震惊，一时不敢相信这会是真的。不管究竟是李诵真的对他有所不满，还是俱文珍等人假传圣旨，这都说明俱文珍对李诵的控制力持续提升，"革新派"最大的靠山怕是已经靠不住了！

王叔文自然不肯轻易就范，王伾接连上疏恳求保留王叔文翰林学士的职务，但最终也没能如愿，不过却破例允许王叔文每隔三五天便来翰林学士院值一次班。这一切对于王叔文而言又是一个重大打击，此时的他开始感到有些恐惧了。

尽管如此，王叔文并没有痛定思痛，反戈一击，在"革新派"生死存亡的关键时刻，气量狭小的他说话办事居然变得越来越偏激，与宰相韦执谊渐渐产生了分歧和矛盾。

宣歙巡官羊士谔因公务前来长安，居然大肆公开抨击王叔文。一向自视甚高的王叔文居然遭到一个小小巡官的非议，得知此事后他自然火冒三丈，为了杀一儆百，他居然想要将羊士谔处死，但韦执谊却并不同意擅杀官员。王叔文又提出随便给他安个罪名对他施以杖刑，行刑时下手重些将他当场杖杀，可韦执谊仍旧觉得惩处太重，只是将他贬为汀州宁化县尉。

剑南支度副使刘辟来到长安面见王叔文，剑南西川节度使韦皋此番派他前来是想要统领三川，山南东道（大致包括今陕西省南部与四川省北部）与剑南西川（大致包括今四川省西部）、剑南东川（大致包括今四川省东部、重庆市一部），合称"三川"。

韦皋承诺一旦达成统领三川的夙愿，他将会不遗余力地帮助王叔文，但若是他不同意，后果将会很严重。面对韦皋赤裸裸的威胁，怒不可遏的王叔文居然也对他动了杀念，结果又遭到了韦执谊的坚决反对。刘辟得知自己处境堪忧后，为防不测只得灰溜溜地逃回了西川。

韦执谊深知王叔文一定会因此记恨自己，可他也有着难以言说的苦衷。他之所以能拜相离不开王叔文的推荐，因此他一直小心翼翼地维系着彼此之间的关系，但如果他一直完全按照王叔文的意思机械执行，势必会使自己变得越来越孤立，他不想沦为王叔文手中的政治傀儡，更不想沦为天下人的笑柄！

韦执谊的所作所为让王叔文很生气，但韦执谊仍旧在试图挽回，满怀歉意地对王叔文说："我并非是想违背当初我们之间的约定，我这么做其实完全是为了成就老兄！"谁知王叔文不仅不领情，居然还指着他的鼻子大骂起来，两人越来越深的裂痕使得"革新派"成员感到惶恐不安，更感到有些无所适从。

就在"革新派"内部开始出现裂痕的时候，之前一直保持中立的藩镇势力居然跃到了政治前台。刘辟仓皇逃回成都之后，剑南西川节度使韦皋率先给顺宗皇帝李诵上表，毫不避讳地指出由于皇帝的龙体一直未能痊愈，恳请他能够将政务交给太子李纯，等到他恢复健康之后，再命太子将权力移交给自己。韦皋虽然说得冠冕堂皇，但权力交出去容易，收回来就难了！

紧接着荆南节度使裴均、河东节度使严绶也给李诵呈送表章，表章内容居然与韦皋说得一模一样。这三位节度使此前并无太多交集，但在恳请太子监国这件事上步调却是出奇的一致，想必以俱文珍为首的宦官肯定在暗中穿针引线，朝野上下凝聚起恳请太子监国的巨大呼声，也给"革新派"施加了巨大的压力。

此时的王叔文已然非常明显地感觉到了山雨欲来风满楼，不过他仍旧在努力挽回败局，但他的母亲却在这个关键时刻突然病逝了，这无论是对他自己，还是对整个"革新派"都是一次极其沉重的打击！

贞元二十一年（公元805年）六月十九日，王叔文主动放下身段在翰林学士院备办下丰盛的酒食，与诸位翰林学士一同邀请宦官李忠言、俱文珍、刘光琦等宦官前来饮酒。

就在众人推杯换盏微醺之后，王叔文从袖中拿出金子分赐给在座诸位，随即一脸卑笑地说："如今我的母亲身患重病，我以身许国，无法亲自为母亲求医访药，因此我准备请假回家侍奉母亲。我所做的这一切都是为了大唐江山，虽然我问心无愧，但我离开之后，各种诽谤的声音必将会甚嚣尘上，不知谁能体察我的隐衷，也不知谁能为我说句公道话。"

面对主动示弱的王叔文，老辣的俱文珍既不领情，也不同情，不断地呛声反驳。他身边的人甚至毫不留情地说："你母亲的尸体再不发丧都快臭了，如今你还留在朝中干什么？"

王叔文原想着能够通过主动示好来缓解彼此间的矛盾，谁知却是自取其辱，忍着气招呼众人饮酒，这场宴会最终不欢而散。

次日，王叔文只得辞去官职，带着无限的惆怅回家丁忧，为死去的母亲发丧。他辞官之前之所以向政敌求放过是想要尽快被夺情起复。唐朝官员的丁忧期限为二十七个月，但如果皇帝认为某位官员是不可或缺的便会下诏将他夺情起复，也就是不用等到守丧期满便可以被重新起用。不过此时的李诵已经成为手无缚鸡之力的人，因此皇帝身边那些大宦官的态度就至关重要，不过王叔文已经隐隐猜到自己怕是夺情起复无望了！

就在王叔文心灰意冷之际，他的同党王伾却仍旧为了他早日复出而奔走呼吁，天天去面见宦官，还有杜佑等朝廷重臣。不过朝廷重臣大多对于我行我素的王叔文早就颇有微词，俱文珍等宦官更是对王叔文恨之入骨，又岂会轻易放过他。尽管王伾为他不遗余力地奔走呼吁，却还是屡屡碰壁。

眼见着形势愈加不利，王伾的心情也失落到了极点，很快便中风倒下了，从官署被抬回府上，自此再也未曾出过府门。

随着王叔文回家丁忧，王伾中风卧床，"革新派"一时间群龙无首，李诵的命运也变得岌岌可危。

七月二十二日，"革新派"重要成员仓部郎中、判度支案陈谏被外放为河中少尹，他之所以会被贬是因为与宰相杜佑产生了矛盾。老谋深算的杜佑知道自己这个正使不过是个摆设，因此索性将所有事务都交由副使王叔文处置，自己也落得个一身轻松，但王叔文如今却辞官回家丁忧了，可陈谏仍旧时时征求他的意见，事事等待他的批示，以至于杜佑实在看不下去了，怒斥道："难道我这个正使就不能独自决断吗？"

陈谏此番被贬也拉开了"革新派"被贬出朝的序幕，在宦官们的积极拥立之下，羽翼渐丰的李纯开始向自己的父亲夺权了！

七月二十八日，顺宗皇帝李诵颁布制书称："积疢未复，其军国政事，权令皇太子纯句当（似乎应为勾当）。"[1]太子李纯千呼万唤始出来，开始以太子身份监国，此时行动不便的顺宗皇帝已经被彻底架空了，即将被历史无情地淘汰。

八月初四，疾病缠身的顺宗皇帝李诵将皇位禅让给太子李纯，史称"永贞内禅"。次日，太上皇李诵从大明宫迁居兴庆宫，同时改元永贞，他退位后才终于拥有了一个属于自己的年号，贞元二十一年也从此被改为永贞元年，但这个年号只存续了短短的四个月时间。

李诵还册立李纯的母亲王良娣为太上皇后，他也成为大唐历史上第一个没有册立皇后的皇帝。他是因为还没来得及，但他的后世子孙们却是不愿册立，以至于自此之后唐朝只出现了一位正儿八经的皇后，也就是昭宗何皇后，这其中的博弈与玄机，我们将会在后面详细进行讲述。

在迁居兴庆宫次日，李诵最倚重的两个亲信便惨遭贬谪，王伾被贬为开州（今重庆市开州区）司马，很快就病死于开县；王叔文被贬为渝州（今重庆市区）司户，次年被赐死。三日后，李纯在宣政殿正式登基称帝，新皇帝在即位前就迫不及待地贬谪前朝旧臣实属罕见，足见李纯对两人仇恨之深。

韩泰、韩晔、柳宗元、刘禹锡等"革新派"重要成员同时遭到了贬谪，宰相韦执谊再也无心政事，终日惶恐不安，甚至有时听到脚步声都会感到心惊肉跳。

韦执谊一直很厌恶旁人谈论岭南，因为偏远荒凉的岭南是臭名昭著的贬谪流放之地。当了郎官之后，他曾经到兵部职方司去查看地图，看到岭南地

---

[1]（北宋）司马光主编：《资治通鉴·卷二百三十六》，中华书局1956年版，第7619页。

图就会闭上眼睛。等到他当上宰相之后，他办公所的堂屋里挂着一幅地图，他却始终不敢靠近观看，后来他鼓足勇气上前观看，目光居然鬼使神差地落在了崖州（今海南省海口市琼山区），感到很是晦气。

《旧唐书》中的这段记载很耐人寻味，十一月初七，韦执谊被罢免宰相职务，贬为崖州司马，相当于从总理直接降为偏远地级市副市长。韦执谊怀着极度失落的心情前往海南岛。不过他的心中还藏有一丝希望，因为他的岳父杜黄裳之前被任命为宰相。不过杜黄裳的宰相生涯仅仅维持了一年零五个月，被罢相后出任河中节度使。元和三年（公元808年），七十一岁的杜黄裳病逝，韦执谊自认为回朝彻底无望，在绝望中痛苦死去。

"永贞革新"仅仅维持了一百四十六天便戛然而止，从古至今，凡是改革都会遇到重重阻力，因为改革势必会触动既得利益者的利益，凡是成功的改革必须要有一位强有力的君主作为坚强支撑，李诵虽然是个很有政治理想的皇帝，但继位时却已沦为不能说话又行动不便的中风病人，政治掌控能力自然也就会很弱。

"革新派"领袖王叔文、王伾的政治地位原本并不高，李诵登基后虽一直在不遗余力地提拔两人，但两人在短时间内却难以聚集起足以推动改革的巨大的政治声望，也暂时不具备拜相的条件，只能通过韦执谊来间接控制朝政。"革新派"多是刚刚提拔为郎官的青年官员，政治影响力有限，又没能争取到朝廷重臣的支持，改革政策自然难以得到有效贯彻，也难以对抗反对派的疯狂政治反扑。

王叔文、王伾的政治盟友李忠言虽是服侍在李诵身旁的亲信宦官，但他在宦官群体中的地位并不高，由于"革新派"推出多项改革政策矛头直指宦官，与以俱文珍为首的大宦官成为水火不容的政敌，俱文珍等人轻而易举地排挤打压李忠言，势单力孤的李忠言却毫无还手之力。

在改革生死存亡的关键时刻，按照常理李诵肯定会尽快夺情起复正在丁忧的"革新派"王叔文，但王叔文的复出却变得遥遥无期。在丁忧前夕，王叔文居然低下高贵的头求宦官们放过，遭受对方羞辱之后却是敢怒而不敢言。其实夺情起复的权力操在皇帝手中，他应该去寻求李诵的支持，可他却并没有这么做，这是因为此时身患重病的李诵已经被俱文珍等人彻底掌控，至少他需要看俱文珍等人的脸色行事，所以王叔文要想起复必须要获得宦官的首肯，但宦官又岂会放过这个千载难逢的打压"革新派"的机会！

宦官们别有用心地切断了"革新派"与行动不便的顺宗皇帝李诵的联系，使得外界很难获知李诵真实的意图。在这个时候，枢密使的作用就变得弥足珍贵，因为枢密使负责向宰相、翰林学士传达皇帝旨意，也会向皇帝进呈宰相及其他大臣的奏状；陪侍皇帝左右，参与延英会议等中枢决策会议；总领各地监军使，处置监军上奏的各项事务。

枢密使究竟设置于何时，史学界存在很大争议，最早的文献记载是永泰二年（公元766年），代宗皇帝李豫命宦官董秀掌枢密，董秀也就此被认为是首任枢密使，但也有学者指出当时应该并无"枢密使"这个称谓。即便到了元和年间（公元806—820年），宦官梁守谦虽然在《资治通鉴》等后世编著的史书中被称为枢密使，但在韩愈等同时代唐朝人所写文章中只称他为"知枢密""掌枢密"或"总枢密之任"，可见枢密使在宪宗朝还没有成为标准化称谓。其实一个使职从产生到定型总要经历一个过程，虽然名称表述略有差异，但职掌权力却并无差异，其实无须咬文嚼字，因此本书统称为"枢密使"。

俱文珍不仅控制了李诵，还控制了枢密使，也控制了翰林学士，翰林学士所撰写的一道道册书、制书以李诵的名义向天下人发布，先是册立李纯为太子，然后令太子监国，最后提前传位给儿子李纯。对于一个已经不能说话的皇帝来说，这些册书、制书究竟是不是他的真实意思也就成了一个永远的谜。

一个连生活都不能自理的皇帝又怎么能很好地掌控时局、治国理政呢？虽然宪宗皇帝李纯上位过程疑点重重，不过却契合了朝野上下的呼声，更契合了历史进程的发展，一个伟大的时代正徐徐拉开帷幕！

可惜那些雄心勃勃的"革新派"成员们要么没能亲眼见证这个伟大时代的来临，要么只能沦为一个可有可无的旁观者，历史无数次地证明宝贵的机遇一旦错失将会成为一辈子的遗憾，这就是政治的残酷性。

"革新派"成员身上或许真的有着这样那样的性格缺陷，不过作为政治失利的一方，他们也不可避免地会遭到不同程度的黑化，胜利者不遗余力地放大"革新派"的缺点，别有用心地缩小甚至埋没了他们的优点与功绩，想要通过他们的不堪来证明李纯的伟大。李纯的确是个伟大的皇帝,但"革新派"成员也不会像史书中所描绘的那么不堪,只不过他们的真实面貌后人已经很难看清了。

不过他们主政时出台的很多革新举措全都具有积极意义,也得到了天下百姓的交口称赞,或许他们最大的错误就是没能跟对人,可能只有跟随一个伟大君主才能开创伟大的业绩,缔造伟大的时代吧。

"革新派"成员贬谪情况

姓名	参与"永贞革新"时年龄	贬谪前职务	第一次贬谪	第二次贬谪	人生结局
王叔文	53岁	起居舍人（从六品上阶）翰林学士 度支副使 盐铁转运副使	渝州司户（从八品下阶）	—	次年被赐死
王伾	不详	左散骑常侍（正三品）翰林学士	开州司马（正四品下阶）	—	次年病逝于开州
韦执谊	42岁	中书侍郎（正三品）同中书门下平章事	崖州司马（从六品上阶）	—	元和七年（公元812年）病逝于崖州,时年四十八岁
韩泰	不详	户部郎中（从五品上阶）神策行营节度司马	抚州刺史①（从三品）	虔州②司马（从五品下阶）	《旧唐书》记载病逝于郴州刺史③（从三品）任上,《新唐书》记载病逝于湖州刺史（从三品）任上

---

① 《旧唐书》记载抚州为中州,《新唐书》记载抚州为上州,取《新唐书》的说法。
② 《旧唐书》记载虔州为中州,《新唐书》记载虔州为上州,取《新唐书》的说法。
③ 《旧唐书》记载郴州为中州,《新唐书》记载郴州为上州,取《新唐书》的说法。

续表

姓名	参与"永贞革新"时年龄	贬谪前职务	第一次贬谪	第二次贬谪	人生结局
陈谏	不详	仓部郎中（从五品上阶）判度支案	河中少尹（从四品下阶）	台州司马（从五品下阶）	《旧唐书》记载病逝于通州刺史（从三品）任上，《新唐书》记载病逝于循州刺史（正四品下阶）任上
柳宗元	33岁	礼部员外郎（从六品上阶）	邵州刺史（正四品下阶）	永州司马（正六品下阶）	后升任柳州刺史（正四品下阶），元和十四年（公元819年）病逝于柳州，时年四十七岁
刘禹锡	34岁	屯田员外郎（从六品上阶）判度支盐铁案	连州刺史（正四品下阶）	朗州司马（从六品上阶）	被贬二十二年后回朝，会昌二年（公元842年），病卒于洛阳，享年七十一岁
韩晔	不详	司封郎中（从五品上阶）	池州①刺史（从三品）	饶州司马（从五品下阶）	后升任汀州刺史（正四品下阶）、永州刺史（正四品上阶），病逝于永州
凌准	不详	翰林院侍从学士都官员外郎（从六品上阶）	连州司马（从六品上阶）	—	在连州任内去世
程异	不详	虞部员外郎（从六品上阶）盐铁转运、扬子院留后	郴州司马（从五品下阶）	—	后回朝掌管财政事务，曾为宪宗朝宰相，于元和十四年（公元819年）去世

---

① 《旧唐书》记载池州为中州，《新唐书》记载池州为上州，取《新唐书》的说法。

罗令则案与顺宗之死

在众人的观望与质疑中，李纯缓缓地登上了皇位，就在他为眼前的烂摊子一筹莫展之际，突然发生了一起很严重的政治事件，严重到他一旦处置不当将会威胁到他立足未稳的皇位。

这场政治风波的主人公之一是刘澭，他是幽州节度使刘怦之子。安史之乱后，河北三镇（幽州、成德、魏博）、淄青、淮西等五个藩镇一直割据一方，这五个藩镇的首任节度使都曾是安史叛军中的一员，不过后来有的主动反正，有的被逼投降，朝廷与这些藩镇的明争暗斗实际上就是安史之乱的延续。

在上述五个"割据型"藩镇中，幽州镇无疑是兵乱最为频繁的，几乎每一任节度使都没有什么好下场。安史之乱后的首任幽州节度使李怀仙被部将朱希彩、朱泚、朱滔合谋杀害，通过兵乱上台的朱希彩后来也死于一场兵乱，朱泚顺势成为新的节度使，不过他的弟弟朱滔却一直垂涎着他的位子，用花言巧语诱骗哥哥入朝参见天子，可哥哥前脚刚走，朱滔后脚就将哥哥的亲信屠杀殆尽，使得哥哥陷入无家可归的悲惨境地。

阴险狡诈的朱滔公开反叛朝廷后，他的哥哥朱泚也受到朝廷猜忌而被免去了兵权，担任有名无实的太尉。泾原兵变时，朱泚被乱兵拥立为皇帝，不过很快就被朝廷剿灭。穷途末路的朱滔最终灰溜溜地逃回了幽州，不久之后郁郁而终，他的表兄弟刘怦被将士们拥立为新任节度使，可他却只干了三个月就病逝了。

刘怦病逝前后，儿子刘澭一直服侍在他的身旁，眼见着父亲快不行了，赶忙派人前往莫州（今河北省任丘市）以父亲的名义征召哥哥刘济火速返回幽州，正是因为弟弟及时报信，刘济及时赶回来奔丧，才使得节度使之位没有旁落到他人之手，虽然刘家统治幽州时并没有发生大的武装叛乱，但兄弟之间却兵戎相见。

刘济刚刚当上节度使后的那段日子对不遗余力扶持自己上位的弟弟刘澭很是感激，特地任命他为瀛州（今河北省河间市）刺史，还承诺自己去世后会将节度使之位传给他,可等到刘济坐稳了节度使的位子,却慢慢改变了主意。

安史之乱后幽州节度使变更情况表

姓名	上任时间	卸任时间	在任时间	任职前官职	离职后官职	备注
李怀仙	广德元年（公元763年）正月	大历三年（公元768年）六月	5年	幽州节度使	兵乱被杀	—
王缙	大历三年（公元768年）六月	大历三年（公元768年）八月	3个月	宰相、河南副元帅	宰相、河南副元帅兼河东节度使	—
朱希彩	大历三年（公元768年）八月	大历七年（公元772年）十月	4年	幽州节度副使	兵乱被杀	六月任留后,十一月任节度使
朱泚	大历七年（公元772年）十月	大历九年（公元774年）九月	2年	经略副使	检校司空、同中书门下平章事、陇右节度使	失去权力后仍旧担任幽州节度使
朱滔	大历九年（公元774年）九月	贞元元年（公元785年）六月	12年	不详	病逝	一直任节度留后,直到建中元年（公元780年）因功升任节度使
刘怦	贞元元年（公元785年）七月	贞元元年（公元785年）九月	3个月	涿州刺史、领留府事	病逝	朱滔的表兄弟
刘济	贞元元年（公元785年）九月	元和五年（公元810年）七月	24年	权知幽州卢龙军府事	病逝	刘怦长子

刘济居然任命自己的长子刘绲为幽州节度副大使。按照惯例,只有亲王或者宰相遥领某镇节度大使时,才会设置节度副大使、知节度使事,实际主

持藩镇的军政事务,不过河北三镇的节度使们为了能够让自己的子孙世袭节度使之位往往会擅自将自己中意的接班人任命为节度副大使,随时准备接管本镇的军政大权。

刘澭至此总算看清了哥哥的真面目,这对曾经和睦友爱的兄弟终于在贞元八年(公元792年)年底彻底地反目成仇。

《旧唐书》记载:"(刘)澭既怒(刘)济,遂请以所部西捍陇塞。"① 似乎是刘澭因哥哥违背了当初传位给自己的承诺,于是一怒之下西去投奔朝廷。其实这件事并没有这么简单,《册府元龟》提供了刘澭叛逃幽州的更多细节。

素来怀有雄才大略的刘澭一直轻财重义,笼络了一大批有才干的将领,使得哥哥刘济对他的猜忌心越来越重,刘济身边很多别有用心的人也三番五次地进谗言离间这对早就心存芥蒂的兄弟。

为了防患于未然,刘济下令将弟弟召回幽州,刘澭深知此去幽州恐怕将会凶多吉少,于是断然拒绝了哥哥的征召。刘济一怒之下率兵前来攻打瀛州,不过刘澭在瀛州经营多年,城中士卒百姓为了他不惜与身为节度使的刘济决一死战,以至于刘济率兵围攻了数月之久仍旧未能攻克。

恼羞成怒的刘济下令引滹沱河水灌城,就在瀛州城岌岌可危之际,朝廷派来的中使到了,说德宗皇帝李适下诏征召刘澭入朝。刘济既不愿公开违背朝廷诏命,也不愿背负屠杀兄弟的恶名,于是放弟弟刘澭出城。刘澭率领一千五百多名士卒以及上万名百姓从城中出来,踏上了西去关中的道路。这些人看似是一群乌合之众,却是纪律严明,所过之处居然秋毫无犯。②

《资治通鉴》基本沿用了《册府元龟》的记载,不过将兄弟兵戎相见的原因归结为"(刘澭)擅通表朝廷,遣兵千人防秋。(刘)济怒,发兵击(刘)

---

① (后晋)刘昫等撰:《旧唐书·卷一百四十三·刘澭传》,汉语大辞书出版社2004年版,第3286页。
② (北宋)王钦若等修编:《册府元龟·卷四百一十八·将帅部·严整》,凤凰出版社2006年版,第4753页。

澭，破之"①。刘澭擅自给朝廷上表，居然还派遣一千兵马前去"防秋"，这触碰到了刘济的底线。

每到硕果累累的金秋时节，吐蕃铁骑总会出现在大唐西部边陲，他们来的目的就是践踏百姓们辛辛苦苦耕作了一年之久的庄稼，这一直是大唐皇帝最为头疼的问题，因此每到这个时候，朝廷总会征召各道军队前往西部边陲要地"防秋"。

河北三镇与朝廷的关系一直都很微妙，刘澭身为刘济的下属，却瞒着他擅自与朝廷私下里保持联络，刘济显然难以接受。刘澭之所以主动投靠朝廷是因为哥哥态度的变化使得他的处境变得越来越艰难，他想要通过讨好朝廷给自己留一条退路，不过他的这个小动作也使得兄弟之间的关系彻底破裂。由于刘澭之前频频向朝廷示好，在他性命攸关之际，德宗皇帝也解救他于水火之中。

就在刘澭离开八年后，刘济与另一个弟弟刘源也反目成仇，两人在涿州（今河北省涿州市）大战了一场，不过势单力孤的刘源很快就被擒获，不过刘济同样没有对他痛下杀手，而是以刘源的名义给朝廷上表请求朝觐，实际上是想象八年前那样将刘源礼送出境，德宗皇帝自然识趣地予以准许。

《唐国史补》和《唐语林》均记载刘澭从涿州出发前往关中，应该是将刘澭与刘源的事情弄混了，当然也不排除另外一种可能，那就是有人在刻意篡改刘澭曾经的过往。

曾经是王叔文亲密盟友的吕温为刘澭所作《刘公神道碑》中却并没有提及那段刀光剑影的兄弟阋墙的经历，只记载哥哥刘济防遏东胡的功勋以及刘澭受到哥哥感召西进关中、守卫边陲的雄心。撰写碑文的时候，刘济仍旧在幽州节度使任上，吕温自然会刻意回避那段并不光彩的兄弟之争。如果将刘澭出发地由瀛州改为涿州，那么兄弟二人在瀛州的那场恶战也就会被人渐渐遗忘。

刘澭率领本部兵马抵达长安后受到了德宗皇帝极高的礼遇，在挂满功臣画像的凌烟阁内高规格地接待了他，当即任命他为金紫光禄大夫（从二品）、

---

① （北宋）司马光主编：《资治通鉴·卷二百三十四》，中华书局2011年版，第7660页。

检校太子宾客（正三品）、行秦州刺史、兼御史大夫（从三品）、陇右经略军使，将原本隶属凤翔府的普润县（今陕西省宝鸡市麟游县）作为他们的驻扎地，还赐给他们五万贯钱当作安家费。

随着陇右地区陆续被吐蕃侵占，秦州已然脱离了大唐的控制，但大唐却对此心有不甘，依旧在普润县侨置秦州衙署。虽然刘澭名义上是一州刺史，但实际能够管辖的只有设在普润的衙署与营地，普润县仍旧是凤翔府的辖县，县内行政事务由县令负责。

刘澭能够让上万人心甘情愿地跟随他背井离乡来到陌生的西北地区，足见他威望之高，手段之强。他所率领的这支军队"同北军之宠士，而犹未赐齐廪，不拜汉坛，抑为偏师，所以观自致之效"[①]。朝廷对这支来自幽州镇的军队虽然表面上很优待，让他们与禁军神策军享受相同的福利待遇，但对他们一直都怀有防范之心。

刘澭在普润县练兵长达十五年的时间，可像样的仗一次都没打过。德宗皇帝采纳宰相李泌"北和回纥，南通云南，西结大食、天竺"[②]的建议，大食（阿拉伯帝国）给吐蕃带来极大的军事压力，以至于绝大部分吐蕃兵被调至西线防御大食，在与大唐接壤的东线只部署了少量部队，大唐面临的边患也大为减少。不过双方并未真正地握手言和，仍旧会时不时地交手，但刘澭从未被派往前线御敌，对于他提出的收复陇右故地的建议，朝廷也一直置之不理。

对于这支拥有"河朔气度"的军队，德宗皇帝的策略是只要不生事就行，因此这支劲旅一直充当着战略预备队的角色，刘澭心中难免会颇有微词，不过他也从来没有做什么出格的事情。

永贞元年（公元805年）十月，山人罗令则从长安悄然来到了普润，秘密会见了刘澭，说自己此番前来携带着太上皇李诵的诰命。

罗令则究竟是何许人也，史书中并没有留下太多的记载，他与刘澭究竟是什么关系也一直是一个谜。

[①]（唐）吕温撰：《吕衡州集·卷六·刘公神道碑》，中华书局1985年影印本，第66页。
[②]（北宋）司马光主编：《资治通鉴·卷二百三十三》，中华书局2011年版，第7623页。

长安城周边的领兵将领多如牛毛，罗令则之所以偏偏来找他肯定不是误打误撞碰运气，定然知道刘澭早就与朝廷貌合神离，一直渴望着获得建功立业的机会。

罗令则曾经对刘澭说："某之党多矣。十月德宗山陵，约此时伺便而动。"①罗令则自称党羽众多，可此时朝中的"革新派"已经被贬谪一空，他是不是在吹牛呢？虽然罗令则未免有夸大之嫌，但废立皇帝、改朝换代这种惊天大事绝非几个人就能完成，因此罗令则肯定有同党而且同党数量肯定相当可观。

如今李纯已经登基，若想撼动他的地位其实并不容易，不过也并非完全没有机会。德宗皇帝的陵墓崇陵位于如今陕西省咸阳市北四十五公里处的泾阳县蒋路乡嵯峨山南麓，相距长安五六十公里，距离刘澭驻扎的普润县也不过才一百多公里。

当年十月十四日，朝廷要将德宗皇帝的遗体安葬在崇陵，届时将会举行盛大的安葬仪式，李纯将率领文武百官到场，虽然他的身边肯定会有大批侍卫对他进行保护，但相比于防守严密的长安城，选在此时对他进行行刺，成功的概率无疑会提高许多，况且送葬的队伍中应该还会有罗令则的内应，如果刘澭突然带兵杀来，李纯恐怕就凶多吉少了。

虽然刘澭麾下只有一两千士卒，却几乎都是他从幽州镇带来的骁勇善战的心腹，从安史之乱爆发后的六十年时间里，河北地区几乎一直游离在朝廷控制之外，生活在那里的民众早就习惯了与朝廷分庭抗礼的日子，对朝廷的认同感比较低，国家观念也比较淡漠。这些跟随刘澭从河北辗转来到关中的士卒们眼中只有刘澭而没有朝廷，只要刘澭振臂一呼，他们必然会纷纷响应。

不过刺杀皇帝可是灭族的大罪，刘澭最终下令逮捕了罗令则，随后将此事火速上报朝廷。刚刚登基的李纯诏命刘澭将罗令则火速押往长安，"诏付

---

① （北宋）王钦若等修编：《册府元龟·卷三百七十四·将帅部·忠第五》，凤凰出版社 2006 年版，第 4235 页。

禁军按问，其党与（应为羽）皆杖死"。①

李纯并未将这个案子交给专门负责司法事务的"三司"而是直接交给了由宦官统领的禁军，想必是出于保密的需要，不想让外人知晓这个案件的更多细节。罗令则的背后一定隐藏着惊天大秘密，他有不少同党，只不过全都被灭了口，案子背后的隐情也就不得而知了。

此案重要的当事人刘濟自然也深知此案的重大，对此事也是三缄其口。"擒摘奸党，黜遏邪谋，人心不摇，国隙遂闭，流公妙简，秘莫得闻。"②就连刘濟这个性格粗疏的武人都不敢随意谈及此事，外人更加难以知晓这个案件的内情。

既然罗令则前来游说刘濟，又事关皇帝废立的大事，两人之前是否有旧情，抑或曾经同属一党呢？这种可能性恐怕很小，如果刘濟果真与罗令则有所牵涉，那么他还敢将活着的罗令则交给李纯吗？一旦遭到罗令则丧心病狂般的撕咬，他岂不是也会受到政治牵连？

罗令则之所会选择前来游说刘濟或许只是因为他来自一直拒不服从朝廷诏命的幽州镇，这些年他又一直没能得到朝廷重用，心中恐怕早有怨气，所以选择与他们拼死一搏。不过他还是过于高估了自己，错估了形势，刘濟不会轻易拿自己和手下那帮将士的性命去赌这场胜率微乎其微的赌局！

虽然刘濟竭力想要撇清与罗令则的关系，却依旧没能彻底打消李纯心中的疑虑，罗令则为什么不去找别人偏偏来找刘濟？对此刘濟其实也感到很无奈。

"（刘）濟复请自领兵护灵驾，以备非常。诏不许。遣中使以名马金玉缯锦锡之。"③刘濟当时为了自证清白主动提出想要带兵前去护送德宗皇帝的灵柩，不过他这个请求却被李纯婉拒，由此可见李纯并不完全信任他，担心这有可能会是他与罗令则定下的苦肉计。

---

① （北宋）王钦若等修编：《册府元龟·卷三百七十四·将帅部·忠第五》，凤凰出版社2006年版，第4235页。
② （唐代）吕温撰：《吕衡州集·卷六·刘公神道碑》，中华书局1985年影印本，第66页。
③ （北宋）王钦若修编：《册府元龟·卷三百七十四·将帅部·忠第五》，凤凰出版社2006年版，第4235页。

不过为了笼络刘湃，李纯还是赐给他宝马、金器、玉器、锦缎等名贵物品，用来安慰他那颗失落的心。

此案审结两个月之后，转眼来到了公元806年正月初一，在这个万象更新的日子里，李纯率领群臣来到兴庆宫，向已经退位的太上皇李诵进献尊号。对于一个瘫痪在床的病人来说，那些象征着荣耀的尊号就如同过眼云烟一般，此时的李诵只希望在平静中了却残生。

次日，李纯宣布大赦天下，改元元和，元和年间也成为中晚唐最强盛的时期，史称"元和中兴"，不过他的父亲李诵却没能看到这一天！

正月十九日，一直与病魔抗争的太上皇李诵永远地闭上了双眼，关于他的死因一直众说纷纭，大多数学者认为他是自然死亡，他早在登基前就身患重病，突然去世也属正常，不过也有人觉得他死得很蹊跷。

"革新派"重要成员刘禹锡流放期间曾经写过一首诗《武陵书怀五十韵》，他在序中这样写："常林《义陵记》云：'初，项籍杀义帝于郴，武陵人曰：'天下怜楚而兴，今吾王何罪乃见杀？'郡民缟素哭于招屈亭。高祖闻而义之，故曰义陵。"

刘禹锡表面上是在缅怀历史，秦末义军领袖项梁为了号召楚人起兵反秦，册立原楚国贵族熊心为楚怀王，后来熊心又被项籍（项羽）尊为义帝，不过后来两人的矛盾却不断激化，义帝被他流放到长沙郡郴县（今湖南郴州市），但项籍却仍旧不肯放过他，暗中授意英布等人将他弑杀。

一些学者据此认为"今吾王何罪乃见杀"这句话是在影射李纯谋害了自己的父亲李诵。不过也有一部分学者认为刘禹锡影射的其实是王叔文无罪被杀。唐朝人最讲究身份等级与尊贵程度，刘禹锡应该不会用义帝这位天下共主来暗喻最高官职不过是户部侍郎的王叔文。

不过此时的刘禹锡远在朗州（今湖南省常德市）担任司马，太上皇李诵究竟遭遇了什么，他恐怕也不会太清楚，不过他极有可能也听到了关于李诵死于谋杀的某些传言，于是假借义帝的遭遇来影射李诵之死。

史书中有一个很大的疑点，对于王叔文在"永贞革新"中的各项活动都有明确的时间记载，却唯独对他的死含糊其词，只是说他在贬官次年被赐死，具体日期却语焉不详，他的那些政治盟友对于他具体的死亡时间也是讳莫如深，这不能不令人生疑！

就在这一年的正月初二，李纯大赦天下，本就罪不至死的王叔文不仅没有被赦免反而被赐死，这不仅有违唐朝律法，也让人觉得有些不可思议。两人的死极有可能与前不久发生的罗令则案有所牵涉。

罗令则及其同党想要趁李纯给死去的祖父德宗皇帝下葬时趁机刺杀他，若是刺杀得手之后，他们又将会怎么办呢？

罗令则究竟属不属于"革新派"一直众说纷纭，其实这种可能性微乎其微，如果他果真是"革新派"，应该不会等到"革新派"彻底失败之后才出面力挽狂澜。在"革新派"争夺神策军的指挥权失败之后，罗令则就应该立即前来争取刘濞的支持，虽然他手下那一两千人的队伍不能与强大的神策军同日而语，但对于"革新派"挽回败局或许能够有所帮助。

案发时李诵已经当了两个月的太上皇，政治影响力日渐衰微，"革新派"也全都被贬谪出朝，此时再委派罗令则前来秘密联络刘濞，即便刘濞同意了他们的请求，恐怕对于挽回局面也于事无补，况且老谋深算的刘濞怎么会在大局已定时贸然与新皇帝李纯为敌呢？

对于惨遭灭顶之灾的"革新派"而言，即便他们侥幸赢得了刘濞的支持，恐怕也翻不起大的波浪，此时的李诵已然沦为太上皇，并且被李纯派人严密看管起来，即便李纯被刺杀身亡，此时的李诵复位的可能性也很小，到时各派政治势力为了角逐皇位势必会展开激烈厮杀，这显然是李诵与"革新派"都不愿意看到的局面，一旦局势彻底失控，大唐恐怕将会不保！

对于"革新派"而言，随着李诵的退位，属于他们的时代已经彻底终结了，他们再继续抗争下去既是无谓的，也终究是徒劳。

罗令则案的幕后主使应该不是"革新派"，极有可能是李诵曾经最大的竞争对手舒王李谊。虽然史书中并未明确记载舒王李谊与此案有所牵涉，可就在案发后不久，他却离奇暴亡，这可能并不只是巧合。

不过刚刚登基的李纯并不想让这场涉及皇室争斗的政治风波继续发酵，于是在查明真相后迅速结案，并没有让皇室内部夺权的丑闻泄露出去，以免有损皇家颜面。知情者自然也晓得其中的厉害，纷纷对这个案件三缄其口，以至于后人只能通过抽丝剥茧一窥案件的真相。

第一章　宪宗皇帝上位史

李诵涉险登基之后，舒王李谊原本与自己梦寐以求的皇位已经彻底无缘了，不过随着李诵与李纯这对父子之间的暗战持续升级，他似乎又看到了一丝虚无缥缈的希望。夺位这种事一旦踏出了第一步便很难再回头，因此李谊可能不惜铤而走险继续走下去。

即便李谊彻底地改过自新，恐怕也未必有什么好下场。李诵登基后一直忙于应对各方面的威胁，自然无暇顾及他，可等到年轻有为的李纯坐稳江山之后，势必会对他进行政治清算，因此他决意在李纯立足未稳之际拼死一搏，或许能够搏出一片属于自己的天空。

既然罗令则并非是"革新派"，那么他口中所称的太上皇诰命也就不太可能是真的。唐朝人一贯很看重血脉传承，只有这样才会在自己百年之后也能够享受祭祀，纵使李诵退位成为太上皇心有不甘，为此深深地记恨上了自己的儿子李纯，他也不太可能与堂弟舒王李谊联手将自己的亲儿子赶下台，因此李诵应该与罗令则案并无实质性牵涉，罗令则只是以李诵的名义企图赢得世人的同情与支持罢了。

既然如此，李诵为何还会受到罗令则案的波及呢？其实李诵退位之后，他身边的宦官全都换成了李纯信得过的人，苟延残喘的李诵即便想要东山再起恐怕也掀不起什么大的政治风浪，况且当时他无心也无力对抗自己羽翼渐丰的儿子，因此从常理推断李纯完全没有必要背负弑父的罪名。

不过皇帝却比寻常人更为敏感多疑，也更为冷酷无情，罗令则案使得李纯清楚地看到自己的父亲仍旧有着一定的政治影响力，如果一旦有人想要借此来对抗他，或许还会掀起新的政治风浪。

此时的李纯比以往任何时候都渴求稳定，因为他即将做出一项重大的决定，向割据剑南西川的刘辟宣战。他很清楚这个决定背后隐藏的巨大风险，但也深知对藩镇割据势力妥协退让的危害，因此他才决定不顾一切地奋力一战。

就在太上皇驾崩四天之后，左神策行营节度使高崇文、神策京西行营兵马使李元奕便带领征讨大军踏上了南征之路。

李纯登基后的关键第一战究竟前景如何，此时还不太自信的李纯无法给出准确的判断，但即便再难，这一仗他也必须要打，如今全天下的节度使都在观望着他这个新皇帝究竟能不能给大唐带来新气象!

长安距离成都山高路远,山岭密布,行军艰难,刘辟的上司韦皋割据剑南西川长达二十一年之久,这场战争究竟能否打赢?如果能够打赢又需要多长时间?这些对于李纯而言都将会是未知数!

一旦战争形势不利,李纯的威望势必会严重受损,到了那时或许还会有人利用李诵残存的政治影响力来兴风作浪,或许从决定打这场仗开始,他就已然想好了如何来对待自己的父亲。

李纯深知王叔文与父亲李诵的亲密关系,所以可能在决定动手谋害父亲之前,必须要先让王叔文闭嘴。两人的死亡时间极为接近,世人难免会将两件事联系在一起,所以他严密封锁王叔文死亡的消息,正史之中找不到王叔文被赐死的准确时间也就不足为奇了。

如若李纯果真是弑父真凶,那么具体负责动手杀人的人又会是谁呢?

吐突承璀的嫌疑最大,"幼以小黄门直东宫,性敏慧,有才干"①。吐突承璀原本只是东宫里的一个小宦官,不过李纯仅仅担任了五个月的太子就登基称帝,因此他显然自幼便服侍在太子李诵身边,只是因为聪明能干得到了李诵的儿子李纯的赏识。他的品级一直都不是太高,可等到李纯登基之后,他就平步青云,先是升任内常侍、知内省事,负责管理整个内侍省;很快他就被任命为左监门将军、左神策军中尉,开始执掌禁军。李纯为了强化对神策军的控制,时常会更换右神策军中尉,但左神策军中尉却相对比较稳定,只是在吐突承璀获罪后迫于舆论压力将他免职,可见李纯对他宠信程度之深。

俱文珍等人无论是官职品级,还是能力水平,甚至是既往功绩,远远在吐突承璀之上,况且他们还有拥立之功,可异军突起的吐突承璀却位居俱文珍之上。

李纯对宦官的管理一向很严格。内侍省内常侍、翰林使吕如全擅自偷取樟木送到自己家中而被送到东都狱,后来被迫自杀身亡。宦官郭旻因为醉酒而犯了夜禁直接被杖杀。五坊使朱超晏、王志忠放纵驯鹰人擅闯民宅被杖打

---

① (后晋)刘昫等撰:《旧唐书·卷一百八十四·吐突承璀传》,汉语大辞书出版社 2004 年版,第 4098 页。

二百下后予以免职。正是李纯的雷霆手段使得那些之前胆大妄为的宦官们不得不夹起尾巴做人，即便是梁守谦、刘弘规这样首屈一指的大宦官也不得不一直保持低调。唯独吐突承璀一直我行我素，以至于惹得天怒人怨，不过令人疑惑不解的是不管他闯了什么祸，李纯都能原谅他，不遗余力地袒护他，即便迫于压力对他进行惩处，他很快就能官复原职。

似乎只有吐突承璀在李纯心中的地位不可动摇，这恐怕绝不仅仅是因为两人多年的交情，当年伺候在李诵身边机灵懂事的宦官并非只有他一人，登基之后，他身边会办事、能来事的宦官比比皆是，可他却唯独对很爱惹事的吐突承璀极为宠信，极有可能是他曾经为李纯办过什么极为紧要的事情，使得李纯终身都不会忘却他立下的功劳。

吐突承璀本就是李诵身边的旧人，因此他想要对李诵动手还不是易如反掌，况且他在李纯登基后又成为内侍省的头儿，其他宦官即便对他的不轨行为有所察觉也不敢对外声张。

或许正是因为吐突承璀在铲除李诵时的出色表现才使得李纯一直对他宠信不衰。李诵的健康状况本就令人担忧，因此世人对他的突然驾崩自然也就没有给予太多关注，不过刘禹锡等人却因为特殊缘故对自己的旧主格外关注，也听到了一些关于李诵被谋害的传闻，不过却难以证实究竟是真是假，自然也就不会被史书采信。

或许冥冥之中真的有因果轮回，若干年后报应最终还是降临到了李纯的头上，引得后人唏嘘不已，他要是哪怕能够再多活一年，可能大唐的历史将会被改写。

第二章

错综复杂的三川乱局

元和十四年冬（公元 819 年），宪宗皇帝李纯将大才子元稹从通州（今四川省达州市）召回长安，任命他为膳部员外郎，在蛮荒之地任职十年之久的元稹终于可以回朝了。

元稹为后人留下了诸如"曾经沧海难为水，除却巫山不是云"等许多经典的诗句，不过鲜为人知的是他早年居然是个怼天怼地怼一切的"愤青"。正是由于他锋芒太露，李纯想要通过贬谪来磨炼一下他的心性。此番回朝之后，元稹的确变了，不过却变得太过功利了，丝毫没有了曾经的影子。

通州隶属于山南东道，山南东道与剑南西川、剑南东川合称"三川"。元稹命运的改变始于他十年前奉命出使三川，李纯命运的改变也始于彻底掌控三川。

就在立足未稳之际，他却不得不面临错综复杂的三川乱局，究竟是该武装讨伐，还是该妥协退让，他曾经思考了很久，也犹豫了很久，因为当时的他还不像之后那么自信。正是从征讨西川开始，他一点点收获自信，成为力主强力削藩的一代英主，大唐中兴的梦想也全都寄托在了他一个人的身上！

或许只有他自己知道迈向中兴的第一步是多么的艰难，当时所承受的政治压力是多么的巨大！

屈辱妥协还是冒险一战

永贞元年（公元 805 年）八月十七日，也就是李纯登基称帝八天之后，剑南西川节度使、南康王韦皋便突然病逝了，此时一个极为棘手的问题突然摆在了他的面前，究竟由谁来接任节度使？

韦皋主政剑南西川长达二十一年之久，虽然他表面上对朝廷恭顺驯服，不时地进贡奇珍异宝与本地特产，但实际上他这个人却有着很大的政治野心。"永贞革新"期间，他想要趁乱捞取政治好处，明目张胆地要求兼领三川即剑南西川、剑南东川与山南东道三道，不过却遭到了王叔文的断然拒绝，他一怒之下改换门庭，在诸藩镇中率先上表请求当时还是太子的李纯监国。

虽然李纯一直感念着韦皋的拥戴之功，不过也对割据一方的韦皋怀有警惕之心。剑南西川管辖着如今四川西部地区，四面临山的特殊地貌，沃野千里的成都平原，使得四川有着很容易滋生分裂割据的丰厚土壤。

每每到了天下大乱之际，四川总会诞生割据政权，西汉之后有公孙述创建的成家，东汉之后有刘备创建的蜀汉，西晋之后有李特创建的成汉，唐朝之后有王建创建的前蜀和孟知祥建立的后蜀，元朝之后有明玉珍建立的大夏，明朝之后有张献忠创建的大西。

正是因为四川得天独厚的环境，韦皋的政治野心渐渐膨胀起来。他上任之初对当地百姓横征暴敛，使得手下士卒们享受着丰厚的福利待遇，无论是遇到喜事还是丧事，所需费用全都由官府来报销，他也因此深受手下将士的拥戴。他率领这些愿意效命的将士们成功地慑服了南诏，挫败了吐蕃，为剑南西川赢得了相对和平安静的外部环境。

等到府库充盈之后，韦皋每隔三年便会豁免一次百姓们的赋税，此举极大地缓解了百姓们的负担，无论是将校，还是百姓无不佩服他的才智与权谋，同时又畏惧他的威严，以至于每家每户都供奉着韦皋的画像，甚至还将他奉作土神！

韦皋在当地享有极其崇高的威望，甚至在当地民众的心中只知有韦皋却不知有皇帝，这显然是韦皋希望看到的，却又不敢让朝廷知晓，所以在他主政期间，剑南西川几乎不与朝廷进行领导干部交流。

韦皋手下那些官员们在幕府任职时间长了便会外放为刺史，刺史任职届满后又会重回幕府，唯独不允许他们离开西川迁转到外地去任职。朝廷要想了解西川的真实情况只能通过派驻在当地的监军，但监军早就被他收买了，因此朝廷很难听到西川的真实声音、看到西川的真实情形。

如今野心勃勃的韦皋已然撒手人寰，他手下的支度副使刘辟自任节度留后，开始主持剑南西川的军政事务。刘辟随后指使西川诸位将领上表请求任命自己为节度使，不过却被新皇帝李纯断然拒绝了。

八月二十三日，在经过一番慎重选择与内心挣扎之后，李纯任命宰相袁滋为剑南东西川、山南西道安抚大使,随后又任命他为剑南西川节度使,同时征召刘辟入朝担任给事中,但在西川经营多年的刘辟自然不肯乖乖接受征召,为了争得节度使之位不惜与朝廷一战!

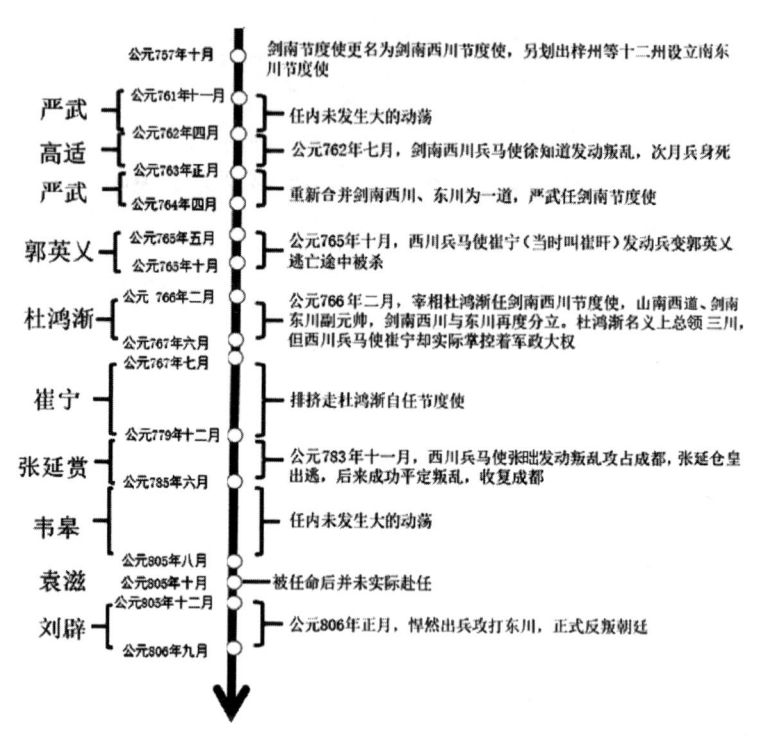

节度使	时间	事件
	公元757年十月	剑南节度使更名为剑南西川节度使,另划出梓州等十二州设立南东川节度使
严武	公元761年十一月	任内未发生大的动荡
高适	公元762年四月	公元762年七月,剑南西川兵马使徐知道发动叛乱,次月兵败身死
严武	公元763年正月	重新合并剑南西川、东川为一道,严武任剑南节度使
	公元764年四月	
郭英义	公元765年五月	公元765年十月,西川兵马使崔宁(当时叫崔旰)发动兵变郭英义逃亡途中被杀
	公元765年十月	
杜鸿渐	公元766年二月	公元766年二月,宰相杜鸿渐任剑南西川节度使,山南西道、剑南东川副元帅,剑南西川与东川再度分立,杜鸿渐名义上总领三川,但西川兵马使崔宁却实际掌控军政大权
	公元767年六月	
崔宁	公元767年七月	排挤走杜鸿渐自任节度使
张延赏	公元779年十二月	公元783年十一月,西川兵马使张朏发动叛乱攻占成都,张延仓皇出逃,后来成功平定叛乱,收复成都
	公元785年六月	
韦皋		任内未发生大的动荡
袁滋	公元805年八月	被任命后并未实际赴任
	公元805年十月	
刘辟	公元805年十二月	公元806年正月,悍然出兵攻打东川,正式反叛朝廷
	公元806年九月	

剑南西川兵乱时间轴

在安史之乱结束后的四十二年时间里,先后发生了徐知道、崔宁、张朏三场叛乱,均与节度使更迭有着很大关系,而且总会出现西山军的身影。如今四川西北部岷江、大渡河(称为"弱水")上游诸山被称为"弱水西山",这里是成都西北方向的重要门户,也是唐朝与吐蕃反复争夺的重要战略要地,当地分布着众多的少数民族部落,所以一直在这里部署重兵进行防御,西山军无论是规模还是素养都在成都守军之上。

强悍的西山军成为争夺西川节度使之位的重要砝码,普通士卒出身的崔宁正是依靠西山军发动叛乱,实际控制西川长达十四年之久,他的成功激励着那些本就不安分的骄兵悍将们前赴后继地踏上叛乱之路,以至于每到节度使更迭之际,总是发生兵乱。

刘辟在西川经营多年,势力盘根错节,定然是强悍难制,若是没能得到梦寐以求的节度使之位定然不会善罢甘休。袁滋对此看得很清楚,自己是文官出身,此去西川人生地不熟,稍有不慎便可能会性命不保。想到此,他不禁心生胆怯,因为他没有以命相搏的勇气与魄力,于是拒绝前往西川赴任。李纯没有想到自己寄予厚望的袁滋居然如此不中用,一怒之下便将他贬为吉州刺史,可除了生气之外,他也是无计可施。

罗令则案爆发后,李纯开始意识到看似平静的朝中其实一直都是暗流涌动,如若处置不当恐怕将会严重威胁到自己的皇位。他急于安抚压制朝内的反对派,只能向地方实力派刘辟低头。

经过几番暗中角力,李纯终于在十二月十四日很无奈地任命给事中刘辟为西川节度副使、知节度使事,曾经豪情万丈的李纯被残酷的现实啪啪打脸,却又不得不忍痛承受,这就是他不断成长的代价!

右谏议大夫韦丹实在看不下去了,立即给他上疏说:"若是陛下赦免了刘辟胆敢以下犯上的死罪,朝廷的颜面何在呢?如果这样发展下去,朝廷实际可以掌控的地区恐怕就只剩下东、西两京了。那些封疆大吏们谁还肯对朝廷俯首听命呢?"

韦丹的话极为刺耳,却也并非是危言耸听。李纯的爷爷德宗皇帝李适刚刚登基时与朝廷貌合神离,甚至是分庭抗礼的只有幽州、魏博、成德、淄青、淮西五个藩镇而已,可等到他主持的削藩之战彻底失利之后开始对节度使们进行无原则的妥协退让。如今很多藩镇的节度使都不愿意离职,即便是想要将他们调往其他藩镇任职,往往还要看他们的脸色行事。因此越来越多的节度使会一直干到死,即便是他们死了,朝廷都未必能够收回人事任免权,因此老节度使往往会在病危时指定自己的亲戚或是部将作为自己的继承人,即便还没来得及叮嘱后事就走了,那些心怀叵测的将领们也会趁机拥立他们心仪的人选为新任节度使。

经过那场大变乱之后,德宗皇帝在处理藩镇割据问题上变得越来越谨小慎微,越来越畏手畏脚,等到老节度使去世之后,他总会让派驻到当地的监军探察一番本镇将领们有没有想要拥立的人选。那些有意角逐节度使之位的将领往往会大肆贿赂监军，监军回朝复命时便会对行贿人大肆吹捧，说他能力如何如何强，威望如何如何高，对朝廷如何如何忠心。德宗皇帝听完后往往会任命此人为新任节度使。

德宗皇帝之所以会这么做是因为他担心一旦自己任命的节度使不被当地将士接受或许将会酿成新的兵变，与其这样还不如顺了当地将士们的心。但这也使得他这个皇帝威信扫地，所以越来越多的藩镇对朝廷诏令阳奉阴违，那些心怀鬼胎的节度使们不仅想着自己能干一辈子，还想着将自己的位子传承下去，以至于朝廷可以自由任免节度使的藩镇变得越来越少。

这就是李纯不得不面对的残酷现实，但他不仅没有责怪在自己面前敢讲真话的韦丹，还将其提拔为剑南东川节度使，可韦丹还没来得及上任，东川居然就出事了！

刘辟获得朝廷任命之后不仅不思感恩，反而变得越来越骄纵跋扈，以为鞭长莫及的朝廷根本奈何不了他，居然提出想要兼领三川，他想要实现自己的老上司韦皋死前还没来得及实现的雄伟构想。

痴心妄想的刘辟在心高气傲的李纯面前自然是再度碰壁，李纯以为他顶多是心存怨恨罢了，谁知不知天高地厚的刘辟居然派兵围困东川节度使驻地梓州（今四川省绵阳市三台县），即将卸任的节度使李康原本想着站好最后一班岗，谁知却遇到上任以来最严峻的一次考验，只得硬着头皮率兵抵抗。

刘辟自认为凭借西川精兵攻陷东川还不是易如反掌，甚至连新任东川节度使的人选都想好了，这个人就是自己极为欣赏的幕僚卢文若，狂妄的刘辟显然低估了李纯捍卫朝廷尊严的决心。

见刘辟陷入统领三川的迷梦之中而无法自拔，他手下的节度推官林蕴曾经竭力规劝刘辟不要擅自发兵东川，但此时的刘辟已经听不进任何规劝的话语，一怒之下居然命人给林蕴戴上枷锁，将他投入监牢之中。可刘辟仍旧觉得不解气，又命人将他从监牢里拖了出来，告诉他要将他斩首示众。

其实刘辟并不想真的杀他，暗中叮嘱刽子手只是做做样子吓唬吓唬他就行了，心领神会的刽子手只是在他的脖子上用刀刃轻轻磨了几下，可视死如归的林蕴不仅毫无惧色，反而呵斥刽子手说："小子！你要杀便杀，我的脖子难道是你的磨刀石吗！"

刘辟原本想要看到林蕴屈膝求降的一幕，谁知林蕴却对死亡毫不畏惧，环顾四周很有感触地说："林蕴真是一位忠烈之士啊！"他并没有再难为林蕴，只是将他贬为唐昌县（今四川省成都市郫都区）县尉。

其实刘辟很多手下对他公然反叛朝廷的做法都心怀不满，不过却因慑于他的权威而敢怒不敢言，一旦形势有变，他们将会迅速倒向朝廷一方，这恐怕也是刘辟始料未及的！

此时的李纯其实并没有做好充足的准备与刘辟冒险一战。西川是大唐首屈一指的大藩镇，山河险固，精兵粮足，朝廷贸然与西川开战，战争结果恐怕难以预料，或许"两帝四王"的悲剧将会再度上演。

可刘辟一再的挑衅却将李纯逼到了死角，如今大唐的节度使们全都注视着他接下来将会对胆大妄为的刘辟采取什么样的措施，是勇敢地反戈一击，还是懦弱地妥协退让。如果选择反戈一击，是一击中的，还是铩羽而归，这些将决定着他们未来对朝廷的态度，也决定着他们未来对李纯这位新皇帝的态度！

就在李纯犹豫不决之际，宰相杜黄裳很是轻蔑地说："（刘）辟狂戆书生，取之如拾芥耳！"[①]在杜黄裳的眼中，刘辟并非什么经过战争洗礼的名将，不过是韦皋麾下的一个小小的文职幕僚而已，因此杜黄裳觉得收拾这样的人还不是易如反掌。

翰林学士李吉甫也是坚定的主战派，不断地给李纯加油打气，李纯渐渐下定了决心，既然朝臣们主战的态度都如此坚决，他这个皇帝还有什么理由继续妥协退让呢？

[①]（北宋）司马光主编：《资治通鉴·卷二百三十七》，中华书局1956年版，第7626页。

高崇文脱颖而出背后的隐情

永和元年（公元806年）正月二十三日，李纯诏令左神策行营节度使高崇文率领步、骑兵五千人担当前军，神策京西行营兵马使李元奕率领步、骑兵两千人担任后军，与山南西道节度使严砺共同讨伐刘辟。

李纯的这个任命出乎了很多人的预料，"时宿将名位素重者甚众，皆自谓当征蜀之选；及诏用（高）崇文，皆大惊"[1]。很多战功赫赫的名将都自认为是讨伐西川的不二人选，谁知李纯却很意外地选择了此前一直名不见经传的高崇文，以至于他们全都惊讶不已，这个一向寂寂无闻的高崇文究竟何德何能居然担此大任？

其实高崇文是个很有故事的人，只可惜史书对他早年的经历只留下了寥寥数笔，不过《高崇文神道碑》却为我们了解这位突然间声名鹊起、突然间销声匿迹的名将提供了极为重要的史料。

高崇文曾是安史叛军中的一员，天宝十四载（公元755年）十一月初九，身兼范阳、平卢、河东三镇节度使的安禄山发动叛乱，这也成为大唐由盛转衰的重要转折点。平卢镇是安禄山最初担任节度使的地方，但他后来兼任范阳节度使后便常住范阳郡（幽州，今北京市区）。在叛乱之初，平卢镇主力部队跟随安禄山踏上了叛乱之路，但负责留守平卢镇的刘正臣、王玄志等将领们仍旧心系朝廷，于是选择起义重新回归大唐，刘正臣被任命为平卢节度使。

潼关失守后，玄宗皇帝李隆基仓皇出逃，战场形势发生了惊天大逆转，孤军奋战的平卢将士与朝廷的联系几近中断，他们虽然仍旧在顽强地抗争着，但最终却被骁勇善战的史思明击溃。

刘正臣仓皇逃往北平郡（平州，今河北省秦皇岛市卢龙县），那里是战友王玄志的地盘。谁知刘正臣没有死在敌人手里，却死在战友的手里。狠辣

---

[1] （北宋）司马光主编：《资治通鉴·卷二百三十七》，中华书局1956年版，第7626页。

的王玄志最终如愿以偿地成为新任平卢节度使。

此时王玄志真正倚重信赖的是以侯希逸和李正己（当时叫李怀玉）为首的高句丽武装集团，对以李忠臣（当时叫董秦）、田神功为首的刘正臣旧部并不信任，于是以开辟第二战场为由，王玄志将那些随时可能会对自己构成威胁的将领们统统打发走。

至德二年（公元757年）正月，李忠臣、田神功率三千步卒从雍奴（今天津市武清区）乘苇筏渡海，毅然决然地走向了茫茫大海，身为平卢军裨将的高崇文就跟随在这两位将领身后，不过此时的他还只是个微不足道的小角色。

李忠臣与田神功在平定安史之乱的战争中全都立下了赫赫战功，李忠臣被任命为淮西节度使，田神功被任命为淄青节度使。平卢节度使王玄志病逝后，在李正己等人的拥戴下，侯希逸得以执掌军政大权，不过他们所面临的生存环境却日趋恶化，最终不得不选择了南下，一路辗转来到了山东大地，田神功感念昔日情分，将自己淄青节度使的职位让给了侯希逸。后来表兄弟李正己却趁乱驱逐了侯希逸，自此淄青镇一直由李正己的子孙来掌控。

高崇文跟随自己的上司李忠臣辗转来到了淮西，曾经在战场上几度死里逃生的李忠臣晚年变得越来越骄奢淫逸，甚至还无耻地奸淫了很多部将的妻子与女儿，在淮西镇搞得民怨沸腾，但李忠臣却仍旧我行我素。李忠臣的远房侄子，同时也是他的养子李希烈并不满足于一直屈居养父之下，于是煽动那些对养父不满的将士们将养父驱赶走。李希烈登上节度使之位后仍不满足，最后走上了反叛朝廷的不归路，落得个被部将毒杀的悲惨下场。

在李希烈四面楚歌之际，目光敏锐的高崇文主动选择了离开。贞元二年（公元786年），朝廷为了表彰名将曲环讨伐李希烈的功勋，在陈州（今河南省周口市淮阳区）、许州（今河南省许昌市）设置一镇节度使，后来赐给"忠武"军号，曲环成为首任节度使，高崇文在曲环手下担任陈许节度都虞候。

如果高崇文一直留在中原地区，或许他终其一生都只能是一个微不足道的小将领，不过他却在两年后追随韩全义来到关中"防秋"，驻扎在长武城（今甘肃省平凉市泾川县），当时长武城内既驻扎着中央禁军神策军，也驻扎着来自淮南、忠武、浙西三个藩镇的军队。高崇文因戍边有功加开府仪同三司，次年率军大破吐蕃于佛堂原，因战功获封渤海郡王，这已然是异姓朝臣能够获封的最高爵位。

不过高崇文的职务一直并不高，当时他的上司韩全义为长武城使、长武城及诸军行营节度使，负责统领城内各支部队，高崇文只是其麾下的陈许防秋兵马行营节度使。

韩全义虽然是个无勇无谋的将领，却并未影响他在仕途上的升迁，因为他虽然打仗不行，却很会搞关系，竭力巴结逢迎德宗皇帝李适最宠信的宦官窦文场。窦文场是大唐历史上第一个左神策军中尉，正是在他的协助之下，韩全义与高崇文率领的陈许镇"防秋"部队从地方部队升格为中央禁军，两人也摇身一变成为神策军将领，韩全义为神策行营节度使、长武城使，高崇文为左神策长武城防秋都知兵马使。随着这次成功转隶禁军，两人的福利待遇一下子就提高了不少，未来的仕途前景也光明了许多。

贞元十三年（公元797年），韩全义被提拔为夏绥节度使，等到诏书下达后，长武城内的将士们立即就骚动起来，治所夏州（今陕西省榆林市靖边县）位于毛乌素沙漠边缘，荒凉而又残破，当时又正值酷暑难耐的盛夏，将士们都不愿迁往那里，身为主官的韩全义又没有做好众人的思想工作，以至于不满的情绪在军中不断滋长着。

当天夜里，那些不愿迁徙的士卒们鼓噪为乱，遇到突发状况，身为城中最高军政长官的韩全义不仅没有出面弹压，反而吓得跳城而逃，以至于城内乱作一团。那些聚众作乱的士卒们趁机杀死大将王栖岩、赵虔曜等人，血腥的气味迅速弥漫全城。

就在局势彻底失控之际，高崇文却主动挺身而出，率兵出面讨平了这场叛乱，韩全义得以顺利上任。为了报答高崇文危难之际挺身而出的这份恩情，韩全义推荐高崇文接替自己出任长武城使。

虽然高崇文的文散官与爵位均为从一品，但他的职事官品级却并不算高。"高崇文虽不足以望韩信，而亦能动时人之惊者，所居之地然也。"[①]"所

[①]（北宋）司马光主编：《资治通鉴·卷二百三十七》，中华书局2011年版，第7748页。

居之地"指的自然是他练兵戍守十八年之久的长武城，长武城仅仅是县级建制，与他近在咫尺的刘澭虽然是侨置在凤翔府境内的行秦州刺史，却毕竟是州一级的长官，高崇文所带朝衔为御史中丞（正五品上阶），刘澭却是兵部尚书（正三品），两人之间的差距不仅仅体现在官职品级，还体现在军中威望。

既然如此，高崇文又是如何从众多强有力的竞争对手中脱颖而出的呢？

《唐语林》记载，李纯与宰相杜黄裳讨论征讨西川的将领时，杜黄裳推荐了刘澭与高崇文两人，说这两人均为刚毅忠勇可用的将才。李纯问他两人之中谁更胜一筹，杜黄裳推荐了刘澭，李纯赞赏他慧眼识人，虽然也觉得刘澭是不可多得的良将，不过却认为让刘澭挂帅出征并不合适。

刘澭来自幽州镇，虽然戍守关中已经有十四个年头，却依旧保持着所谓的"河朔气度"，他曾经擅自幽禁幕僚，杖杀县令，不遵"朝廷宪章"，一旦征讨西川成功，朝廷势必要任命他为新任节度使，但要是如此，他难免不会沦为下一个刘辟。

上述记载貌似是杜黄裳更倾向于刘澭，李纯虽然也认可刘澭的能力，却因为他生长于幽州，对他并不放心，无奈之下只得选择了更容易掌控的高崇文。

自从安史之乱爆发后，河北地区就长期游离于朝廷管辖之外，大唐皇帝对来自河北地区的将领不放心也就在情理之中。高崇文虽然也来自平卢镇，不过他后来却选择起义归顺朝廷，之后又参与征讨各地的叛乱，如今又是神策军将领，神策军既是中央禁军，更是天子私兵，李纯自然从心理上更倾向于他。

这其实是老谋深算的杜黄裳故意为李纯设下的一个局，当时刘澭出征的呼声远远高过高崇文，因此他要是直接力挺高崇文，李纯肯定会认为他这么做是因为他与高崇文之间有私交，可他却巧妙地将刘澭作为第一人选，将高崇文作为第二人选，这样便会给李纯留下自己秉持公正的印象。

杜黄裳夸赞刘澭时特地提到他从瀛州（今河北省河间市）前来关中时"扶老携幼，万人就路，饮食舒惨，与众共之。居不设乐，动拘法令，峻严整肃，人望而畏。付以专征，必著勋绩"①。乍一听杜黄裳是在赞扬刘澭治军严整，若是令他出征，势必会凯歌高奏，但实际上却在不经意间提及了他那些不堪的往事。

虽然刘澭如今戍守在天子脚下，但他之所以会千里迢迢前来关中并非是因为仰慕朝廷、忠贞爱国，而是因为他与兄长刘济反目成仇、兵戎相见。既然他能背叛自己的兄长，难道他就不会背叛李纯这位登基不久的新皇帝吗？

其实还有至关重要的一点，刘澭曾经与罗令则案有牵涉，虽然他在处理此案时表现得无懈可击，但罗令则为何偏偏会去找他呢？就凭这一点，李纯就不会不对他有所戒备！不过这中间隐藏着李纯不愿让旁人知晓的皇室秘闻，杜黄裳自然也就不敢贸然提及此事，但他提及刘澭的过往，其实是在诱导李纯再度想起罗令则案。

刘澭是一位拥兵自重而又雄心勃勃的枭雄，却一直被朝廷安置在普润县这座小小的县城之中，"常闻郁郁扼腕，恨不得名藩"②，他迫切地想要建功立业，希望自己有朝一日能够成为大藩镇的节度使，罗令则就是因为知晓这些才会觉得刘澭有被策反的可能。

李纯联想到这些之后自然会对他有所防范，一旦让他掌握了西川之地，后果恐怕将会不堪设想，所以他只能弃用呼声很高的刘澭，毅然决然地重用并不被人看好的高崇文。他的这个决定也使得朝野上下惊愕不已，其实这一切都在老辣的杜黄裳掌控之中。

如若杜黄裳向李纯推荐的并非是刘澭而是其他有名望的将领，那么高崇文恐怕就很难脱颖而出了。

不过为了安抚心情失落的刘澭，李纯特地将他的朝衔由检校工部尚书升为检校兵部尚书，还封他为彭城郡王，将他升任保义节度使，增领灵台、良原、崇信三镇。刘澭不仅级别高了，爵位也有了，地盘也大了。

这一连串的恩宠既是为了笼络他，也是为了表彰他在此前妥善处置罗令则一案时立下的功劳，同时也考虑到他统率的那支保义军与长安城近在咫

---

① （北宋）王谠，周勋初校注：《唐语林校证·卷一·政事上》，中华书局2008年版，第63—64页。
② （北宋）王谠，周勋初校注：《唐语林校证·卷一·政事上》，中华书局2008年版，第63—64页。

尺，李纯对他极尽笼络的背后其实也暗藏着戒备与提防。

就是因为错失了此次出征西川的机会，刘澭与高崇文也就此拥有了截然不同的人生，虽然刘澭也跻身节度使的行列，可他却仅仅管辖四个县级军镇，空有节度使之名，却无节度使之实。

高崇文却因抓住了这次宝贵的机会一飞冲天，无论是战绩，还是品级都完成了对刘澭的逆袭，以至于后世只知道他这位平定西川的大英雄，却并不知道刘澭才是当初最热门的出征人选。

高崇文看似意外捡到了天上掉下来的大馅饼，其实这都是他暗中运作的结果。他意识到这或许将是自己一生中最后的机会了，一旦错失恐怕一辈子都只能待在这座小小的长武城中。而他不想被这座小城束缚住自己远行的脚步，迫切地想要走出这座边陲小城，去看看外面的世界。

不过当时的高崇文还入不了新皇帝李纯的法眼，他想要再度改变自己的命运只得依靠贵人提携，李忠臣将他从东北边陲带到了中原腹地，曲环将他从叛军变为官军，韩全义将他从中原带到了临近长安城的长武城，还将他从地方军将领变为神策军将领，他生命中的每一次转折都离不开贵人！

如今已经六十一岁的高崇文迫切地想要去更大的平台上建功立业，进而博取更大的功名，否则他可能就永远都没有机会了。不过他要是想实现这一夙愿需要品级更高、权力更大的贵人的扶持，于是他找到了宰相杜黄裳。但是之前两人并无多少交情，堂堂宰相又岂肯不遗余力地帮助他这样一个微不足道的神策军将领呢？

高崇文决意送给杜黄裳一份大礼，却又担心会被其拒绝，于是他找到了认识很多达官贵人的僧人鉴虚，不过其与杜黄裳之前也没有多少交往。但他很快就找到了中间人永乐县令吴凭，这个小小的县令居然认识杜黄裳的儿子黄载，于是通过黄载送给杜黄裳四万五千贯钱。[①]

杜黄裳收了钱之后自然要不遗余力地帮助高崇文获得此番领兵出征的机会，不过深谙政治真谛的他却并未按照套路出牌，对路人刘澭是欲抑先扬，对请托人高崇文却是欲扬先抑，最终让高崇文得偿所愿。

[①]（后晋）刘昫等撰：《旧唐书·卷十五·宪宗本纪下》，汉语大辞书出版社2004年版，第446页。

杜黄裳是李纯即位之初最倚重的宰相，不过他却"寡廉洁之誉，以是居鼎职不久"①。正是因为杜黄裳过度的贪婪，才使得李纯最终有些无奈地弃用了这位善于运筹帷幄、精于权变政争的老臣，这对于杜黄裳而言，或许是此生的一大遗憾，可这又怪得了谁呢？

花了一半预算就结束的战争

高崇文一直在长武城默默等待着皇帝的诏书，他和他精心训练的这五千士卒都在等待着这个千载难逢的机会。

朝廷派遣的中使终于到了，高崇文按捺住激动的心情，当即集合麾下人马向着富庶的西川进发。他们卯时（早晨五点至七点）接受诏命，到辰时（早晨七点到九点）便已经启程，此番长途奔袭所需的兵器、装备以及军粮居然在短短的几个小时之内就全都准备停当。

高崇文因治军严整而饱受史书的称赞，不过却忽略了另外一个极其重要的细节。如果高崇文事先对出征之事毫无心理准备，绝对不可能在如此之短的时间内就能做到这一切。虽然他一直都不露声色，但只有他自己知道这一切都是他经过不懈努力得来的，尽管手段并不怎么光彩。

元和元年（公元806年）正月二十九日，高崇文由斜谷出兵，李元奕由骆谷出兵，两支军队相继开赴前线梓州。高崇文率领的军队抵达山南东道的治所兴元府（今陕西省汉中市）的时候得到了节度使的盛情款待，不过却发生了一个小插曲。

高崇文手下一个士卒在驿站吃饭的时候不慎将手中的筷子折断了，不知是无心之过还是借故挑衅，但无论出于何种目的，只需责罚一下就行了，可

---

① （后晋）刘昫等撰：《旧唐书·卷一百四十七·杜黄裳传》，汉语大辞书出版社2004年版，第3348页。

高崇文却将此人斩首示众。看到这血淋淋的一幕，他手下的将士全都吓得目瞪口呆，再也没有人敢违反军纪了。

不过就在高崇文星夜兼程赶往梓州的时候，梓州城却已然被西川军攻陷了，东川节度使李康也被俘虏了。喜出望外的刘辟留下将领邢泚戍守梓州。此时的他还沉浸在胜利的喜悦之中，却不承想危险已经悄然来到了！

高崇文领兵从阆州（今四川省阆中市）急行军前往梓州，邢泚听说朝廷派遣的大军到了，当即便弃城逃走了。高崇文从接到诏令到光复梓州才不过一个半月的时间，他千里迢迢跨过崇山峻岭、大江大河赶来收复梓州，行军速度之快、效率之高，使得刘辟感到了极大的恐慌，为了缓和与朝廷之间的紧张关系，刘辟主动将李康交还给高崇文。

李康暗自庆幸自己侥幸逃过了一劫，谁知等待他的却是杀戮，但究竟是谁主张杀的他却众说纷纭。

《资治通鉴》记载："（高）崇文以（李）康败军失守，斩之。"[1]

《新唐书》记载："（刘）辟归（李）康求自雪，（刘）贞亮劾以不拒贼，斩之。"[2] 俱文珍是刘贞亮的本名，他因认某位刘姓宦官为养父，于是改为刘贞亮，不过他发迹之后又改回本名俱文珍。

李康绝非寻常将领，他是朝廷任命的封疆大吏，不管他犯下什么大错，理应由朝廷来惩处，即便他因指挥不当导致梓州失守，但也罪不至死。

高崇文通过贿赂宰相才获得了此次出征的机会，光复梓州虽是件可喜可贺之事，但此时的他却并没有立下什么大功勋，应该不会擅杀节度使，因此俱文珍应该才是李康之死的主谋。不过俱文珍这么做肯定与高崇文达成了某种默契或是共识，《资治通鉴》一贯蔑视宦官，在叙述西川之战时对俱文珍只字未提，所以也就将擅杀李康的罪责安在了高崇文的身上。

高崇文与俱文珍浸淫官场多年，绝对不会预见不到擅杀李康带给他们的不利影响，那他们为何还要执意这么做呢？

---

[1]（北宋）司马光主编：《资治通鉴·卷二百三十七》，中华书局1956年版，第7628页。
[2]（北宋）欧阳修、宋祁等撰：《新唐书·卷二百七·刘贞亮传》，汉语大辞书出版社2004年版，第4435页。

他们之所以明知擅杀李康会惹得李纯不快仍旧要铤而走险，其实是因为他们心中有着各自的算计！

新任东川节度使韦丹抵达兴元府后曾经给朝廷上表："上言（李）康守方尽力，不可易。"① 兴元府距离梓州不到四百公里，韦丹应该是了解到了李康率军抵抗的有关情况，所以才给朝廷上书李康正在率军顽强抵抗，建议不要轻易更换他，因为临阵换将乃是兵家大忌！

梓州究竟坚守了多久才被攻破，史书对此并没有明确记载，不过梓州应该在一月底之前就已经陷落了，最多坚持了一个月，如果再考虑到西川军集结进发的时间，坚守半个月的可能性最大。梓州作为东川镇的治所，势必防守坚固，兵精粮足，坚守数月之久应该并非什么难题，李康率军抵抗的时间的确有些短！

不过作为即将卸任的节度使，李康的身份未免有些尴尬，东川的将士怎么会为了一个即将卸任的节度使去与西川军死战呢？东川与西川的军事实力本就相差悬殊，如今东川军又因即将更换节度使而人心浮动，士气低落，因此李康坚守时间短其实也情有可原。

韦丹建议朝廷继续让李康留任既是为了梓州之战的需要，恐怕也是出于对自己继续前往东川任职的畏惧。如今东川战火连绵，他这个文官又怎么能应付得了如此复杂的局面呢？

正是见韦丹畏惧迟疑，高崇文与俱文珍才不顾世人非议与朝廷责难擅自杀害李康，其实他们是在杀鸡儆猴。

西川能否被攻克，何时被攻克，攻克之后又由谁来继任节度使都将会是一个大大的未知数，因此高崇文与俱文珍很识时务地盯上了东川节度使这个位子。

高崇文为了能够获得此番出征的机会不惜向宰相杜黄裳行贿四万五千贯钱，既然他下了血本，自然希望能够尽快将这笔钱捞回来。俱文珍此番作为监军随军出征在立功的同时也希望能够获利，两人无疑结成了利益共同体，

---

① （北宋）欧阳修、宋祁等撰：《新唐书·卷一百九十七·韦丹传》，汉语大辞书出版社2004年版，第4217页。

迫切地想要获得一块属于他们的地盘。

李康与韦丹这一旧一新两任节度使无疑成为他们"勤捞致富"的最大障碍，所以他们才会有些丧心病狂地杀害李康，既除去了一个竞争对手，又给另外一个竞争对手造成巨大的心理恐慌。

当韦丹后来得知李康被杀后又给朝廷上表说："高崇文率领神策军长途征战，既无依靠，也无屏障，不如将东川交给他，这样他必然能够大功告成！"

节度使是当时令所有官员都垂涎不已的职务，羽林大将军（正三品）孙璹为了获得凤翔节度使向担任弓箭库使的宦官刘希光行贿二万贯钱，检校尚书右仆射（从二品）、右金吾大将军（正三品）伊慎希望能够出任河中节度使，偷偷地向右神策军中尉第五从直行贿三万贯，随着这些官员为了获得节度使之位不惜花费血本，但他们到任一两年之后便能回本，等到卸任时往往赚得盆满钵满，这才引得朝廷官员对节度使之位如此趋之若鹜。

韦丹却出人意料地两次推让，朝中有识之士都极度渴望着朝廷能够赢下这至关重要的第一仗，他自然也不例外，不过这却并非是他决绝赴任的根本原因。他这样做主要还是为了自身安全，钱有命挣还得有命花。战事正在如火如荼地展开，究竟谁胜谁负目前还很难预料，即便朝廷大获全胜，他就任后的处境恐怕也不会变得乐观，既然高崇文与俱文珍敢于擅杀李康，那么自然也就会随意给他安个罪名将他处死。李康的死无限放大了韦丹心中的恐惧，所以才会向朝廷举荐高崇文来替代自己。

韦丹给朝廷上书恳请让李康留任，最迟在一月底李康被俘之前。他这次向朝廷上表举荐高崇文，准确时间因为史书缺载而难以知晓，但李纯批准时间是四月初四，因此这份奏表应该在三月中旬前便已经送出。

从一月底直至三月中旬，在长达两个月的时间里，他一直都待在兴元府，没有再向前踏出一步，他既是在等待朝廷的回信，恐怕更是在等待局势的明朗，在战乱未平之际，他并不会贸然前去上任，这就是韦丹心中的算计。

李纯收到韦丹的上疏之后自然猜出了众人并未言说的小心思，但他却并未说破。在当前局势下，高崇文的确比韦丹更适合出任东川节度使，若是有了东川地区作为他的大本营，那么西川之战势必会打得更为从容，于是在四月初四朝廷正式下诏任命高崇文为东川节度副使、知节度事。

虽然高崇文杀鸡儆猴的举动让他如愿以偿地成为新任东川节度使，但他很快也察觉到了不同寻常的异样。他只是被任命为东川节度副使、知节度事，通常只有在藩王、宰相遥领节度大使的时候才会设置节度副大使、知节度事，可东川却并没有人遥领。如果节度使去世、离职或者入朝，某人临时主持军政事务往往会被任命为节度留后，像高崇文这样知节度事的节度副使在此前并不多见。

李纯之所以会如此安排既是因为高崇文之前品级低、威望差，提拔速度过快难免会招致世人非议，恐怕最主要的原因应该还是想要借机敲打敲打高崇文。如今大敌当前，你千万不要再耍小聪明，你所做的这一切逃不过我的法眼！

高崇文并非不懂得收敛之人，攻克梓州之后，他并未直接向朝廷报捷而是先上报给了山南西道节度使严砺。虽然高崇文与严砺并无隶属关系，他才是西川之战真正的主角，严砺只是牵制敌军、保障军需的配角，但严砺却比他级别高、资格老、威望高，是响当当的三川实力派，所以他才主动将这个功劳拱手让给了严砺。

对于梓州的光复，严砺貌似赢得了话语权，但严砺也是个明白人，神策军是天子私军，高崇文是李纯亲自选拔任命的爱将，监军俱文珍又是拥立李纯登基的有功之臣，在上奏时自然对两人的功绩大肆吹捧了一番，当然他也不忘将自己如何殚精竭虑、为国分忧大书特书了一番。

三月十二日，严砺将奏报上报朝廷。高崇文首战告捷极大地鼓舞着李纯与藩镇割据势力继续战斗下去。就在严砺上报梓州光复的次日，李纯颁布制书削夺了刘辟的所有官职爵位，此举无异于与刘辟彻底地撕破了脸。

由于之前战争形势尚不明朗，李纯曾经一度希望刘辟能够悬崖勒马，改过自新，但梓州之战的胜利却使得刘辟信心倍增，想要趁势一举夺取长期被割据势力控制的西川之地。

刘辟自以为从东川撤军了，朝廷便会放他一马，却没有想到年纪轻轻的李纯居然是如此的强硬，高崇文根本就没有见好就收、整军回朝的意思。此时他才清醒地意识到自己恐怕将要与朝廷有一场恶战了，不过他占据天时、地利、人和，只要将朝廷拖入消耗战，朝廷势必会想方设法地与他和解，这样的剧情此前曾经无数次地在神州大地上演过。

岌岌可危的刘辟命人在距离成都一百五十里的鹿头山（今四川省德阳市境内）上紧急修筑关隘，这是蜀道上五关中的最后一关，"南临益州（今四川省成都市）开千里沃野，北望秦岭锁八百连云，东观潼川层峦起伏，西眺岷山银甲皑皑"，这里自古就是兵家必争之地。刘辟将临近的八座栅垒全都连接在一起，并将一万多精锐兵马屯驻在此地，静静地等候着高崇文的到来。

六月初五，刘辟与高崇文刚一交战就迅速败下阵来，龟缩到关内不肯再出战，还在鹿头关东面的制高点万胜堆设置了栅垒。高崇文意识到了万胜堆的重要性，于次日派遣手下骁将高霞寓带领精锐士卒乘胜攻取了万胜堆，从此便可以俯视鹿头关全城。

山南西道节度使严砺、东川节度使高崇文从北面、东面同时进攻，给刘辟造成了极大的军事压力，不过刘辟却率部拼死顽抗，地形险要的鹿头关始终牢牢地掌控在他的手中，死死地钳制住了高崇文的攻势。

眼见着双方在鹿头关前僵持不下，李纯的心中满是焦虑，深知一旦战争陷入胶着，那些一贯骄纵跋扈的节度使们势必会有所异动，因此一直都在不遗余力地对他们进行安抚。

在战争打响前夕，李纯加授成德节度使王士真为同中书门下平章事，使得他成为"使相"；战争打响后，他又加授魏博节度使田季安为同中书门下平章事；淄青节度使李师古加授检校司徒（正一品），后兼侍中；幽州节度使刘济兼侍中。他不遗余力地对那些割据一方的节度使们加官晋爵，就是想要为西川之战营造相对稳定的政治环境。

不过李纯也懂得迟则生变的道理，眼见着前方战事僵持不下，于是他紧急征调河东等藩镇的部队火速前往西川进行增援，还专门下诏让所有入川作战部队统一归高崇文节制，有效地保证了军令的畅通。

作为征讨蜀中的首倡者，同时也是高崇文的推荐人，杜黄裳眼见着大军被迟滞在鹿头关外，心中也很是焦急，于是让人特地给高崇文捎去了一句话："若无功，当以刘澭相代！"[①]

[①]（北宋）司马光主编：《资治通鉴·卷二百三十七》，中华书局1956年版，第7637页。

之前刘澭与高崇文的防区相互毗邻，两军因为争抢财物而发生过摩擦，他不仅知道刘澭的威名，更晓得他手下那些悍卒的厉害，当初刘澭的呼声远远高于他，如果不是他使了些见不得光的手段，出征西川的重任恐怕不会落在自己头上。

杜黄裳的一席话使得高崇文的心灵受到了极大的震撼，不遗余力地想要打破目前的战争僵局。

恰在此时，前来增援的各镇兵马相继赶到了。河东将领李光颜因为在路上耽搁了，比约定时间晚到了一日，心中极为恐惧，担心军纪严明的高崇文会将他军法从事，于是来到行营之后表现得格外积极，主动请缨上阵杀敌。

李光颜的确是个难得的将才，日后成了李纯极为倚重的名将。急于戴罪立功的他成功地断绝了刘辟的运粮通道，给鹿头关守军造成了极大的心理恐慌。

随后在强大的政治攻势之下，鹿头关守将仇良辅、绵江栅守将李文悦全都投降了官军，数不胜数的西川军主动放下兵器前来归降官军，他们为了将功赎罪还特地捕获了刘辟的女婿苏强。

鹿头关被攻克之后，通往成都的道路上已然无险可守了，高崇文率军向着成都快速挺进，所过之处的西川军全都望风而降。

不过西川节度使的治所成都却是三川最为宏伟的城池，若想短时间内攻克恐怕绝非易事。晚唐时，昭宗皇帝任命宰相韦昭度为西川节度使，但西川节度使陈敬瑄却不肯轻易放弃到手的权力，拒绝接受朝廷的诏命。韦昭度联合永平节度使王建、东川节度使顾彦朗聚兵十余万围攻成都府，但历时三年都难以破城。

陈敬瑄并非什么名将，原本是卖烧饼之人，不过他弟弟田令孜却是僖宗皇帝身边的红人，担任左神策军中尉，因此他便投靠到弟弟门下，虽无什么战功，也没什么才能，却在数年间便升任大将军。

田令孜推荐左神策军将领陈敬瑄、杨师立、牛勖、罗元杲前去镇守三川。他推荐了四人，却只有三个位子。僖宗皇帝一时间也犯了难，荒唐透顶的僖宗皇帝居然用赌球的方式来挑选节度使，前三名陈敬瑄、杨师立、牛勖分别担任西川节度使、东川节度使和山南西道节度使。陈敬瑄被任命为西川节度使的消息传到成都府时，无论是官吏还是将士全都惊讶不已，一个名不见经传之人居然也能成为西川节度使。陈敬瑄一个卖烧饼出身靠着弟弟提携才得以出头的将领都能率军抵抗朝廷大军三年之久，足见成都城防之坚固。

不过西川与其他藩镇有个很不一样的地方，其他藩镇最精锐的力量往往部署在治所州府，但西川镇最强悍的部队却部署在西山。即便如此如果成都守军拼死抵抗，高崇文想要在短时间内攻破成都也绝非易事。

虽然刘辟表现得很是张狂，但他却是个进士出身的文官，曾在前任节度使韦皋麾下担任支度副使，相当于财政厅长。他刚刚当上节度使就选择与朝廷为敌，其实是个很不明智的选择，因为他手下的那些将领们并非真心归附他。

实力强劲的西山军在朝廷征讨刘辟时大多持观望态度，始终没有与官军进行正面对抗。如今见刘辟已然大势已去，成都守军也开始人心动摇，无心再战，在几乎没有遇到太大的抵抗的情况下，高崇文便于九月二十一日攻克了城高砖厚的成都。

在城破之前，刘辟与心腹卢文若带领数十骑仓皇出逃，想要前去逃奔吐蕃，但高崇文又怎么会轻易放过他，派遣部将高霞寓等人紧追不舍，终于在羊灌田（今四川省彭州市境内）追上了他们。

走投无路的刘辟纵身跳入长江，不过却因抢救及时而没有被淹死。卢文若求死之心比他更为坚决，先将自己的妻子儿女杀死，然后在自己身上系上石头沉江自杀。

高崇文雄赳赳、气昂昂地进入成都，严令自己手下士卒不要惊扰当地百姓，违令者斩。将士们在四通八达的道路上驻扎下来，即使躺在冰冷的地面上休息，也不敢擅闯民宅。城中店铺照常营业，市场上珍贵货财堆积如山，街道上行人客商摩肩接踵，仿佛什么都没有发生过。

高崇文将刘辟装入槛车后送往京城长安，请求宪宗皇帝李纯对他进行惩处。刘辟连同他的同族亲属一并被诛杀，让那些企图搞割据分裂的节度使们意识到时代已然不同了，今后做事可要三思而后行。

高崇文接管西川镇之后只是斩杀了刘辟手下作恶多端的大将邢泚与馆驿巡官沈衍，其他人一概不加追究。韦皋的幕僚房式、郗士美、段文昌等人身着白色丧服，脚穿麻鞋，口衔土块，请求朝廷治罪，但高崇文却并没有难为他们，不仅释放了他们，还对他们以礼相待。

高崇文草拟表章向朝廷举荐房式等人，房式是玄宗、肃宗两朝宰相房琯的侄子。不过他唯独没有推荐段文昌，段文昌是大唐开国名将、凌烟阁二十四功臣之一段志玄的玄孙，高崇文对他说："你日后肯定会成为将相，所以我不敢推荐你。"高崇文赠送给他们丰厚的财物，然后亲自送他们前往长安，他们还未到长安，李纯便已经下发了他们的任职文件，他们日后大多成为大唐的栋梁！

自从安史之乱后，由于在幕府任职待遇好、升迁快，很多有识之士纷纷"入幕"，人才的大量流失也是朝廷日渐衰微的重要原因，李纯对这些来自西川的官员委以重任实际上想要通过此举吸引天下人才入朝为官。

房式后来在朝中担任给事中等要职，之后又任陕虢观察使、河南尹、宣歙观察使，成为位高权重的封疆大吏。郗士美曾在两京任京兆尹、河南尹，也曾担任黔中观察使、昭义节度使、忠武节度使等地方大员。段文昌被李纯任命为翰林学士，后来成为穆宗朝宰相，更为巧合的是他居然曾经前后两度出任西川节度使，可见他此生与西川缘分之深。

由于当地百姓一直将韦皋奉为神灵，高崇文对他也极为尊崇，要求军府大小事务一律遵奉韦皋在任时制定的规矩行事，整个西川也迅速得以平定。

刘辟有两个长得倾国倾城的小妾，监军俱文珍要求他将她们献给皇帝，但高崇文却说："天子令我征伐逆贼刘辟，我首先应当安抚百姓，若是忙着进献美女讨好天子，这怎么会是天子本意呢？我不干这种事情！"刘辟将那两个令人垂涎欲滴的小妾许配给没有妻室的将校，由此极大地赢得了军心。

西川之战耗费的军费为七十余万贯，仅为最初预算的一半[①]，负责此次后勤供应的是盐铁转运使李巽，后世曾经这样称赞他"三蜀之馈，不乏于军，千金之费，不征于人"[②]。西川之战之所以没有给朝廷财政带来太大压力是因为投入兵力有限，战争持续时间短，朝廷最开始投入兵力为一万人左右，后来因为战事胶着又陆续增兵，但总兵力也控制在一万五千人左右，这场战争

[①]（清）董诰等纂：《全唐文·卷五百三十一·南平郡王高崇文神道碑》，中华书局1983年版，第5391页。
[②]（唐）权德舆著，郭广伟校点：《权德舆诗文集·卷二十二》，上海古籍出版社2008年版，第341页。

历时九个月结束，花费如此之少其实是李巽与高崇文共同努力的结果。

西川平定之后，宰相们一同进宫向李纯庆贺，李纯凝视着杜黄裳，对他语重心长地说："卿之功也！"①西川一战为朝廷赢得了尊严，也极大地震慑了那些割据一方的节度使们，朝廷对他们无原则、无底线进行姑息妥协的日子已然一去不返了，他们也都在思考未来将会何去何从。

土豪的好日子到头了

元和元年（公元806年）十月，宪宗皇帝李纯对三川节度使进行大调整，高崇文任西川节度使，严砺任东川节度使，将作监柳晟任山南西道节度使。高崇文、柳晟此番全都属于提拔重用，自然喜滋滋地去上任了，可严砺却怎么也高兴不起来，而是隐隐地觉察出了一丝危机感。

严砺出身于世族大家，东川治所梓州就是他仕途起步的地方，他人生中获得的第一个官职就是梓州下辖的玄武县（今四川省德阳市中江县）县尉，在他随后的升迁过程中，他的族兄严震发挥了至关重要的作用。

严震是个东川当地有名的富家公子，曾经拿出家中大笔金钱资助边军，因功授州长史（从五品上阶或正六品上阶）、王府谘议参军（正五品上阶），虽说级别并不低，却并无多少实权，后来东川节度判官韦收将他推荐给东川节度使严武。严武深知严震家族在三川的势力盘根错节，想要借助他们的力量来巩固自己的地位，两人还都姓严，彼此间多了几分亲近感，于是对他委以重任。

严武后来升任西川节度使，推荐严震为西川押衙，阶官为恒王府司马（从四品下阶），军府事务全都委托他来掌管。永泰元年（公元765年），年仅

---

① （北宋）司马光主编：《资治通鉴·卷二百三十七》，中华书局1956年版，第7637页。

四十岁的严武因暴病突然在成都去世，严震怀着极其悲痛的心情辞官回家。

严震再次获得重用是凭借姻亲关系，出身于阆州豪族的鲜于叔明推荐他出任渝州（今重庆市区）刺史。鲜于家与严家都是三川富甲一方的大族，两大家族通过联姻结成了更为紧密的关系。鲜于叔明的哥哥鲜于仲通曾经接济过流落到四川并且穷困潦倒的杨国忠，杨国忠后来凭借与杨贵妃的亲戚关系位至宰相，鲜于仲通在他的提携下也扶摇直上，一路升至剑南节度使，鲜于家位至显官的子弟多得不计其数。

后来严震离开家乡前往凤州，因为朝廷决定从山南西道分设出一个小藩镇，他就此成为兴凤都团练使，管辖凤州（今陕西省宝鸡市凤县）、兴州（今陕西省汉中市略阳县）两州之地。经过安史之乱的践踏，这里满目疮痍，民生凋敝，不过经过他的不懈治理，这里又恢复了往日的生机，"荐（严）震理行为山南第一，时赐上下考，封郧国公（从一品），在凤州十四年，能政不替"①。

严震的绩效考核成绩在整个山南道（今秦岭以南、长江与剑阁以北的广大区域）名列第一名，考核等次为"上下"等。当时官员考课分为上、中、下三档，每一档又细分为上、中、下三等，最高为"上上"等，其次为"上中"等，但几乎没有官员能被评为这个等次，严震能得到"上下"等已经难能可贵了。就是因为他在当地干得太好，朝廷不愿意更换他，以至于他主政凤州长达十四年的时间。

建中三年（公元782年），严震的仕途再度迎来了转机。淮西节度使李希烈发动叛乱，山南西道节度使贾耽调往山南东道任职，这样山南西道节度使的位子便空了下来，政绩斐然的严震如愿以偿地成为新任节度使，兴凤都团练使不久后被撤销，下辖两州重新划归山南西道管辖。

严震将族弟严砺提拔为兴州刺史，此时家族子弟在三川担任显要职务的可谓比比皆是，编织成了一张庞大的关系网。

泾原兵乱后，德宗皇帝李适曾经逃到山南西道的治所梁州（今陕西省汉中市），后来还将其升格为兴元府。当时随同德宗皇帝一同前来的中书舍人

---

① （北宋）王钦若修编：《册府元龟·卷六百八十四·牧守部·课最》，凤凰出版社2006年版，第7879—7880页。

严家社会关系网[1]

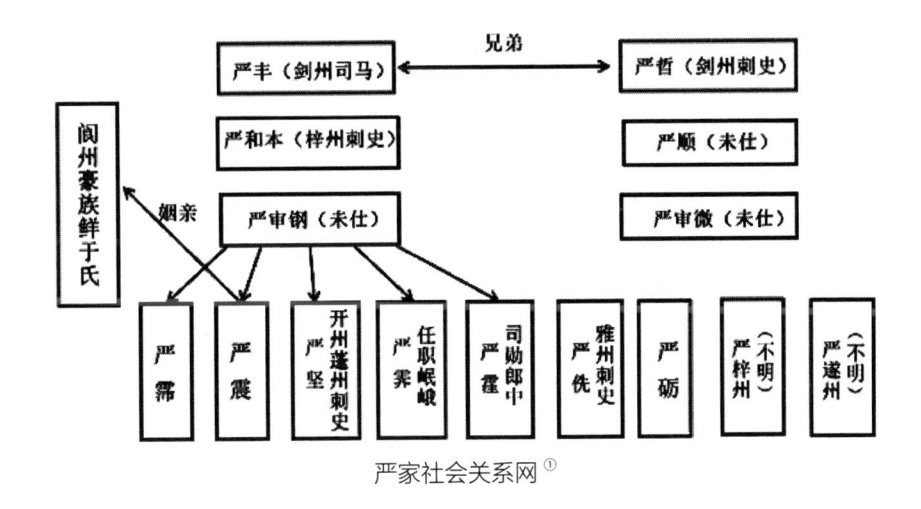

齐映曾经提醒过他:"山南士庶只知有严震,不知有陛下。"[2]

可见严震在当地威望之高,权势之大,已然引起了朝廷官员的猜忌,不过正处于逃亡途中的德宗皇帝却并无多少选择,只能对严震一举一动严加提防,但严震也没有做什么出格的事情,因此李适返回长安后对护驾有功的严震大加封赏,先是任命他为检校尚书左仆射(从二品),后加授"同中书门下平章事",使他成为"使相"。严砺在哥哥的栽培之下相继出任都虞候、兵马使等军中要职,逐渐掌控了本镇兵马。

贞元十五年(公元799年),七十六岁高龄的严震病逝打破了严家兄弟与朝廷之间貌似和谐的关系,由谁来出任节度使成为摆在德宗皇帝面前的一道难题。严震病逝前曾经给朝廷上遗表恳请朝廷准许族弟严砺来接替自己。

正史记载的是,德宗皇帝力排众议任命严砺为新任山南西道节度使,无论是谏官还是御史都认为这项人事任命不妥,理由是"(严)砺资历甚浅,人望素轻,遽领节旄,恐非允当"[3]。此时的严砺已经入仕三十五年,之前曾

---

[1] 参考陈红静:《一位"土豪"的宦海沉浮——从严砺仕途看唐廷与地方的权力博弈及消长》,《唐史论丛》2022年第1期。
[2] (北宋)乐史撰:《太平寰宇记·卷一百三十八·山南西道六·洋州》,中华书局2000年版,第2690—2691页。
[3] (后晋)刘昫等撰:《旧唐书·卷一百一十七·严砺传》,汉语大辞书出版社2004年版,第2834页。

任兴州刺史,如今为兵马使,无论是资历还是人望,都适合担任下一任节度使,其实他们真正担忧的是藩镇割据势力的滋长。

那些远在河北、河南、淮西的"割据型"藩镇搞父死子继或是兄终弟及,朝臣们还勉强能够接受,因为朝廷对他们鞭长莫及,可山南西道与长安近在咫尺,节度使一直由朝廷来任命,一旦允许山南西道也效法"割据型"藩镇,那么其他藩镇势必也会纷纷效仿,任由这种风气蔓延开来,朝廷的权力最终会被彻底架空。

虽然面对波涛汹涌的反对声,德宗皇帝却依旧不肯撤回任命。史书之中几乎都是这么记载的,德宗皇帝一意孤行的举动让后人感到气愤不已,可事实却并非如此,其实他允许严砺接班也是无奈之举。

曾任山南西道行军司马的郑敬的墓志铭记载:"时使府(即严震)有疾,朝廷阴诏监军使察人心归者,屡微讽于公(郑敬),公自以为山东布衣,以文学自进,不愿苟于际会,别有所授,深拒之,遂拔兵马使严励为之。"①

其实早在严震病重期间,德宗皇帝就开始物色合适的继任人选,经过一番挑选最终选中了郑敬。德宗皇帝特地派遣监军秘密接触郑敬,向他传达了朝廷想要对他委以重任的意思,谁知却遭到了他的断然拒绝。

郑敬并非是本地人而是来自山东(太行山以东地区)的寒门子弟,在当地并无多深的根基,还一直都担任文职,并未实际统领过兵马。严砺兄弟本就是东川豪族,如今又在山南西道经营多年。虽然严砺起初也是文官,不过等到严震年事已高之后却有意让他来执掌军权,颇有自知之明的郑敬自认为绝非严砺的对手,只得婉拒了朝廷的好意。

郑敬的拒绝让德宗皇帝很受伤,不过也使得他意识到严家兄弟在山南西道的势力恐怕一时难以撼动,即便是在本镇颇有些威望的郑敬都因心怀畏惧而不肯接受朝廷任命,若是从其他地方调任节度使势必更难站稳脚跟,搞不好还会激起兵变,他思前想后只得再度向地方实力派低头。

朝臣们并不知道德宗皇帝为了掌控山南西道局势私下的试探与暗中的笼

---

① 河南省文物研究所、河南省洛阳地区文管处编:《千唐志斋藏志·下编唐故朝散大夫绛州刺史上柱国赐紫金鱼袋郑公(敬)墓志铭并序》,中国旅游出版社1989年版,第1006页。

络，只是凭借一腔义愤不停地抗表陈词，不断地慷慨陈词，千万不能让严砺接任节度使！

德宗皇帝对这些反对的声音全都充耳不闻，只能暗自感叹自己心中的苦衷又有几人能够知晓。经过那段刻骨铭心的"两帝四王"大变乱之后，他不再有当初的万丈豪情，生怕再因处置不当而引发政治变乱，他变得谨小慎微而又有些畏手畏脚，他何尝不想重振朝廷威严，不过实力却不允许，在万般无奈之下，他只得准许野心勃勃的严砺接班。

新继位的宪宗皇帝李纯比自己的爷爷德宗皇帝要强硬许多，在自己登基之初就敢于冒险发动西川之战，足见他的魄力与胆识，这也让严砺感到了一丝不安，于是在西川之战中表现得格外积极，不遗余力地想要给新皇帝留下一个好印象。

当然狂妄的刘辟想要兼领三川也触动了严砺的切身利益，促使他坚定地站在朝廷一边，不过他也的确想要通过自己的努力来完成自我救赎。

早在高崇文还没有入川之前，严砺就率兵攻占了剑州（今四川省广元市剑阁县），斩杀了刘辟任命的剑州刺史文德昭。剑州境内的剑门关自古就是入川的交通咽喉，正是他及时对刘辟采取了反制措施才使得朝廷的征讨大军顺利入川。

虽然高崇文一直承担着主攻任务，但严砺却并未就此作壁上观而是积极主动地在两个藩镇的交界区域内向刘辟发起进攻，还屡屡有所斩获。他派出的军队曾在绵州石碑谷（今四川省绵竹市境内）斩杀西川军一万多人，后来又在神泉（今四川省绵阳市安州区）重创西川军。

正是看到了严砺的积极表现，在平叛战争如火如荼展开时，李纯加授他为检校礼部尚书，不过令人感到不解的是等到战争结束之后，李纯却突然将他调离兄弟二人深耕了二十四年之久的山南西道。

虽然东川是严砺的故乡，不过他却已然离开了三十多年了，此时再度回乡虽然有些衣锦还乡的意味，却也有物是人非之感。

通过这轮人事调整，李纯将三川牢牢掌控在自己手中。新任山南西道节度使柳晟大有来头，他是肃宗张皇后的外甥，母亲是肃宗皇帝第三女和政公主，曾经与太子、诸王一同养在宫中学习，可谓是铁杆的皇亲国戚，从辈分上看算是李纯的表叔。

柳晟来到兴元府任职后,恰逢征讨刘辟的兴元府兵马从前线返回,还没有等他们进城,朝廷便下达指令让他们前去戍守东川镇治所梓州。如今自己的家近在眼前,可将士们却有家不能回,既怨恨又恼怒,于是胁迫监军想要发动叛乱。

柳晟得知消息后赶忙策马赶来,对着他们高声喊道:"你们因何能够立功?"

将士们纷纷回答说:"自然是前去讨伐叛逆刘辟!"

柳晟点了点头继续说:"刘辟不肯接受皇帝诏令,你们才有了立功的机会,既然你们清楚这一点,怎么能够让别人再来讨伐你们而建立属于他们的功勋呢?"

士卒们顿时便明白了柳晟的意思,于是纷纷向他行礼致谢,马不停蹄地前往梓州。李纯将兴元府兵马调往东川看似是为了加强严砺的军事实力,实际上却是在悄无声息地削弱他在当地的影响力,担心有人会因严砺被突然调走而对朝廷心生不满,趁机发动变乱。

这其实只是李纯整体大战略中的重要一环,在裁减西川兵马的同时,不断增强东川的军事势力,不过由于地处边陲的西川面临着来自吐蕃、南诏的外部威胁,于是不断征调"客军"入蜀,着力淡化西川军的地方色彩,由于"客军"在两川并无根基,还会定期进行轮换,发动割据叛乱的概率自然也就很低。

随着李纯逐渐站稳了脚跟,他也开始对那些桀骜不驯的地方实力派进行政治清算。元和四年(公元809年)三月初一,监察御史元稹被任命为东川详覆使,负责调查泸州监官任仲敬贪污案,但明眼人一看就知道他其实是冲着严砺去的,后来他在给朝廷的调查报告中将任仲敬贪污案一笔带过,矛头直指严砺。

此时的元稹还是一个怀揣着政治梦想的"愤青",敢想敢干敢说,他在担任谏官左拾遗(从八品上阶)时经常大胆言事,字字句句都直指朝政弊端,不过却因锋芒太露触怒了权贵而被贬出长安,此番朝廷专门派他前来东川,目的自然不言而喻。

虽然元稹此次前来东川目标直指严砺，但最终目的却是整肃财经纪律。安史之乱后，原有的财政管理体系彻底崩溃，德宗朝宰相李炎创制了"两税制"，将之前名目繁多的税赋统一为一种税款，因在秋天和夏天两次征收而得名"两税"。

当时，李纯正在"两税制"的基础上积极推动建立"三分制"，"分天下之赋以为三，一曰上供，二曰送使，三曰留州"[①]，"三分制"主要指两税收入，青苗地头钱等朝廷直接税和盐铁茶酒等禁榷收入仍旧由朝廷独享。李纯想要实现地方财政支出定额包干制，遵循"超支不补，结余留用"的原则，这样才能保证中央财政收入的稳定性。

自从"两税制"实施以来，朝廷曾三令五申在"两税"之外不能额外增加百姓负担，但很多节度使却对朝廷禁令置若罔闻，阳奉阴违，致使当地的老百姓苦不堪言。元稹此番前来就是专门针对这个顽疾进行深入调查。

恰好就在这个关键时刻，一代枭雄严砺却突然暴亡，或许从得知元稹要来东川的消息开始，他就已经意识到了自己最终的结局，看来李纯仍旧不肯轻易地放过他，于是严砺在惶恐不安中离开了这个世界。

三月底，元稹向朝廷上交了《弹奏剑南东川节度使状》："故剑南东川节度观察处置等使严砺在任日，擅没管内将士、官吏、百姓及前资寄住等庄宅、奴婢，今于两税外加征钱、米及草等。"他弹劾严砺共有两大罪状，第一条是擅自罚没将士、官吏、百姓及卸任官员的住宅、田地与奴婢；第二条是在"两税"之外加征钱、米和草等财物。

其实严砺的这两条罪状是当时很多节度使的通病，可朝廷却似乎在刻意针对他一人，派遣元稹这个天不怕、地不怕的"愣头青"前来东川就已然表明了朝廷的态度。

朝廷收到元稹的奏报之后很快就公布了惩处结果，曾长期在严氏兄弟幕府任职的崔廷与遂州刺史柳蒙被免职，其他相关涉案刺史被罚两个月的俸禄，年度考核时给予"下等"。

[①]（北宋）欧阳修、宋祁等撰：《新唐书·卷五十二·食货志二》，汉语大辞书出版社2004年版，第1085页。

元稹发现毗邻东川的山南西道也在"两税"之外加征驿草，也就是给驿马吃的草料，但他这次既没有将矛头指向已经卸任的山南东道节度使柳晟，也没有指向到任仅仅一年多的裴玢，因为两人都是朝廷任命的节度使，柳晟是名副其实的皇亲国戚，裴玢曾在德宗皇帝逃亡奉天时拼死护卫，还因为战功获封忠义郡王。两人都不同于依靠自身势力要挟朝廷上位的严砺，因此元稹写给朝廷的弹劾状名为《弹奏山南西道两税外草状》，弹劾的是事而并非是人，因此裴玢仅仅被罚一个月的俸禄，涉事刺史也只是被罚一个季度的俸禄。

其实同属三川的西川未必就没有在"两税"之外额外摊派的问题，但元稹却并未深究，因为此时担任西川节度使的是从宰相任上外放的武元衡，他后来又于元和八年（公元813年）回朝继续担任宰相，元稹自然知道这样的人自己根本惹不起。

元稹显然是有备而来，哪些人可以动，哪些人动不得，他心中自然是有数的。严砺担任东川节度使所带朝衔为检校尚书左仆射（从二品），死后被追赠为司空（正一品），如果没有得到上面的暗示或授意，元稹这个小小的正八品下阶的小官恐怕还没有如此之大的勇气毫无顾忌地去弹劾严砺这位官居二品的封疆大吏！

预感到山雨欲来的严砺"恰到好处"地死了，朝廷并未对他进行惩处，不过元稹却并不想轻易放过他，请求朝廷给予他"恶谥"。

谥号是对一个官员一生的终极评价，因此确定谥号是一件极其严肃的事情，官员去世后，他的亲属下属会将自行撰写的行状上报给尚书省吏部考功司，行状记录着这名官员的生平事迹，虽难免有溢美的嫌疑，但考功司专门负责对各级官员进行考核，如果太过离谱也不会被采用，只能适度进行粉饰。考功司审核通过后报送给太常寺，由太常寺来确定恰如其分的谥号。

严砺虽然是与朝廷貌合神离的地方枭雄，却从未做过什么出格的事情，况且又在征讨西川时立下大功，仅仅因为这点儿小错就要否定他的一生，显然难以服众，此事很快就在朝野上下引发轩然大波。

"计天下方镇,皆怒元稹守官。"①虽然藩镇们抨击的对象是具体实施者元稹,却也暗含着对朝廷的不满,他们为严砺抱打不平其实也是在为自己的处境而担忧。李纯派遣元稹前往东川以整肃财经纪律为名打压严砺是想要震慑一下那些桀骜不驯的节度使们,但给予严砺"恶谥"的建议却使得他们对朝廷很是不满,甚至是极为愤怒,这未免有些适得其反了!

李纯并未同意元稹的建议,而是给严砺所上谥号为"威","强毅执正曰威,猛以强果曰威,有威可畏曰威"②。严砺不仅得到了"美谥",李纯还特地让自己颇为欣赏的大才子权德舆为严砺撰写神道碑,对严砺在征讨刘辟时所立功勋大书特书。权德舆在随后不久被李纯任命为宰相,李纯让如此重量级人物亲自执笔褒扬严砺,对于他而言无疑是无上的荣耀。

在严砺大受吹捧的同时,元稹的命运也发生了戏剧性的变化,"执政有与(严)砺厚者恶之。使还,令分务东台"③。与严砺关系比较好的宰相厌恶元稹的所作所为,于是让干劲十足的元稹到设在东都洛阳的东台去工作。宰相的意见自然很重要,但元稹之所以会被贬主要还是因为李纯对他的所作所为有些不满。

元稹赶尽杀绝的做法使得天下藩镇对他群起而攻之,李纯不得不对严砺采取一系列优抚措施才平息了这场风波,自然会觉得喜欢意气用事的元稹思虑不够缜密,办事不够得体,可元稹却并未就此吸取教训,很快就遭遇更大的挫折。

分司东台的元稹从洛阳前往长安公干,途经华州敷水驿时被安排在上厅,谁知却遇到了一个飞扬跋扈的大宦官。《旧唐书》记载此人为刘士元,《新唐书》记载此人为臭名昭著的仇士良。此人非上厅不住,大有一股将元稹硬生生赶出去的架势。

御史台的官员负责监察百官,本就有见官大一级的架势,年轻气盛的元

---

① (唐)白居易撰:《白居易文集校注·卷二十三·论元稹第三状·监察御史元稹贬江陵府士曹参军》,中华书局2011年版,第1245页。
② (北宋)王溥撰:《唐会要·卷七十九·谥法上》,中华书局1955年版,第1463页。
③ (后晋)刘昫撰:《旧唐书·卷一百六十六·元稹传》,汉语大辞书出版社2004年版,第3691页。

稹与他据理力争，毫不退让，谁知最终却被打得鲜血直流，被强行赶出了上厅。元稹原本是受害者，但李纯却认为元稹擅自树威，有失体统，于是将他贬为江陵府士曹参军，至此元稹开启了长达十年的贬谪生活。

从古至今，无数的人为元稹鸣冤叫屈，对宦官口诛笔伐，却往往忽略了另外一个极其重要的原因——朝廷令元稹分司东台已然表露对他在处置严砺一事上的不满，可元稹却并未认真地反思，真正地反省，以至于很快就发生了与宦官争夺上厅之事。

李纯本就已对元稹产生了些许成见，如今亲信宦官又在他的耳边不停诋毁元稹，元稹未来的命运也就可想而知了。或许李纯也是想通过此番贬谪让年轻的元稹尽快成熟起来，很多时候要学会向现实低头，意气用事与快意恩仇不仅解决不了问题反而会激化矛盾。

元稹贬谪归来之后的确好似变了一个人，也很无奈地走向了另外一个极端，甚至变成了他曾经厌恶与蔑视的样子。

严砺虽在死后饱受恩宠，但颇为出人意料的是他在两唐书中却是另外一番形象，《旧唐书》记载："（严砺）性轻躁，多奸谋，以便佞在军……（严）砺在位贪残，士民不堪其苦。素恶凤州刺史马勋，诬奏贬贺州司户。纵情肆志，皆此类也。"[1] 严砺在《旧唐书》中俨然就是一个一生只干坏事、不做好事的大恶人。

《新唐书》对严砺的恶意虽然稍稍小了一些，但对他这个人却仍旧持否定态度，记载："然（严砺）轻躁多奸谋，以便佞自将[2]"。

在两唐书严砺的个人传记中，他在西川之战时的功绩居然只字不提，相关事迹散落在其他地方，读完之后难免会让读者感到有些恍惚，两唐书中那个阴险狡诈的严砺与神道碑中那个公忠体国的严砺究竟是不是一个人？

这其实恰恰说明了帝王对人对事的两面性，无论是德宗皇帝李适，还是宪宗皇帝李纯，其实对三川土豪严砺都心生厌恶，最令他们难以接受的是严

---

[1]（后晋）刘昫等撰：《旧唐书·卷一百一十七·严砺传》，汉语大辞书出版社2004年版，第2834页。

[2]（北宋）欧阳修、宋祁等撰：《新唐书·卷一百四十四·严砺传》，汉语大辞书出版社2004年版，第3322页。

砺通过要挟朝廷来出任节度使。

不过严砺终其一生也没有做过公然背叛朝廷之事，况且又曾在西川之战中立下大功，朝廷自然不能公然否定他，于是想要通过元稹来弹压他，进而震慑一下那些骄横的地方实力派。可元稹居然建议给严砺"恶谥"，这也就意味着要全盘否定他的一生，结果惹得那些节度使们骚动不安，以至于李纯不得不对死去的严砺大加褒奖。

其实李纯对他的褒奖并非出于本意，因此在秘不示人的起居注与实录中，严砺却是另外一副不堪的模样，大唐皇帝们将自己心中对他的恨通过史官手中的笔淋漓尽致地展现出来，可见皇帝们深沉的心思是旁人万万猜不透的。

这场风波过去之后，那些目无朝廷的地方实力派们越来越清醒地意识到他们恣意任性的好日子恐怕已然到头了。

平稳过渡中的小插曲

就在西川之战前后，很多藩镇都面临着节度使更迭，这仿佛就是一道道考题，考验着李纯的智慧与耐心，若是处置稍有不当，势必会惹出新的变乱，无疑将会给西川之战带来极大的负面影响。

横海镇是河北地区的一个小藩镇。当年，首任成德节度使李宝臣去世后，他的儿子李惟岳擅自称节度留后，但德宗皇帝李适却对他并不认可，李惟岳一怒之下起兵反叛朝廷，最终却被大将王武俊杀害，就在王武俊幻想着自己能够成为新任节度使时，德宗皇帝却将成德镇分为三道：

张孝忠为义武节度使，管辖易州、定州、沧州三州；

王武俊为恒冀观察使，管辖恒州和冀州；

康日知为深赵观察使，管辖深州和赵州。

王武俊本就是与张孝忠齐名的燕赵猛将，自认为诛杀李惟岳为朝廷立下首功，可如今他却只是一个观察使，而张孝忠却成为节度使。更让他难以接受的是自己居然与名不见经传的康日知平起平坐，于是刚刚投降朝廷的王武俊很快就反了，以至于河北地区再度烽烟四起。

沧州与义武镇治所定州并不接壤，双方来往必须要经过隶属幽州镇的瀛州，随着幽州镇节度使朱滔也反叛朝廷，两处往来的道路被彻底阻隔，沧州还遭到叛军的围攻。面对大军压境的不利局面，沧州刺史程日华（当时叫程华）向朝廷上表陈说利害，请求朝廷在沧州另设一军。

兴元元年（公元784年）五月，朝廷准许沧州从新设立的义武镇独立出来，重新设置横海军，不过为了补偿义武镇，程日华每年需要向义武镇上交租税钱十二万贯。程日华后来又奏请朝廷分割沧州部分地区设置景州。贞元二年（公元786年）三月，程日华被正式任命为横海节度使，管辖沧州、景州二州，自此之后，横海节度使之职此后一直由程家人把持着，只是中间曾经发生过一场意外，程怀信利用军中不满情绪发动兵变将程怀直驱赶走，自任节度使。

横海节度使变更情况表

姓名	上任时间	卸任时间	在任时间	任职前官职	离职后官职	备注
程华	贞元二年（公元786年）三月	贞元二年（公元786年）五月	2个月	沧州刺史横海军使	去世	朝廷任命
程怀直	贞元二年（公元786年）五月	贞元十一年（公元795年）九月	8年	横海节度留后	右龙武卫统军	程华之子，后被堂弟程怀信驱逐
程怀信	贞元十一年（公元795年）十月	永贞元年（公元805年）七月	10年	横海兵马使	去世	程怀直堂弟，趁乱驱逐堂兄
程执恭（后改名郑权）	永贞元年（公元805年）七月	元和十三年（公元818年）三月	13年	横海节度副使	检校司空、邠宁节度使	程怀信之子，先任留后，后任节度使

永贞元年（公元805年）七月二十六日，程怀信去世，当时掌权的"革

新派"当即任命他的儿子程执恭为节度留后。次年五月十三日,当时西川之战正陷入胶着状态,李纯正式任命横海节度留后程执恭为横海节度使,为的就是稳定河北地区的局势。

淄青镇与河北三镇相毗邻,平卢节度使侯希逸带领部众迁居到这里,因此淄青镇带有"平卢"军号。淄青镇管辖着多达十二州而且大多是经济富庶、人口众多的上州,节度使之位一直被李家人把持着。

淄青节度使变更情况表

姓名	上任时间	卸任时间	在任时间	任职前官职	离职后官职	备注
侯希逸	宝应元年（公元762年）	永泰元年（公元765年）七月	3年	平卢节度使	检校右仆射、知尚书省事,后迁司空	军乱被驱逐
李正己	永泰元年（公元765年）七月	建中二年（公元781年）八月	16年	淄青兵马使	去世	侯希逸表弟
李纳	兴元元年（公元784年）正月	贞元八年（公元792年）七月	8年	曹州刺史擅自称节度留后	去世	继承父亲李正己职位的要求被拒绝后叛乱,后朝廷将他招抚
李师古	贞元八年（公元792年）八月	元和元年（公元806年）六月	14年	青州刺史	去世	李纳之子
李师道	元和元年（公元806年）八月	元和十四年（公元819年）二月	13年	淄青节度副使	被朝廷讨伐后,部将将其杀害	李纳次子、李师古之弟

就在西川鏖战之时,淄青节度使李师古已然病入膏肓。李师古有个同父异母的兄弟李师道,他对这个弟弟一向严苛,其实是想要刻意历练这个涉世未深的弟弟。李师古十五岁便担任节度使,根本不懂耕种的艰辛与收获的不易,因此他想要让弟弟体尝百姓的艰辛、感知世间的冷暖,不过这个弟弟却

离他的期望越来越远。

病入膏肓的李师古勉强睁开双眼，有气无力地说："趁我的神志还算清醒。我想问问，一旦我死后，你们会拥立何人为帅呢？"

众人却都沉默了，李师古发出一声苍凉的叹息声，预感到了他们将会如何做，也似乎预感到了自己家族未来的命运将会是什么，无奈地说道："谁愿意对骨肉兄弟刻薄寡恩呢？不过节度使之位关系重大，如若选任不当将会使得我们李家遭受灭顶之灾。李师道治理密州期间玩忽懈怠，终日里不是醉心画画，就是吹奏胡人的葭管，这样的人能胜任吗？诸位还是审慎地计议一下吧。"

元和元年（公元806年）闰六月初一，李师古带着无奈和忧虑永远地离开了。他的僚属们暗中将远在密州的李师道迎回了淄青镇治所郓州（今山东省泰安市东平县）。当时西川战事正呈胶着状态，李纯无力与实力强劲的淄青镇为敌，只得认可了李师道的继承人身份，但让他始料未及的却是李师道居然成为他此生最危险的敌人。

位于南北交通枢纽的徐州同样面临着节度使更迭的问题，上一次就因为德宗皇帝李适处置不当而引发了军乱。

李正己在任时淄青镇管辖范围曾多达十五个州，不过等到他去世后，德宗皇帝却并不允许他的儿子李纳继承父职，李纳随即也加入了叛乱，虽然最终朝廷被迫承认了李纳执掌淄青镇的既定事实，但淄青镇也就此丢失了黄河以北的德州、棣州两州以及南北交通要冲徐州。

贞元四年（公元788年），朝廷在徐州、泗州、濠州设立节度使，刚刚在讨伐李希烈之乱中立下大功的名将张建封成为首任节度使，治所设在徐州。在张建封担任节度使的十二年时间里，这里政治清明，社会稳定，安居乐业，不过随着他的去世，一场兵乱却骤然而至。

贞元十六年（公元800年）五月，病重的张建封给朝廷上表请求派人来接替自己，但朝廷却一时没有找到合适的继任人选，暂且任命韦夏卿为新任徐泗行军司马，此人是"革新派"成员韦执谊的堂兄，不过还没等到他前来上任，张建封便已然病逝了。

暂时主持军政事务的判官郑通诚担心将士们会趁乱发起兵变，适逢浙西镇士卒途经徐州，郑通诚便想出了一个馊主意，想要将恰巧路过的浙西军请进城中，其实是想威慑本镇士卒。

将士们听到这个消息后一时间群情激奋，五月十五日，数千人用斧头劈开仓库大门，取出铠甲兵器后包围了牙城，劫持了张建封的儿子张愔，强迫他来主持本镇事务，随后又杀死判官郑通诚、大将段伯熊等人，还将朝廷派来徐州的监军用枷锁拘禁起来。

德宗皇帝听到徐州兵乱的消息之后惊愕不已，赶忙命淮南节度使杜佑派兵前去讨伐，杜佑虽是理财专家，但打仗却并不太在行，徐州士卒打仗又一向生猛，很快就败下阵来。当时淮西之战已经打响，此时的德宗皇帝已然无力再战，却又实在咽不下去这口气，于是任命张愔为徐州团练使，却将泗州、濠州两州转隶淮南，后来虽然重设武宁节度使，却仅仅管辖徐州一个州。

历史居然是惊人的相似，如今武宁节度使张愔也身患重病，上表朝廷请求派人前来替代自己。

元和元年（公元806年）十一月十九日，李纯征召张愔回朝担任工部尚书，任命东都留守王绍为武宁节度使，不过他却担心一向骄横的徐州士卒会趁机再度作乱，于是将曾经的属州濠州、泗州再度划归武宁镇管辖。徐州士卒很高兴得到了两州土地，自然也就没有作乱。

虽然李纯凭借高超的政治手腕有时妥协、有时强硬，很好地应对了来自藩镇的各种危险，但西北地区还是出事了。这件事的罪魁祸害是刘澭的老长官韩全义，他虽然无勇无谋，无品无德，却依旧靠着巴结贿赂宦官当上了夏绥节度使。

德宗皇帝在执政后期奉行得过且过的妥协路线，不过也有让他忍无可忍的时候。擅自称帝的李希烈最终被部将陈仙奇毒死，但陈仙奇很快就被李希烈余部所害，继任节度使的吴少诚拒不听从朝廷诏命，一贯目无法纪，恣意妄为，但德宗皇帝依旧选择了息事宁人。

贞元十五年（公元799年）八月，陈许节度使曲环去世之后，胆大妄为的吴少诚居然想着要夺取陈州、许州这两州之地，这无疑触碰到了德宗皇帝的底线。龙颜大怒的德宗皇帝征调十七镇兵马前去讨伐淮西，由于缺乏统一指挥，讨伐迟迟没有进展。

就在此时，左神策军中尉窦文场向德宗皇帝推荐了韩全义，德宗皇帝于贞元十六年（公元800年）二月十七日任命他为蔡州四面行营招讨使，可韩全义偏偏是个金玉其外败絮其中的窝囊废，这个窝囊废就此在淮西战场闪亮登场。

讨论军政事务的时候，担任监军的几十个宦官坐在帐幕中你一言、我一语，将作战会议开成了辩论赛，由于他们互相争执不下，韩全义又谁也不敢得罪，只得明日再议。就在漫长的争论中，天气却渐渐变得炎热起来，由于士卒们长期屯驻在低洼潮湿地带，许多人得了瘟疫，致使军心涣散，士气低落。

五月十三日，韩全义与淮西军终于在溵水（今沙河）南面的广利原交手了，但两军刚一交锋，韩全义所率各军便纷纷溃退，一时间兵败如山倒，韩全义只得退军防守五楼（今河南省周口市商水县西南）。

七月，吴少诚率军抵达五楼主动进攻韩全义，官军又是一战即溃，韩全义再度施展自己独家的逃跑绝技，趁着夜色逃到了溵水县（今河南省周口市商水县）县城，暗自庆幸自己又逃过了一劫。

可阴魂不散的吴少诚居然又追至溵水县，韩全义带着手下士卒一路跑到陈州，却被陈州刺史刘昌裔拒之门外。刘昌裔登上城楼对他们说："天子命令你们前去讨伐蔡州，现在你却跑到这里来，我不敢接纳你们，请在城外住宿吧！"不过刘昌裔也并没有将事情做绝，依旧带着酒肉来到韩全义的营地犒劳他手下的将士。

见主帅只知逃跑、不懂作战，这仗继续打下去也是毫无获胜的希望，宣武、河阳等镇兵马相继离开行营返回驻地。吴少诚也很佩服韩全义逃跑的本领，要想追上他逃跑的速度的确有些困难，索性带兵返回老巢蔡州了。

见征讨大军胜少败多，讨伐无果，剑南西川节度使韦皋实在看不下去了，主动上表请求出战。文官出身的韦皋打仗其实很在行，"凡破吐蕃四十八万，禽杀节度、都督、城主、笼官千五百，斩首五万余级，获牛羊二十五万，收器械六百三十万，其功烈为西南剧"[①]。

[①]（北宋）欧阳修、宋祁等撰：《新唐书·卷一百五十八·韦皋传》，汉语大辞书出版社2004年版，第3544页。

第二章 错综复杂的三川乱局

不过此番韦皋请战是假，实际上是想要为吴少诚充当说客，他向德宗皇帝上表说杀了一个吴少诚，还会出现下一个吴少诚，与其这样还不如干脆赦免了他。宰相贾耽收受了吴少诚不少的贿赂，于是也趁机劝德宗皇帝放吴少诚一条生路，这样对彼此都是一种解脱。

由于讨伐大军屡战屡败，德宗皇帝也的确没有信心再继续打下去，只得给了吴少诚一个机会，其实也是在给他自己一个台阶下，不过他却将这个烫手山芋扔给了自己的孙子李纯，为之后惨烈异常的淮西之战植下了祸根。

听说朝廷决定罢兵，韩全义这才算长出了一口气，再也不用卖力地逃跑了。不过他被宦官们吹得神乎其神，如今却被现实啪啪打脸，一时间不知该如何向德宗皇帝交代，只得再度花费重金贿赂宦官。在宦官们的竭力遮掩下，德宗皇帝并未追究他兵败的罪责，不过他也自认为没脸再见天子，班师回朝后并未按照惯例前去拜谢皇帝而是称病不出。

在宦官们的危机公关之下，德宗皇帝不仅没有埋怨他，反而替他开脱道："不是只有杀敌才是立功，韩全义迫使吴少诚归顺朝廷也算是大功一件！"晚年的德宗皇帝居然昏庸到了是非不分的地步，连吃败仗的韩全义不仅无罪，居然还有功？他后来又让韩全义这个窝囊废继续担任夏绥节度使。

李纯对这件往事一直记忆犹新，因此刚一登基就征召韩全义入京朝见。既然新皇帝对自己的成见如此之深，韩全义也预感到自己这一去恐怕就很难再回来了，于是在离开前特地让自己的外甥杨惠琳担任夏绥节度留后。

等到韩全义来到长安之后，李纯与宰相杜黄裳商议如何安置他，杜黄裳认为韩全义出兵征讨吴少诚全无建树，又对朝廷态度傲慢，有失恭顺，建议让他立即退休。李纯当即同意了他的意见，任命右骁卫将军李演为新任夏绥节度使。

杨惠琳得知此事后居然率领本镇兵马阻止李演上任，还恬不知耻地上表称："将士们逼迫我出任节度使！"当时西川之战已然打响，杨惠琳觉得李纯无力应付他，否则将会陷入两线作战的不利境地。

不过杨惠琳显然低估了李纯的决心与魄力，京西北八镇历来是拱卫京城长安的重要屏障，八镇军政长官一直都由朝廷任免，从未出现过世袭的先例，因此他决意出兵讨伐敢于犯上作乱的杨惠琳。

恰在此时，河东节度使严绶主动上表请战，李纯当即颁诏命令河东、天德军两镇兵马一同进击杨惠琳。严绶麾下将领李光进与弟弟李光颜都是骁勇善战的胡人将领，他们领兵出征的消息给夏绥镇将领们带来了极大的心理恐慌。

三月十七日，夏州兵马使张承金斩杀了杨惠琳，将他的头颅传送京城长安，一场讨伐战争也就此消弭于无形。

虽然京西北八镇有时也会发生叛乱，却很难形成分裂割据的局面，这是因为除了凤翔镇之外，其他七镇普遍比较贫瘠落后，管辖的面积普遍都不大，夏绥、鄜坊两镇属州数量最多，也不过才仅仅管辖四州之地。

宪宗朝宰相李吉甫撰写的《元和国计簿》记载："其凤翔、鄜坊、邠宁、振武、泾原、银夏（即夏绥）、灵盐（朔方）、河东、易定（义武）、魏博、镇冀（成德）、范阳（幽州）、沧景（横海）、淮西、淄青十五道，凡七十一州，不申户口。"当时共有十五个藩镇不向朝廷申报户口，也不缴纳赋税，这些藩镇分为两类：

第一类是"割据型"藩镇，河北地区的五个藩镇幽州、魏博、成德、义武、横海，还有如今山东境内的淄青镇、河南南部的淮西镇，这些藩镇全都游离于朝廷的管辖范围之外，内部产生节度使之后，朝廷只是象征性地认可一下，藩镇内部事务全都由节度使来决定。

第二类是"沿边型"藩镇，除了河东外，凤翔、鄜坊、邠宁、振武、泾原、夏绥、朔方全都属于京西北八镇，除此之外，八镇中还有一个天德军都防御使，不过其他七镇均设节度使，天德军只设地位相对较低的都防御使，估计是被忽略了。这些藩镇虽然是由朝廷掌控，但由于地处边疆地区，经济发展滞后，人口相对较少，所收赋税只能勉强维持自身需要，因此也就不需要向朝廷缴纳赋税。

夏绥镇下辖夏州（今陕西省榆林市靖边县）、绥州（今陕西省榆林市绥德县）、银州（今陕西省榆林市横山区）全都位于沙漠边缘地带，其实它原本还管辖宥州，只不过已经被废弃了。夏绥镇所收赋税很有限，养活自己都很难，还时不时地便向朝廷申请救济。这种特殊的地缘政治经济结构使得夏绥镇很难脱离朝廷自谋生路，即便偶尔发生叛乱也往往很快就会被平定。

不过到了唐朝末年，党项族首领拓跋思恭（后改名李思恭）因在讨伐黄巢之乱中立下大功获封定难节度使，管辖区域其实就是之前的夏绥镇。经过五十多年的苦心经营，他使得这片区域赢得了独立生存下去的机会，后来他的子孙在这片土地上创建了令北宋闻风丧胆的西夏王朝。

西川与夏绥两场战争的胜利使得之前还不太自信的李纯信心爆棚，不再像之前那样束手束脚，而是向着自己心中期许已久的中兴目标，铿锵有力地走去！

高崇文的不安

剑南西川节度使高崇文上任才刚刚一年，却突然对监军说："我高崇文原本是河北地区的一个无名小卒，后来因为立下些许战功才有了如今的位子，可西川是宰相回翔之地，我怎敢心安理得地继续待下去呢？"

高崇文之后屡次上表声称："蜀中安适闲逸，绝非我施展才能的地方，希望朝廷能够准许我奔赴边疆，为国效力！"

《资治通鉴》中的这段记载不禁让人对高崇文肃然起敬，不过细细思索却发觉这里面恐怕另有隐情！

高崇文任职时，西川还不是名副其实的宰相回翔之地，自从剑南道首次分设西川、东川以来，先后有十四人担任过节度使，其中宰相级官员只有六人，居然还不到一半，其中真正"出将入相"的仅有张延赏、裴冕两人。崔宁发动叛乱夺取军政大权之后，朝廷派遣杜鸿渐担任节度使，可他却只是个傀儡，任职一年多之后回朝继续担任宰相，崔宁如愿成为节度使，后来为了让他入朝，朝廷不得不以使相之位作为诱饵。韦皋去世后，刘辟趁机篡夺大权，由宰相改任节度使的袁滋居然吓得不敢前去赴任。

唐朝剑南西川节度使任职情况表

时期	人数	其中直升宰相	间接升任宰相	升任使相	宰相下野后直接来此	宰相下野后辗转来此	宰相级官员总数（不含重复人数）	宰相级官员所占比例
成立初期（公元757—805年）	14人	2人（杜鸿渐、张延赏）	—	2人（崔宁、韦皋）	2人（杜鸿渐、袁滋）	1人（裴冕）	6人	42.9%
成立中期（公元806—859年）	17人	1人（武元衡）	6人（杨嗣复、李夷简、王播、李德裕、杜悰、白敏中）	1人（高崇文）	7人（武元衡、段文昌、杜元颖、李固言、崔郸、李回、魏谟）	4人（白敏中、李回、杜悰、萧邺）	15人	88.2%
成立后期（公元860—907年）	13人	2人（夏侯孜、韦昭度）	—	4人（李福、高骈、陈敬瑄、王建）	3人（夏侯孜、路岩、韦昭度）	1人（萧邺）	8人	61.5%

　　《旧唐书》记载的高崇文请辞的理由是"不通文字，厌大府案牍谘禀之繁"，"不知州县之政"，高崇文虽然叫作"崇文"，不过他的文化水平的确很有限。

　　一日成都大雪，诸从事吟雪赏诗，闲来无事的高崇文居然也赶来凑热闹，说："诸君宴饮取乐，却偏偏不叫上我，我虽是个武人，见到此情此景也是诗兴大发。"

　　高崇文吟诵道："崇文崇武不崇文，提戈出塞号将军。那个髑儿射落雁，白毛空里落纷纷。"①

　　众人听后不禁有些目瞪口呆，这居然也能叫作是诗？！

　　高崇文长期带兵并不精通地方政事，但他手下还有许多幕僚，完全可以代为处置，此前担任西川节度使的郭英乂、崔宁也是武将，崔宁是从普通士

---

① （北宋）孙光宪撰：《北梦琐言·卷七·高崇文相国咏文》，中华书局2002年版，第162页。

卒一步步升上来的，文化水平恐怕还不及高崇文，况且他还通过叛乱逼迫朝廷授予他节度使之位，既然连他这样的人都能连续担任节度使十二年之久，高崇文才担任节度使一年多为何会感到不安呢？高崇文主动请辞可能是因为他嗅到了一丝异样的气息。

西川之战对于李纯的重要性不言而喻，可领军出征的高崇文名望却不足以服众，因此李纯特地让俱文珍这位老牌监军去为他坐镇。俱文珍虽然是个宦官，但他却并非只是个会伺候人的奴才，而是在大风大浪中成长起来的厉害角色。

宣武镇是中原地区唯一可以与淄青镇一较高下的强藩，拥兵十万之众，但素来骄横的宣武兵却屡屡发动叛乱，不过身为监军的俱文珍却凭借临危不乱的沉稳性格与翻云覆雨的政治手腕屡屡化险为夷。

贞元十二年（公元796年）六月，宣武节度使李万荣突患中风，病危之际想要让自己的儿子李迺来继承自己的位子，李迺担心有人会趁机作乱，不惜对父亲手下大将们痛下杀手。

局势岌岌可危之际，时任宣武监军的俱文珍秘密会见宣武都虞候邓惟恭，苦口婆心地对他晓以利害。邓惟恭是李万荣的同乡，李万荣一向对他委以重任，因此李迺也将他视为自己的铁杆亲信，却不曾料到邓惟恭已然被俱文珍秘密策反了。俱文珍与邓惟恭经过一番策划之后一举擒获李迺并将他送往京师。朝廷任命的新任节度使董晋这才得以顺利到任，俱文珍关键时刻果断出手保证了宣武镇权力的平稳过渡。

贞元十五年（公元799年）二月，宣武节度使董晋病逝，宣武行军司马陆长源被朝廷任命为新任节度使。可他一向性情刻薄，遇事容易急躁，想用严刑峻法来整顿军容风纪，招致将士们的强烈不满。

按照惯例，主帅去世后，军府应该给将士们发放一些布匹作为丧服之用，可府库里却没有那么多布匹，只能发给同等价值的盐。这原本无可厚非，可在发放时却故意抬高盐的价钱，压低布的价钱，以至于很多将士仅仅得到两三斤盐，此举无异于火上浇油。当天夜里那些气不过的士卒们就发动叛乱杀死了陆长源，甚至还割下他的肉煮着吃。

监军俱文珍得知军乱发生后当机立断给宋州（今河南省商丘市）刺史刘

逸准写了一封密信，恳请他速速率军前来汴州（今河南省开封市）平叛。骁勇善战的刘逸准在宣武军中威望极高，接到信之后急行军来到汴州，很快就平定了这场叛乱，他因为立下大功而被任命为新任宣武节度使，不过他上任半年多却突然病逝了，宣武镇再度变得人心惶惶。

当年九月，俱文珍担心别有用心的将领会再度趁机作乱，火速向朝廷推荐智勇兼备的都知兵马使韩弘，朝廷很快任命韩弘为宣武军节度使。韩弘上任之后对宣武军进行了一次彻底的大整顿，杀掉了一大批经常作乱的骄兵悍将，宣武军这才彻底稳定下来。

正是因为俱文珍有着传奇般的经历，他在宦官群体中享有极高的威望，尤其是那些执掌军权的宦官们纷纷将他视为顶礼膜拜的偶像。

李纯特地让行事老辣的俱文珍与高崇文结伴前往西川，希望两人能够彼此成就。神策军本就是由宦官统领的禁军部队，虽然俱文珍在神策军中并无职务，不过他之前的监军经历使得很多执掌军务的宦官都对他心存敬畏，高崇文应该与他早就熟识，彼此之间关系密切，使得西川之战打得极为顺畅。

其实李纯也想以此为名将俱文珍逐出京城，等到他再度回到长安后，长安已经变了天。李纯之所以能够提前登基，俱文珍出力最多，功劳也最大，后来又在西川之战中立下大功，不论是他自己，还是世人都觉得此番他肯定能获得提拔重用。

俱文珍曾经的两个小弟薛盈珍、刘光琦相继出任要职，薛盈珍任右神策军中尉，刘光琦出任枢密使，按照常理推断，他这个带头大哥应当出任左神策军中尉，可出人意料的是担任这个职务的居然是此前名不见经传的小宦官吐突承璀。

贞元十年（公元794年），俱文珍以云南宣慰使的身份出使南诏，那时的吐突承璀只是俱文珍身边的一个"小使"，可这个曾经的跟班小弟如今却成功地实现了弯道超车，将他这个昔日老大哥甩在自己的身后。

"宪宗之立，（刘）贞亮（即俱文珍）为有功，然终身无所宠假。"[①] 俱文

---

① （北宋）欧阳修、宋祁等撰：《新唐书·卷二百七·刘贞亮传》，汉语大辞书出版社2004年版，第4435页。

珍有拥立之功，后又出征西川，理应受到尊崇，可他回朝后仅仅是有名无实的右卫大将军（正三品）、知内侍省事。内侍省是专门负责管理宦官的部门，李纯显然想要将俱文珍束缚于后宫之中，使得他难以对朝政施加大的影响。

李纯之所以唯独苛待功劳最大的俱文珍，恐怕是因为在德宗去世前后，俱文珍曾经密谋拥立过舒王李谊。罗令则案之后，李纯对舒王一党恨之入骨，迫不及待地想要将他们一网打尽。虽然善于观察政治风向的俱文珍很快就从拥立李谊转而拥立李纯，但那段经历却成为他身上永远都难以抹去的污点。

此外李纯对俱文珍在宦官群体中的巨大影响力也心存忌惮，于是对他敬而远之。不过俱文珍遭遇冷落仅仅只是一个开始，李纯站稳脚跟之后便开始有计划地对前朝功勋宦官们进行政治大清洗。

在亲信吐突承璀彻底掌控左神策军之后，李纯顺势免去了右神策军中尉薛盈珍的职务，让亲信宦官第五国轸接任中尉之职。为了保持自己对神策军的控制，李纯每隔一段时间便会更换右神策军中尉人选。虽然左神策军中尉吐突承璀有一段时间也被免职，甚至外放为淮南监军，却是事出有因，李纯不得已而为之，吐突承璀一直是他心中左神策军中尉的最佳人选。

枢密使刘光琦虽然曾经一度很得宠，依旧难逃被清洗的悲惨命运，不过他后来被逼退休纯属咎由自取。

枢密使与枢密院并未同时出现，枢密使在设立之初虽然有办公地点，却是个光杆司令，随着工作量激增，一个人根本忙不过来。刘光琦只得借用中书省的官员来充作自己的下属。长期在中书省任职的堂后主书滑涣因为机灵懂事而被刘光琦看中，此人就此成了刘光琦在中书省的代言人，如果宰相不按照刘光琦说的去做，他便会不依不饶，宰相们却是敢怒而不敢言！

那日，宰相杜佑、郑絪、郑余庆正在商议国事，滑涣又带着刘光琦的新旨意来了，站在一旁对三人指指点点，比比画画，说三道四，俨然一副"宰相导师"的模样。年事已高的杜佑品级虽高，却并不在实权部门任职，只是获准参与最高决策会议而已，自然也就不会太较真。郑絪自从拜相之后就一直充作老好人，谁也不得罪，以至于后来连李纯都看不下去，将一直无所建树的郑絪罢为太子宾客。

滑涣虽然只是个身份卑微的小官，但站在他身后的刘光琦却是个谁也不敢招惹的实权人物，杜佑与郑絪虽然心中有些不悦，却依旧在克制，面带笑意。可郑余庆却实在看不下去了，怒气冲冲地呵斥了滑涣一顿，虽然骂过之后，他心情舒畅了，感觉也很爽，可没过多久他就被罢免了宰相职务。

郑余庆被罢相在朝野上下引发轩然大波，就在世人以为刘光琦地位不可撼动的时候，他的小弟滑涣却突然出事了。

其实李纯不过是暂时姑息刘光琦罢了，当时西川之战激战正酣，李纯需要笼络监军俱文珍和他背后的宦官势力，顺势罢免了郑余庆的宰相职务无疑可以彻底打消他们心中的疑虑，团结众人必须赢得这场至关重要的战争。

随着鹿头关之战的胜利，无险可守的成都指日可下，西川之战也就此取得了决定性胜利，李纯觉得是时候教训一下那些桀骜不驯的宦官们了，不过他并未直接惩处刘光琦而是先从滑涣下手。

中书舍人李吉甫进言滑涣肆意专权请求予以严惩。郑余庆因怒斥滑涣惨遭罢黜，李吉甫要求铲除滑涣却在不久后被提拔为宰相，以至于后世很多学者对此都感到困惑不解，不同的人做了同一件事，结果居然有着如此之大的反差！

领导眼中的好下属是在正确的时间做正确的事，而不是在错误的时间做正确的事。李吉甫的所思所想所做与李纯不谋而合，自然会对他委以重任。

接到李吉甫的控告之后，李纯当即令宰相们关闭中书省四面的门户，随后派人前去进行突击搜查，很快就搜获了滑涣贪赃枉法的诸多罪证。

元和元年（公元806年）九月十一日，滑涣被贬为雷州司户，不久后被赐死，他府上多达数千万钱的财产被充公，人不能把钱财带进坟墓，但钱财能够将人带进坟墓！

正是看到了借调中书省官吏的种种弊端，李纯准许枢密使正式设院置吏，枢密院就此成为正式机构，枢密使也拥有了合法下属。《册府元龟》记载："元和中始置枢密使二人，刘光琦、梁守谦皆为之。"这个记载其实与史实不符，梁守谦是在刘光琦退休之后接任枢密使，两人并未同时任职。其实整个宪宗朝，枢密使也只设一人，直到李纯的儿子穆宗皇帝李恒即位后才将枢密使扩充为两员，这样便于相互牵制，相互制衡，从此一直延续下去，枢密院也分为上、下二院。

虽然滑涣被赐死后，刘光琦又在枢密使任上干了四年，他却不得不夹起尾巴做人。李纯之所以并没有太过为难刘光琦，既是因为他仍旧感念刘光琦的拥戴之功，又是不想与那些功勋宦官们彻底撕破脸，好似是用钝刀子来割肉，一切都需要慢慢来。

李纯之所以特地赶在成都攻克前对滑涣收网，其实也是想告诫高崇文、俱文珍等人在进入成都后千万不要得意忘形，要知进退，懂收敛，切勿再干像擅杀李康这样恣意妄为的事情！他的敲山震虎之举也的确收到了效果，征讨大军进城之后几乎没有给当地百姓的生产生活带来什么负面影响，无论是高崇文还是俱文珍都不敢再干出格的事情！

滑涣的死使得刘光琦变得惶恐不安，自此之后威望也是一落千丈，虽然李纯并未急于换掉他，但他的离任却只是时间问题，李纯一直在物色合适的继任人选，后来沉稳低调的梁守谦、刘弘规相继担任枢密使，两人一直都小心翼翼地恪尽职守，再也不敢像刘光琦那样招摇过市，率性而为。

其实最令高崇文感到不安的还是杜黄裳被罢相。在李纯即位之初的诸位宰相之中，唯有杜黄裳对他帮助最大，讨伐西川、平定夏绥、绥靖河北，这些大政方针几乎全都出自他的手，不过元和二年（公元807年）二月，宰相杜黄裳却被任命为河中节度使，这多少有些出人意料。

关于杜黄裳被罢免的原因，史书中提及较多的是他"除授不分流品，或官以赂迁"①，也就是说他收受贿赂为他人官职升迁提供帮助。杜黄裳身陷贪腐丑闻使得他饱受世人诟病，欲望之门一旦打开便很难收手，之前高崇文为了能够出征西川曾向他大肆行贿，看到高崇文借此得以功成名就，其他人自然纷纷效仿，杜黄裳也因此赚得盆满钵满，不过官场的风气也因此被他败坏。

李纯自然不能听之任之，况且此时的杜黄裳已经七十岁了，他不得不寻找更合适的宰相人选。其实从任命杜黄裳为宰相的那一刻起，他就一直在心中盘算着如何将他换掉，不过后来却渐渐发现杜黄裳的确有运筹帷幄的大才，但他与俱文珍的特殊关系使得李纯始终如鲠在喉，因此李纯一直都在等

---

① （后晋）刘昫等撰：《旧唐书·卷一四七·杜黄裳传》，汉语大辞书出版社2004年版，第3348页。

待合适的机会。

李纯以太子身份监国的首日便任命了两位宰相杜黄裳与袁滋，虽然任命是以他的名义发出的，但任用两人其实是俱文珍的意思，"俱文珍等以其旧臣，故引用之"[①]。当时的李纯还没有登基，在很多事情上还需要仰仗俱文珍的支持，只能对他言听计从。

李纯登基称帝后便急于摆脱俱文珍，于是在登基当月就任命袁滋为剑南东西川、山南西道安抚大使，随后又任命他为剑南西川节度使。韦皋去世后，他的下属刘辟急于上位，李纯既想通过任用袁滋来断绝刘辟的非分之想，也想趁机罢免袁滋的宰相之位，可袁滋因为畏惧军乱而不肯前去上任，李纯对他进行惩处时也丝毫不手软、不留情，直接将他贬为吉州刺史，其中暗藏着敲打俱文珍的意味。

不过李纯也只是点到为止，此时立足未稳的他急需得到各方政治势力的支持才能度过这段暗流涌动的过渡期，他依旧重用俱文珍推荐的另一位宰相杜黄裳，似乎他只针对事，并不针对人，但这只不过是他故意营造出来的假象罢了！

等到李纯寻找到了合适的宰相继任人选李吉甫、武元衡之后，他依旧果断地让杜黄裳出任河中节度使。有的学者认为河中镇并非大唐首屈一指的大藩镇，李纯这种安排未免有些冷落了刚刚为朝廷立下大功的杜黄裳。

其实不然，虽然无论是政治地位还是发达程度，河中镇都比不上淮南与西川，但这两地却相距长安路途遥远，对于古稀之年的杜黄裳来说，如此之远的路程将会是严峻的挑战，李纯担心他的身体可能会吃不消，于是特意为他挑选了处于两京之间枢纽地位的河中府（今山西省永济市）。上任次年，年事已高的杜黄裳便与世长辞，说明他的身体的确经不起长途跋涉的折腾。

历经斗争考验并且具有丰富政治经验的俱文珍是一枚分量很重的棋子，可一旦使用不当也会带来致命的威胁。因此在西川之战后，思虑再三的李纯宁肯将他弃之不用，也不愿承担由此带来的潜在政治风险。

[①]（北宋）司马光主编：《资治通鉴·卷二百三十六》，中华书局1956年版，第7619页。

第二章 错综复杂的三川乱局

在西川之战时，高崇文与监军俱文珍、宰相杜黄裳结成了一个紧密的利益共同体，等到战争结束之后，三人自然也就成了最大的受益者。不过随着时间的推移，俱文珍惨遭弃用，杜黄裳罢相出朝，高崇文心头的不安与恐慌也不断堆积着，他不断在思索自己究竟该如何去应对，与其让皇帝罢免，还不如主动辞职，体面地离开。

虽然目光敏锐的高崇文在政治上先知先觉，但他手下那些将士却不会想得如此长远。当初入川的时候，他麾下这支部队之所以会如此军纪严明，哪怕是折断一根筷子都会被斩首，那是因为他们心中都有盼头，盼着建功立业，盼着升官发财！

可如今他却要带着手下这帮兄弟重新回到偏远艰苦的西北地区，很多人自然很难接受，因此他最终默许手下将士在离开时将成都府库洗劫一空，以至于武元衡接任节度使时不得不面对府库空空如也的局面。

高崇文离任前"恳请朝觐"[1]，但真的重新回到熟悉的关中地区之后却"以不习朝仪，惮于入觐"[2]，他自然并非真的不懂朝仪，而是担心面见天子时会因府库被洗劫之事而遭受诘问。

虽然高崇文放纵手下肆意劫掠败坏了自己的声望，李纯对于他的行为也会感到有些不悦，但也能体会到他的无奈，因此并未深究此事，对于他能识大体、顾大局而感到欣慰，于是任命他为邠宁节度使、同中书门下平章事，充京西都统。高崇文不仅成为身份尊贵的"使相"，还获得了统领京西北八镇的资格。

刘澭比高崇文小十三岁，不仅职务一直比他高，威望也一直比他高，如今凯旋的高崇文不仅官位在他之上，他还要受高崇文的管辖。此时的刘澭病得很重，在辞官回朝途中病逝，紧接着保义节度使番号撤销，原本下辖的军镇也划归左、右神策军管辖。

西川之战使得高崇文在与刘澭的暗中角力中成功地实现了逆袭，还因主

---

[1]（唐）白居易撰：《白居易文集校注·卷一百·奉敕试制书诏批答诗等五首》，中华书局2010年版，第452页。
[2]（后晋）刘昫等撰：《旧唐书·卷一百五十一·高崇文传》，汉语大辞书出版社2004年版，第3421页。

动请辞而成功地化险为夷,两年后,他在鲜花与掌声中去世。

历史的车轮仍旧轰然向前,更加惨烈的战争等待着李纯。刘濞与高崇文相继过世,他们再也没有为国效力的机会了,不过江山代有才人出,新的将星即将在硝烟战火中诞生!

武元衡的作用

接替高崇文出任西川节度使的是宰相武元衡,他仅仅担任了九个月的宰相便匆匆下野。《北梦琐言》曾记载了这样一件事,李吉甫与武元衡政见不和,每次回府后都会面带不悦之色。李德裕问明父亲的心结之后,笑着说迫使武元衡下野离京又有何难?

李德裕随后大肆修缮供奉着狄仁杰的祠庙。武元衡的曾祖武载德乃是武则天的族弟,武则天掌权后曾大肆屠杀李唐宗室,武元衡得知此事后因惭愧而主动请求罢相出镇地方。

其实元和末年的确曾经发生过类似的事①,不过主角却是武元衡的堂弟武儒衡。武儒衡刚正不阿,气度不凡,很得李纯的赏识。宰相令狐楚对他颇为忌惮,于是提拔狄仁杰族中子弟狄兼谟为拾遗,大肆吹捧狄仁杰的功绩,实则是想借机挑动李唐宗室对武则天的仇恨,从而打压武氏后人武儒衡,阻止他登上相位。

武儒衡得知后哭着对李纯说:"微臣祖父武平一在武后掌权时至老都不曾入仕。"李纯赶忙对他安慰了一番,从此之后开始鄙视令狐楚的为人。武儒衡后来升任中书舍人,距离宰相之位似乎只有一步之遥,可他却因太过爱

---

① (北宋)欧阳修、宋祁等撰:《新唐书·卷一百五十二·武儒衡传》,汉语大辞书出版社2004年版,第3441页。

憎分明，一辈子也未曾登上宰相之位。

《北梦琐言》显然是将真实的历史事件硬生生附会到了李吉甫父子身上。其实李吉甫与武元衡是政见相和的好友，他们全都是力主削藩的主战派，所以李纯才会将两人视为自己的股肱之臣，两人都曾两度担任宰相。

其实李吉甫是个很有气量的人，他曾经深受德宗朝宰相李泌的器重，先后在朝中出任屯田员外郎、驾部员外郎等要职，但陆贽执政后却怀疑他结党，于是将他贬出朝，出任明州（今浙江省宁波市鄞州区）长史，后来又改任忠州（今重庆市忠县）刺史。此时的陆贽因为奸臣的谗言被贬为忠州别驾，他的那些政敌们觉得惨遭贬谪的李吉甫势必会记恨陆贽，曾经风光无限的陆贽如今却成了李吉甫的下属，李吉甫肯定会对他落井下石。可让这些人大失所望的是李吉甫居然与陆贽一笑泯恩仇，他虽然赢得了世人的敬重，却也因触怒当权者连续六年都未能升迁，由此可见李吉甫的为人。

李德裕后来成为李党党首，不过后来却在与牛党的争斗中落败，因此在中晚唐出现了很多故意贬损李吉甫、李德裕父子的黑料，其中可能很多都是肆意捏造的，使得两人的形象严重受损，因此对这些史料要认真加以甄别。

武元衡在前往西川赴任途中曾经写下一首《途次近蜀驿蒙恩赐宝刀及飞龙厩马使还奉寄中书李郑二公》赠给曾经一同为相的郑絪和李吉甫，他写道：

草草事行役，迟迟违故关，
碧帏遥隐雾，红旆渐依山。
感激酬恩泪，星霜去国颜，
捧刀金锡字，归马玉连环。
威凤翔双阙，征夫纵百蛮，
应怜宣室召，温树不同攀。

从这首诗中看不到一丝贬谪的悲伤，"感激酬恩泪"淋漓尽致地表达了他对朝廷心怀感激之情。武元衡主动给两位昔日同僚赠诗，从侧面说明他与郑絪和李吉甫这两位同僚的关系融洽而又和谐，应该没有发生过什么不愉快的事。

如果说此时武元衡向两人赠诗还有请求给予关照之意，之后李吉甫下野担任淮南节度使，两人仍旧有诗唱酬，足以说明两人之间的关系还是比较亲密的。

武元衡在《奉酬淮南中书相公见寄》序言中回顾了两人交往的经历，写道："永怀赵公（李吉甫拥有赵国公的爵位）岁寒交好之情，因成诗人不可方思之义，聊书匪报，以款遐心。"

他在诗中深情地写道：

> 蜀江分井络，
> 锦浪入淮湖。
> 独抱相思恨，
> 关山不可逾。

由此可见一同拜相的李吉甫与武元衡其实是兴趣相投的好友，绝不会干出相互倾轧之事。其实武元衡罢相出任剑南西川节度使是宪宗皇帝深思熟虑后做出的决策。

剑南西川是大唐首屈一指的大藩镇，还是拱卫帝国西南边陲的重要屏障。武将出身的高崇文并不太擅长治理地方。西川距离京城遥远而又道路险峻，成都平原土地肥沃，气候适宜，经济发达，乃是割据的绝佳之地。李纯担心高崇文也会走上崔宁、韦皋、刘辟的老路，于是特地让股肱之臣武元衡前去治理西川，而绝非出于对李吉甫、李德裕父子的排挤。六年后，政绩斐然的武元衡再度回朝担任宰相。

西川节度使之所以频频要求兼领三川根本原因在于三川力量对比极不平衡，西川管辖二十六个州，东川与山南西道却仅仅分别管辖着十二个州和十五个州。西川镇属州数量多并且大多位于成都平原，多为经济富庶之地；东川不仅属州数量少，除了梓州（今四川省绵阳市三台县）与绵州（今四川省绵阳市区）之外，其他属州经济都比较落后，因此当时西川的户数是东川的两倍多。西川与东川分设前，剑南道的军队主要布防在西面与南面，负责防御吐蕃与南诏的入侵，因此精锐部队在分家后大多归属西川，造成了西川军事实力碾压东川的局面。

为了遏制一家独大的西川，李纯将原本隶属西川的资州（今四川省内江市资中县）、简州（今四川省简阳市）、陵州（今四川省眉山市仁寿县）、荣州（今四川省自贡市荣县）、昌州（今重庆市荣昌区）、泸州（今四川省泸州市）六州划归东川管辖，这样西川管辖的州锐减到了二十个，东川却猛增到了十八个。

唐朝后期，西川总户数为四万六千零一十户，东川总户数为三万一千七百二十二户，东川户数相当于西川的三分之二还要多。转隶东川的资州、简州、陵州、荣州这四州就像楔子一样深深嵌入西川，如此犬牙交错的区划调整对西川进行了有效遏制。

不过这种区划调整使得西川治所成都府位于东川属州的包围之下，因此等到宰相武元衡出任西川节度使之后便以东川所辖诸州跨度太大难以进行有效管辖为由，又收回了资州、简州这两个州，这样才为成都府赢得了一定的战略缓冲空间，至此东、西川政治格局就此定型并一直保持到了唐末。

李纯派出武元衡这样的宰相级重臣前来西川无疑为后世立好了标杆，在此之后历任西川节度使几乎都是德高望重的宰相级文官，在此后将近五十年的时间里，先后有十七人出任西川节度人，其中十五人为宰相级官员，剩余二人也很有来头。

其中一位是中兴名将郭子仪之孙郭钊，《打金枝》的历史原型升平公主之子，穆宗皇帝李恒的亲舅舅；另一位是御史大夫李景让，当时出任宰相的呼声极高，可最终被任命为宰相的却是声望在他之下的蒋伸。当时宣宗皇帝李忱将所有宰相候选人名单放在一个容器中，摆放在父亲李纯的画像前，通过抓阄的方式来选择宰相，结果抓中的是蒋伸而并非李景让，李景让就以这种极具灰色幽默的方式与宰相之位失之交臂。

在派出重臣治理西川的同时，朝廷还不断地削弱西川最精锐的部队西山军的实力，通过大规模裁军使得西川无力与朝廷对抗，却也严重地影响了自身军事实力，在面对日益咄咄逼人的南诏时，西川军显得越来越力不从心，甚至成都府曾一度被南诏军攻破，朝廷不得不征调客军入蜀，这才稳定了西川的局势。直到唐末，西川再也未曾出现过割据，兵乱也极少发生，因此李纯的治蜀之策无疑是相当成功的。

到了唐朝灭亡的最后五十年，西川节度使的素质明显下降。在八位宰相级官员中，有四位是使相，但朝廷授予他们使相只是为了笼络他们而已并非是因为他们为朝廷立下多大的功勋，抑或有着多么出众的本领。最后一任节度使王建连续担任节度使十六年，朝廷却对他无可奈何，西川也成为当时的一个缩影。随着地方实力派的崛起，大唐的丧钟也就无可避免地敲醒了，不过这已然是后话了。

虽然江淮地区是唐朝最主要的赋税提供地，但三川地区，尤其是西川其实是唐朝第二大赋税来源地，西川的稳定与繁荣对于大唐而言有着极其重要的战略意义。

秦国之所以能够迅速崛起进而兼并六国、统一天下，既是因为商鞅变法使得秦国具有了制度优势，也因为秦国攻灭蜀国后蜀地为秦国发动的统一战争源源不断地提供了财力支持；西晋之所以能统一天下也是从攻灭蜀汉开始的；南北朝对峙的局面之所以最终被打破也是从北朝夺取蜀地开始的。

历史一次次证明了四川对于大一统王朝的极端重要性，李纯通过一系列措施成功地稳定了西川局势，向着大唐中兴之梦又迈出了坚实的一步。

第三章

保卫大唐的钱袋子

元和十四年（公元819年）八月，正值一年之中最炎热的时候，可李纯却并未因难耐的暑热而有一丝一毫的懈怠，他对宰相们说："政事一日都不能荒废，遇到连日休假不坐正殿，如果有紧急事务，你们可以随时请求打开延英殿议事。"

在宰相之中，崔群资格最老，见今日殿内极为闷热，赶忙用眼神示意同僚尽快结束议事，赶紧退下。李纯看出了众人的意思，赶忙说："我几天才能见到诸位，虽然时值酷暑，但我既不感到热，也不感到累。"他们随后又议事议了好久才散去。

望着崔群等人离去的背影，李纯不禁又想起了自己任命的第一批宰相李吉甫与武元衡，如今两人都不在了，但李纯却始终都不曾忘记他们。

宰相李吉甫在外飘零十余年，遍尝地方疾苦，也深知问题所在。等到李纯登基之后，慧眼识英才的他特地将政治经验丰富的李吉甫召入朝中委以重任。李吉甫提出朝廷可以将诸州刺史当作抗衡节度使的重要砝码，因此李纯陆续将十余位郎官外放为刺史，强化了朝廷对地方的管理。

在德宗皇帝李适执政后期，很多藩镇的节度使们都迟迟不肯卸任，一股分裂割据的风潮也在大唐上下不断滋长着。李吉甫建议凭借西川之战与夏绥之战胜利的余威强化对地方的管控，在他执政的一年零八个月的时间里，朝廷陆续更换了三十六个藩镇的节度使，使得节度使的定期更替成为政治常态，不过在实施过程中也曾遭遇抵制，镇海节度使李锜因抵制入朝竟然不惜与朝廷兵戎相见！

李锜的小心思

与朝廷大打出手的李锜其实也是大唐宗室，他的天祖（也就是爷爷的曾祖父）为淮安王李神通，是高祖皇帝李渊的堂弟，为大唐开国功臣，曾参与讨伐窦建德、平定刘黑闼、铲除徐圆朗，因功拜左武卫大将军（正三品）。

李锜的父亲李国贞，也就是李神通的玄孙，曾经接替中兴名将李光弼出任朔方、镇西、北庭、兴平、陈郑等节度行营兵马及河中节度都统处置使，实际上就是节制诸道兵马的前敌总司令。当时来自诸道的军队驻扎在绛州（今山西省运城市新绛县）及其周边地区，但这里一向没有什么粮食储备，又连年遭遇干旱，军粮供应严重不足。李国贞三番五次地上奏朝廷请求尽快拨付军粮，却迟迟没能得到朝廷的答复，后来麾下士卒趁机作乱，李国贞最终死于乱军之中。

父亲死后，顶着烈士光环的李锜受到了朝廷的优待，以父荫起家，在富庶的江南地区任职，先后任湖州、杭州、常州刺史，不过他却并不满足于此，于是向德宗皇帝身边的宠臣李齐运大肆行贿，想要在仕途上更进一步。

贞元十五年（公元799年）正月，浙西观察使、诸道盐铁转运使李若初在任上病逝，在李齐运的积极运作下，李锜顺利接任浙西观察使及诸道盐铁转运使，"革新派"掌权后想要将诸道盐铁转运使这个重要职务掌握在自己手中，却又唯恐遭到他这位地方实力派的抵制，于是在剥夺他转运使职务的同时，也将浙西观察使升为镇海节度使。

谁也未曾料到他这个功臣之后、烈士子弟居然会一步步走上叛乱这条不归路。史书中的李锜阴险狡诈，作恶多端，居心叵测，阴谋反叛，其实只需对当时的形势稍加分析便会发现李锜此时再搞分裂绝非明智之举，其实他只是想要保住自己的既得利益，可现实是被一步步逼到了朝廷的对立面。

德宗皇帝李适统治后期一直奉行姑息妥协的政策，以至于很多藩镇都迟迟无法更换节度使，李锜自然也梦想着能够在浙西一直待下去，等到李纯掌权之后，他却发现时代已然大不相同了。

《新唐书》记载："（李锜）请用韩滉故事领盐铁，又求宣、歙。"[①]对此不同学者有着不同解读，有的认为李锜想要从浙西移镇宣歙，主动向朝廷示好，不过纵观李锜的所作所为，可能并非如此，他一直都在努力恢复韩滉在

---

① （北宋）欧阳修、宋祁等撰：《新唐书·卷一百四十六·李吉甫传》，汉语大辞书出版社2004年版，第3348页。

世时的辉煌。

韩滉虽然在后世知名度并不高，不过他所画的《五牛图》却是我国十大名画之一。韩滉在担任户部侍郎、判度支时展露出高超的理财能力，德宗皇帝对他格外器重，为了他特地将浙西、浙东与宣歙三道合为一道，将观察使升为节度使，还专门赐予"镇海"军号，江南藩镇获得军号还是头一遭。

韩滉到任后的确没有辜负德宗皇帝的期望，到任后一直厉兵秣马，亲自派兵参与平定中原叛乱。泾原兵变后，德宗皇帝仓皇逃离长安，以至于世人都不知道他究竟是死是活，很多藩镇将士都退回本镇，唯有韩滉派遣的士卒一直戍守在关隘要津"坚守不退"，不过他最大的贡献还是"完靖东南"，不惜一切代价保证漕运的畅通。虽然韩滉为大唐立下了赫赫功勋，不过他坐拥江南，兵精粮足，渐渐变得有些飘飘然。

在德宗皇帝的积极支持下，宰相崔造决意恢复安史之乱前的旧制，想要撤销诸道水陆转运使、江淮转运使、度支使以及各地巡院，上述事务重新由户部来管辖，诏令各道、各州直接将赋税运来长安，这实际上是弱化了江淮地区的漕运枢纽地位，自然遭到了江淮转运使韩滉的激烈反对，由于长安一直都缺粮，德宗皇帝还要仰仗他这位重臣，因此一直都没有免去韩滉的江淮转运使职务。

不过韩滉却仍旧不依不饶，坚决抵制改革，强烈要求恢复原来体制。贞元二年（公元786年）三月，韩滉命手下人给朝廷运粮三万斛，此时的德宗皇帝正因粮食危机而苦苦等待着江淮漕粮的到来，听说漕粮即将抵达长安的消息后，他兴高采烈地对太子李诵说："米已至陕，吾父子得生矣[①]！"

德宗皇帝深知大唐离不开韩滉，只得罢免了任职未满一年的宰相崔造，任命韩滉为度支使、诸道盐铁转运使。韩滉貌似赢得了这场权力斗争，但他也因此引起了德宗皇帝的猜忌，随后韩滉便被征召入朝，镇海节度使就此被撤销，原来的辖区再度一分为三，不复曾经的辉煌。

李锜想要竭力成为下一个韩滉，虽然他已经从浙西观察使升为镇海节度使，却也就此失去了盐铁转运使这个极其重要的职务。

---

① （北宋）司马光主编：《资治通鉴·卷二百三十二》，中华书局1956年版，第7469页。

盐铁转运使不仅负责漕运事务，还负责盐铁等专营收入的征收。安史之乱后，财政捉襟见肘的朝廷开始对食盐征收重税，《唐会要·卷八十七》记载："大历末，通天下之财而记其收入，总一千二百贯，而盐利过半。"盐带来的税收曾经一度占到财政收入的一半以上。从大历末年到元和年间，一斗盐可以兑换到的米增长了四十多倍，可以兑换到的绢增长十几倍，由此可见盐税之重！

李锜想要重新夺回这个掌管着钱袋子的职务，又将目光投向了近在咫尺的宣歙镇。此时雄心勃勃的李锜绝非想要调任宣歙观察使，从节度使到观察使岂不是在自降身价？他又怎么会甘心呢？

永贞元年（公元805年）八月，宣歙观察使崔衍去世，他的继任者穆赞也于同年十一月去世，直到十二月，朝廷才决定将常州刺史史路提拔为宣歙观察使。在史路上任前，李锜曾经幻想着能够顺势将宣歙镇并入浙西镇，扩充属于自己的版图。

宪宗皇帝李纯就此征求当时还是翰林学士的李吉甫的意见，李吉甫断定一旦李锜夺取了宣歙镇，势必会将贪婪的目光投向浙东，到时恐怕将会更加难以制服。他也不同意重新授予李锜盐铁转运使的职务，刘辟之所以会背叛朝廷是因为韦皋在任时府库充盈，一旦让李锜再度掌握了财经大权，李锜势必会走上刘辟的老路。

李锜想要攫取更大的权力，最终却碰了一鼻子灰。他渐渐意识到自己并非是韩滉，宪宗皇帝也不是德宗皇帝，就在李锜懊恼于自己费尽心机想要攫取更大权力却一无所获之际，李纯却使出令朝野上下为之侧目的雷霆手段，刘辟、杨惠琳相继沦为李纯迈向大唐中兴的祭品，李纯这位铁腕皇帝的强硬使得天下藩镇感受到了前所未有的不安，很多素来桀骜不驯的节度使们纷纷请求入京朝见天子。

此时的李锜不再想着恢复韩滉昔日的权势与版图，只想着能够保住现有的一切，于是决定试探一下朝廷对自己的真实态度，于是请求入京朝见天子。其实他并非真的想要离开，只是想要借机测试一下朝廷的风向。

谁知朝廷很快就批准了李锜入朝的请求，还特地派遣中使前来润州（今江苏省镇江市）对他和他的部下进行抚慰，可越是安抚，李锜便越是纠结，因为他强烈预感到自己这一去恐怕就再也回不来了，就此陷入彷徨无措之中。

李锜在李纯上任之初表现出对权力的极度渴望，这无疑触犯了政治大忌，此时再想改变李纯对他的不良印象已然很难了，不过他也并未就此放弃，而是不惜花费重金向朝中权贵大肆行贿，为的就是保住自己现有的职位。可一切终究是徒劳的，因为李锜昔日幕僚卢坦、裴度等人纷纷入朝，使得朝廷得知了他所做的很多不法事，李纯也因此一直对他并无什么好感。

韦皋之所以会连续担任剑南西川节度使长达二十一年之久，其中一个很重要的原因就是他严禁手下幕僚回朝任职，只要这些人没有脱离他的掌控，他在西川究竟干了些什么，朝廷也就不得而知了。

李纯的强硬态度使得李锜意识到一场政治危机已经悄然而至了，或许此时的他开始后悔自己之前对权力表现出极度的渴望，后悔自己贸然要求入朝，可事到如今，后悔已然来不及，他只能硬着头皮前去面对。

虽然李锜一时还没有想好究竟该何去何从，但还是要摆出一副虚假的姿态，于是委任判官王澹担任镇海节度留后，等到各项工作准备就绪，他原本即将成行之际，却总是找出各种各样的理由，不断地拖延动身日期，奢望着李纯能够改变主意。

见李锜迟迟没有上路的意思，朝廷派来的中使自觉不好向李纯交差，于是不断地催促，最终却适得其反。王澹也有些不识时务地劝李锜尽快上路，使得李锜心中更为不快，以为王澹想要趁机夺权，因此李锜干脆上表称自己身染疾病，请求延缓到年底再入京朝见。

李锜的反复无常让李纯感到有些无所适从，于是当即征求宰相们的意见，当时还没有前往西川赴任的宰相武元衡说："陛下刚刚执掌朝政大权，李锜要求朝见便获准朝见，要求中止朝见便中止朝见，长此以往，陛下还如何对全国发号施令呢？"李纯认同了武元衡的意见，于是颁发诏书征召李锜来朝。

此时摆在李锜面前的只有两条路，要么乖乖入朝，要么与朝廷彻底撕破脸，虽然这两条路李锜都不想走，但事到如今却不得不从中做出抉择。

就在李锜不知所措的时候，王澹的举动刺激到了他最为敏感的神经。自从执掌留后事务之后，王澹俨然将自己当成了新主人，开始对军府实施各项改革。看到干劲满满的王澹，李锜自然是满腔怒火，眼中也满是杀机！

尽管如此，李锜仍旧在竭力保持着克制，因为一旦在冲动之下迈出了第一步恐怕就真的无法再回头了。

元和二年（公元807年）十月初五，朝廷的诏书到了，征召李锜入朝担任尚书左仆射（从二品），任命御史大夫李元素为新任镇海节度使。这份诏书印证了李锜之前的判断，朝廷早就想要将他换掉。此时的李锜开始庆幸没有贸然入朝，只要自己还留在浙西，主动权便操控在自己的手中，他要开始绝地反击了！

适逢军府发放冬季服装，李锜全副武装地坐在帐幕中间，静静地等待着看一出自己策划已久的好戏。

对此毫不知情的王澹与朝廷派来的中使快步走进院中，想要谒见李锜，商讨他离任的有关事宜。

此时庭院里聚集着数百名士卒，他们突然大声喊道："王澹真是个不知天高地厚的东西，竟敢擅自掌管军中事务！"就在他们高声咒骂的时候，他们发现了王澹的身影，于是一拥而上将他团团围住，将猝不及防的王澹群殴致死，竟还割下他的肉吃了。大将赵琦听到声响赶忙跑出来劝阻，也被这伙士卒杀害，他的肉也被众人吃掉了。这伙穷凶极恶的士卒还真是饥不择食！

随同王澹一同前来的中使见到如此血腥的场面顿时就吓得瑟瑟发抖，这些杀红了眼的士卒们举起手中兵刃指着他的鼻子破口大骂，大有一股将他也斩尽杀绝的架势。此时的李锜还不想彻底走向朝廷的对立面，他赶忙站起来，装出一副大惊失色的样子，忙用自己的身子护住中使，假意斥责那些犯上作乱的士卒们。

次日，李锜给朝廷上表宣称哗变的士兵擅杀留后与大将，自己一时半会儿恐怕还走不了，希望朝廷能够再宽限几日。

李锜自导自演的这出闹剧自然瞒不过李纯。元和二年（公元807年）十月十一日，忍无可忍的李纯颁布制书下令革除李锜的官职爵位，并将他从宗室名册中除名，任命淮南节度使王锷为招讨处置使，统领各道兵马对李锜进行讨伐；征调宣武、武宁①、武昌三镇会同淮南、宣歙两镇兵马一起从宣州进军，江西兵马从信州进军，浙东兵马从杭州进军，三路大军一同前去讨伐李锜。

虽然李锜从本心里并不愿意看到大动干戈的那一日，但他一直为随时可能会到来的战争进行着准备。

浙西兵多是"兵民合一"的团练兵，身体强壮的农民练习弓弩，身体稍弱的农民练习排枪，农忙时务农，农闲时操练，当然也有一定数量的职业兵，也就是募兵。浙西兵虽不如中原兵那样骁勇善战，但水军与弩兵的实力却不容小觑。

李锜从浙西观察使升为镇海节度使之后便开始明目张胆地扩军，其实他早就开始组织私兵，特地选拔一批善射者组成了一支特殊军队，号称"挽硬随身"；还收拢流落到江南的少数民族强壮男子组成一支特殊的军队，号称"蕃落健儿"。

这两支私兵被李锜视为自己的铁杆心腹，这些人的待遇是普通士卒的十倍之多，他们还全都认李锜为养父。这些人看似单兵作战能力都很强，却难以形成战斗合力。宰相李吉甫早就预言这些人不过是些亡命群盗罢了，并不足惧，事后证明这两支被李锜寄予厚望的私兵并没有发挥多大的作用。

由于浙西属州的刺史都是朝廷任命的，李锜对这些人不放心，于是特地安排自己的亲信姚志安、李深、赵惟忠、丘自昌、高肃分别前往苏州、常州、湖州、杭州、睦州五州担任镇将，这五人各自统领着数千兵马，暗中观察着这些刺史的一举一动。

就在朝廷的讨伐大军集结之际，李锜悄悄地给五位镇将送去密信，要求他们速速动手，尽快杀掉本州刺史，夺取五州军政大权，战争的大幕至此徐徐拉开了！

---

① 《资治通鉴》记载为义宁，但当时并无这个藩镇，应为武宁。

三个人结束一场战争

按照最初的构想，李锜通过自己的五个心腹镇将顺利夺取五个属州的军政大权，他自己则坐镇治所润州（今江苏省镇江市），这样他便可以将浙西六州牢牢地控制在自己手中，一旦他在浙西构筑了铜墙铁壁，朝廷征讨大军数量虽多，恐怕也未必能够讨到什么便宜，一旦战争旷日持久，朝廷势必难以支撑日渐高昂的军费，只能赦免了他的罪行，这样他就可以继续主政浙西。

这招屡试不爽的计策之前很多节度使都曾用过，他虽然并没有必胜的把握，却有着充足的自信与朝廷长期周旋对抗。

随着西川、夏绥两场战事的胜利，朝廷渐渐恢复了往日的尊严，他这次所面对的对手李纯又是一位绝不妥协的铁腕君主，因此一开始事态就没有朝着他希望的方向发展。

李锜对不依附自己的刺史往往会毫不留情地加以构陷，因此战争打响后，五州刺史之中任职时间最长的也不过才两三年的时间，任职最晚的苏州刺史李素刚刚到任十二天。由于任职时间不长，这些刺史在当地并无多少根基，正规军又全都掌握在李锜派驻的镇将手中，他们手中能够实际掌控的军队少之又少，因此在李锜的眼中，他们不过是任人宰割的草芥罢了，可实际上却并非如此。

在形势岌岌可危之际，常州刺史颜防采用宾客李云的计策，假托皇帝诏书任命自己为招讨副使，争取了州内部分军队的支持，采取先发制人策略一举斩杀了猝不及防的镇将李深，随后向苏州、杭州、湖州、睦州四州传送檄文，恳请各州共同进军讨伐反叛朝廷的李锜。

可大名鼎鼎的牛党领袖牛僧孺却说："颜防用李云驱市人举当，一战败走。"以至于后人不明白颜防当时究竟是战胜了还是战败了。这段记载出自牛僧孺为自己的岳父昭义节度使辛秘撰写的神道碑，时任湖州刺史的辛秘也参与了浙西之战。

当时辛秘在暗中募集乡里子弟数百人，不过他是文官，并不怎么懂军事，于是将这些临时招募的子弟全都交给牙门将年知二指挥。年知二是一位军事素养很出众的将领，带领这些死士趁着夜色突袭了镇将赵惟忠的营地，不过他却在进攻时不幸中箭坠马。就在生死攸关之际，他却以顽强的毅力从地上爬起来再战，给身边人以巨大的鼓舞，并一举斩杀了湖州镇将赵惟忠。赵惟忠死后，他手下的士卒顿时作鸟兽散。

辛秘打赢了是不争的事实，颜防究竟战绩如何，牛僧孺的记述却与其他史书记载大相径庭。要想弄清当时的真实情形，先来看看两人之后的升迁。颜防在浙西之战的次年便被授予同州（今陕西省渭南市大荔县）刺史。作为长安的重要门户，素有"三辅重镇"之称的同州地位非同一般。大诗人元稹被罢免宰相之后便出任同州刺史，在任命制书中这样称赞同州——"左郡之大，三辅推雄，控压关河，连属宫苑"，由此可见同州刺史的重要性。

辛秘在战后只是被赐予有名无实的文散官金紫光禄大夫，辗转来到河东节度使范希朝麾下担任行军司马，他所担任官职的含金量与颜防相比逊色不少，由此可知颜防在浙西之战中的功劳应该在辛秘之上，颜防率先动手，成功之后传檄四州，所以才会得到朝廷重用。也正因如此，牛僧孺为了凸显岳父的功绩只能贬损立下首功的颜防，这样才能使得岳父的形象更为高大。

苏州刺史李素也想反抗，怎奈上任时间太短，一时间难以募集到足够的壮士便仓促迎战，很快就被姚志安击败。姚志安想要将李素交给李锜处置，于是给他戴上脚镣手铐，为了防止他逃脱还特地将脚镣手铐钉死在船舷上。可是后来船还没抵达润州，负责押运李素的士卒便已然获知了李锜兵败被杀的消息，李素这才得以死里逃生。

常州、湖州两州镇将被杀，苏州、睦州、杭州三州刺史的反抗都以失败告终。

尽管夺取五州的进程并不顺利，但李锜对此却并不在意，无论是颜防还是辛秘，手中掌握的兵马少得可怜，一时还掀不起大的风浪。因此他并不急于稳定浙西内部局势，而是派遣兵马使张子良、李奉仙和田少卿带领三千兵马前去夺取宣州，那里是他梦寐以求的宣歙镇的治所，一旦得手，不仅军事实力与经济实力大增，还会凭借地利优势成功地遏制来自北路的征讨大军！

张子良是镇海左厢兵马使，唐朝藩镇军队通常有左、右厢军与中军的建制，此外他还是四院随身兵马使，负责保护节度使的兵马通常驻扎在节度使所在的最里侧的牙城内，因此称为"牙兵"。牙兵居住的营地往往被称为"牙院"，根据与节度使的亲密程度，牙兵分为亲军牙兵与普通牙兵，张子良所统领的正是李锜的亲军牙兵。

李锜有些不安地等待着张子良等人高奏凯歌，可等来的却是他们背叛的噩耗！

如今朝廷大兵压境，李锜的覆亡恐怕是迟早的事情，他们不愿沦为李锜的陪葬品，于是与李锜的外甥牙将裴行立一直在暗中策划如何设法除去李锜，这样不仅可以免除自己的死罪，还会立下不朽的功勋。

三位将领在润州城外的军营中准备开拔，于是将手下将士们召集在一起，对他们说："如今官军已经从各地集结而来，常州镇将李深、湖州镇将赵惟忠已然被诛杀，李锜覆亡的日子恐怕已经不远了。如今李锜让我们长途奔袭宣州，如果我们按照他的指令做了，我们整个家族都会受到株连。如若诸位想要转危为安只能归顺朝廷，诛除逆贼！"

将士们在三位将领的鼓动下一时间群情激奋，斗志昂扬。就在当天夜晚，三位将领就带领军队悄悄地向着润州城方向进发，此时身为牙将的裴行立按照事先约定点燃了篝火，还命人悄悄地打开了城门，与三位将领率领的兵马会合之后，在擂鼓声与呐喊声中，向着军府奔去。

已经入睡的李锜从睡梦中被惊醒，当他得知张子良等人起兵之后怒不可遏。不过他很快又得知了一个犹如晴天霹雳的噩耗，自己的外甥裴行立居然在城内接应他们入城，李锜捶着胸口，摇着头说："我这次怕是没有任何希望了！"

李锜光着脚逃出卧室，躲藏在牙城内的一座小楼内。他的亲信将领李钧率领三百能挽强弓的"挽硬随身"前来增援，裴行立早就预料到他们会来，于是在他们的必经之路上埋伏了兵马，见他们在夜色中急匆匆赶来，裴行立突然率军冲杀过来，将猝不及防的"挽硬随身"统统斩杀。

李锜绝望地望着漆黑一片的夜空，不知在这个漆黑的夜晚他还能相信谁，不禁与自己的家人抱头痛哭。他不明白自己这个功臣之后、烈士子弟为何会一步步沦落到如今这般地步！

裴行立提着李钧血淋淋的人头缓缓走到牙城城下。城上仍在负隅顽抗的牙兵们见到此情此景全都惊骇不已，张子良趁机向他们大声喊话："朝廷派来的监军已然许下承诺，只要你们能够放下武器投降，朝廷绝对不会为难你们！"

在强大的政治攻势之下，牙兵们开始瓦解了，就连李锜的贴身随从们经过一番心理挣扎最终也选择了背叛。他们临阵倒戈，将一脸错愕的李锜擒获，七手八脚地用帐幕将他包裹上，再用绳索捆上，随后抬着被捆成粽子的李锜快步走到牙城城墙上，缓缓垂下手中的绳子，将李锜运到了城外。

正在攻打牙城的士卒们突然见一个异物从天而降，迅速围拢过来，解开绳索，打开帷幕，发觉里面居然是这场叛乱的罪魁祸首李锜，他们赶忙给他戴上枷锁，指派专人将其送往京城治罪。

张子良等人不停地高喊着："贼首已然被擒拿！投降者不杀！"仍旧犹豫的牙兵们见如今大势已去，也纷纷放弃了抵抗。

不过那些"挽硬随身"和"蕃落健儿"与李锜的感情却很深，见厚待自己的主子已然被擒，他们继续战斗下去也是毫无意义，可他们又不愿投降，于是纷纷选择自杀。他们的尸体横七竖八地躺倒在地上，殷红的鲜血在他们尸体下面迅速弥漫开来。

元和二年（公元807年）十月二十一日，群臣们来到大明宫紫宸殿向李纯祝贺，此时距离李纯下发征讨诏书仅仅过去了十天，各路征讨大军仍在集结过程中，这场战争就以这样的方式落幕了，真可谓是兵不血刃！

不过李纯的脸上却没有一丝喜悦，愁容满面地说："朕不施恩德，致使屡次出现违犯法纪之人，朕惭愧得很，实在不知有什么值得祝贺的！"

尽管如此，李纯依旧对此番立下大功的人员大肆进行封赏，张子良检校工部尚书（正三品）、左金吾将军（从三品），封南阳郡王（从一品），赐名"奉国"；田少卿任检校左散骑常侍（正三品）、左羽林将军（从三品），封代国公（从一品）；李奉仙任检校右散骑常侍（正三品）、右羽林将军（从三品），封邠国公（从一品）。曾在擒拿李锜过程中立下大功的裴行立也得以升任泌州刺史，不过当时应该并无泌州，唐州在唐末时将治所迁往泌阳县（今河南省南阳市唐河县），同时改称泌州。

张子良后来升任振武节度使，随后回朝担任左龙武统军（从二品）、检校兵部尚书（正三品）、左骁卫上将军（从二品）、充大内皇城留守；李奉仙于元和十年（公元814年）出任天德军都防御使；裴行立也在元和年间出任桂管观察使，后病逝于安南都护任上。三人都成为位高权重的封疆大吏，或镇西陲，或守南疆，或驻皇城，都成为朝廷倚重的高级将领。

元和二年（公元807年）十一月初一，李锜被押送到长安，李纯亲临兴安门，当面责问他为何会走上反叛之路。李锜低着头说："我起先并没有谋反的打算，是张子良他们教唆我这么做的！"他的这番说辞不仅没有获得李纯的同情与宽宥，反而招来他的一顿斥责。

望着面如土灰的李锜，李纯语气严厉地说："你身为主帅，即便张子良等人怂恿你谋反，你为什么不杀了他们再入京朝见向朕说明这一切呢？"

闻听此言，李锜羞愧得无言以对，其实真正将他逼上绝路的并非是旁人而是他自己。后来，李锜与他的儿子李师回一并被腰斩。

李锜所说的话究竟是确有其事，还是借机恶意栽赃张子良等人呢？中晚唐的时候，节度使身边的确会围拢起一群别有用心的人，怂恿他们与朝廷对抗，如若能够在与朝廷的对抗中受益，自然不会亏待了他们；如果形势不利，节度使性命堪忧，他们也会毫不犹豫地斩杀节度使，从而向朝廷邀功请赏，这无疑是一桩稳赚不赔的好买卖！

三十七年之后，昭义节度使刘从谏病逝，他的侄子刘稹想要谋取昭义节度使之位，于是在亲信郭谊的鼓动下走上了反叛之路，当时李吉甫的儿子李德裕主持朝政，力主对刘稹进行武力讨伐。眼见着朝廷大军势如破竹，郭谊杀掉刘稹向朝廷请降。在讨论如何处置郭谊时，李德裕一针见血地说："刘稹不过是个受人操控的傻小子罢了，抗拒朝廷命令全都是郭谊的主意，如今郭谊又想通过出卖主子来获取朝廷的赏赐，这种卑鄙小人罪不可赦！"昭义之战也成为朝廷与藩镇之间进行对抗的最后一次胜利！

张子良会不会也如郭谊那般狡诈多变呢？先怂恿李锜谋反，然后再趁机杀死李锜立功，要想搞清楚这个问题恐怕还要从张子良特殊的经历说起！

张子良出生于官宦世家，祖上既有文臣，也有武将，他虽然日后走上了从军之路，却并非是赳赳武夫，自幼便喜好读书，曾在中兴名将郭子仪麾下效力。徐州境内的埇桥与濠州境内的涡口并称为两大漕运咽喉要地，分别连接着淮河与汴河，一旦失守便会迫使漕运改道。

张子良曾经在徐泗濠节度使张建封麾下担任兵马使，奉命戍守水路要地涡口，张建封病逝后，徐州发生了军乱。当时主持本镇军政事务的判官郑通诚担心一向骄纵的士卒们会趁着权力真空之际作乱，恰巧浙西兵路过徐州，因此他便想着将浙西兵引入城中，达到钳制威慑徐州士卒的目的，但这个消息却不慎泄露了。士卒们一怒之下杀死郑通诚，之后推举张建封的儿子张愔为新任节度使。朝廷虽对徐州擅立主帅的行径很是不满，但在讨伐无果后也只能听之任之。

这场突如其来的变乱使得浙西兵对强悍的徐州兵心生畏惧，因此浙西之战打响前夕，宰相李吉甫曾建议李纯征调两支军队参战。一支是曾经给浙西兵带来巨大心灵震撼的徐州兵，他说："昔徐州乱，尝败吴兵（浙西兵），江南畏之。若起其众为先锋，可以绝徐后患。"[1] 另一支是同样令浙西兵闻风丧胆的宣武兵。李纯采纳了他的请求，只可惜这两支强悍的军队还未及与淮西军交手，李锜便已然败亡了。

在张建封死后的那场变乱中，远在涡口的张子良只是一个旁观者。虽然他对张愔趁乱袭夺节度使的行径有些不齿，但念及张建封的恩情，他也不忍对他的儿子张愔进行讨伐，于是想要带着麾下人马前往浙西。

张子良本就不是徐州守军，只是奉命前来平定中原叛乱才驻军在此处，如今奉调离开自然也在情理之中。他的请求很快就得到了朝廷的首肯，张子良带兵离开会在无形中削弱徐州的军事实力，德宗皇帝特地将他召至京城，授予他侍御史的朝衔，还对他勉励了一番。

从贞元十六年（公元800年）开始，张子良在浙西担任兵马使长达七年之久。他率领的那支以客军身份入浙的强悍之师成为李锜身边的牙军，尽管如此，张子良等三人受宠信的程度却远远不及李钧等人。

在战争之初，李锜让薛颉统领"蕃落健儿"，让李钧统领"挽硬随身"，这两支私兵都是他不惜花费重金打造的，自然让最信得过的将领来统领。除此之外，李锜还让公孙阶、韩运分别统领润州城内驻军，命别将庚伯良带兵三千前去修筑石头城，这些人才是李锜真正倚重的力量。

李锜之所以迫不及待地命令张子良等人前去攻打宣州，既是因为他想要

---

[1]（北宋）欧阳修、宋祁等撰：《新唐书·卷一百四十六·李吉甫传》，汉语大辞书出版社2004年版，第3350页。

迅速打开战场局面，恐怕也是想要以此为名将三人从润州调走，因为张子良麾下士卒对他的忠诚程度远远超过李锜。

李锜说自己受到张子良等人蛊惑之后才走上反叛之路，这个说法纯属造谣污蔑，其中或许还夹杂着报复与离间。李锜是个心机很深沉的人，在战与和如此重大的问题上，他怎么可能会对本就不太宠信的张子良等人言听计从。

李纯又是何等英明的君主，事后肯定会对此事进行调查，如果调查证实张子良的确是阴险狡诈之人，他怎么可能会对他委以重任，可见李锜所说并非是事实。

此次浙西之战动用的军队数量在两万人左右，但在大战真正开始之前，李锜就被处死。"天府无一金之费，已静江流；王师无一战之劳，已除人害"[①]，这场战争朝廷所花费的军费也不多，是以最小的代价守护住了大唐的经济生命线！

大唐经济生命线

浙西之战虽然远远不如西川之战那么激烈，但胜利的价值却丝毫不逊于后者。安史之乱给唐朝经济的打击无疑是极其致命的，河北道、河南道等经济发达地区遭受了毁灭性打击，但江南地区受到的波及程度却最小，江南在唐朝经济格局中的地位迅速凸显出来。

安史之乱前，江南道的户数虽然位列第一，但这主要是因为江南道的地域实在是太过辽阔了，北起长江，南到南岭，西起贵州，东到大海，包括如今的上海、浙江、江西、湖南、贵州、福建以及湖北、安徽、江苏三省长

---

① （北宋）宋敏求编：《唐大诏令集·卷一百二十四·平李锜德音》，中华书局2008年版，第665页。

江以南的广大区域，就是因为地域太大，江南道后来分为江南东道、江南西道、黔中道三道，如果按照人口密度来计算，河南道与河北道才是大唐最繁盛的区域。

安史之乱后诸区域户口变化表

区域	天宝年间户数	排名	元和年间户数	排名	减少幅度
江南道	1837078	1	1166670	1	36.49%
河南道	1834288	2	140851	8	92.32%
河北道	1508393	3	184028	5	87.80%
剑南道	985513	4	162382	6	83.52%
关内道	812464	5	277478	2	65.85%
河东道	630511	6	241234	3	61.74%
山南道	530234	7	214714	4	59.51%
淮南道	418699	8	56903	9	86.41%
岭南道	352119	9	142766	7	59.46%
陇右道	119719	10	—	—	—

根据宰相李吉甫所撰《元和国计簿》记载，李纯在位时，大唐共有48个道、295个州府，但朝廷的赋税却仅仅来自位于淮南、江南地区的8道49州。《资治通鉴》也记载："每岁赋税倚办止于浙江东、西、宣歙、淮南、江西、鄂岳、福建、湖南八道四十九州。"[①] 难道偌大的大唐就仅仅依靠这八道过日子吗？

在大唐的295个州府之中，共有15道71州不向朝廷申报户口，也不正常缴纳税款，但真正与朝廷长期对抗并且割据一方的藩镇只有幽州、成德、魏博、义武、横海、淄青、淮西7道40州，其中的义武、横海两镇成立时间较晚，地域较小，势力较弱，虽然节度使一直采取世袭模式，但对朝廷却一向都很恭顺。

剩余的河东、凤翔、鄜坊、邠宁、振武、泾原、夏绥、朔方8道31州

---

① （北宋）司马光主编：《资治通鉴·卷二百三十七》，中华书局1956年版，第7647页。

一直都由朝廷直接控制，不过这些藩镇全都是地处边陲的沿边藩镇，人口相对较少，经济发展滞后，同时又有大量驻军，因此征收的赋税全都用于自身支出并不用向朝廷缴纳赋税，但这些区域却是朝廷可以直接管辖的区域。

除了不向朝廷申报户口的15道71州以及江淮地区的8道49州之外，其他的25道175府州难道全都不向朝廷缴纳赋税吗？下面看一下《册府元龟·卷四百九十一》的记载：

"山南东道、荆南等九道今年秋税钱合上供者。"这说明山南东道、荆南等九道正常向朝廷缴纳赋税。

"东川元和二年上供钱物并放留州、留使钱，委观察使量事矜减，仍具数奏闻，山南西道元和二年上供钱量放一半。"这说明剑南东川和山南西道也是向朝廷正常缴纳赋税的，三川地区是仅次于淮南。

"（元和）九年二月，诏应京畿百姓所欠元和八年秋税斛斗青苗钱税草等在百姓腹内者并宜放免。"这说明京畿所在的关内道也向朝廷正常缴纳赋税。

由此可见朝廷赋税仅仅来源于江南、淮南8道的说法显然有失偏颇，但不可否认的是来自江南、淮南地区的赋税在大唐财政收入总量中所占的比重很大，其他道虽然也在正常上交赋税，不过比重却很低，因此浙西之战的胜利使得朝廷成功地攥紧了自己的钱袋子，对于财政吃紧的朝廷而言，这一战的重要性自然不言而喻！

安史之乱前后唐朝财政收入对比表

项目	分类	天宝年间	建中元年
税粮	总数	2500余万石	1600余万石
	其中：中央	1000余万石	200余万石
	地方	1500余万石	1400余万石
税钱	总数	200余万贯	950余万贯
布绢棉	总数	2700余万匹	—
	其中：中央	1400余万匹	—
	地方	1300余万匹	—

安史之乱后，全国税粮收入共计减少了900万石，降幅为40%，其中归属中央的税粮收入减少了800万石，降幅为80%；归属地方的税粮收入仅仅减少了100万石，降幅仅为7%。虽然税钱增加了750万贯，但建中元年的财政收入数据中却少了布绢棉这一项。建中年间，一匹绢的价格为三千二三百文，按照当时的绢价折算，750万贯钱只能购买900余万匹绢，比安史之乱前居然减少了1800余万匹绢，降幅高达67%。

自从隋朝成功开凿大运河以来，漕运一直被视为帝国的生命线，唐朝在安史之乱前后漕运量的变化也成为真实财政情况的一个缩影。

从唐初一直到高宗皇帝李治统治时期，每年的漕运量为一二十万石。开元初年，漕运量激增至80万石至100万石，经过玄宗皇帝李隆基的励精图治，在开元后期达到了200余万石。天宝年间，每年漕运量基本保持在240万石至250万石之间，不过在安史之乱后却骤降至40万石，只相当于开元盛世时的1/5，受淮西之战的影响，元和中期每年漕运量一度降至20万石。

安史之乱后，朝廷的财政收入之所以会捉襟见肘还有着深刻而又复杂的原因，主要有以下四点：

第一是地方开支激增。安史之乱前，朝廷只在边陲地区设有九镇节度使和一位经略使。设置在北方的八镇节度使从东向西依次是平卢、范阳、河东、朔方、陇右和河西，此外，在西域地区设立北庭、安西两镇；在西南地区设置剑南节度使；南部边陲设置岭南五府经略使，广大内地并不设节度使。

安史之乱后，唐朝疆域大为缩减，今陇山、六盘山和黄河以西以及四川盆地以西的西域、陇右、河西之地全都被吐蕃侵占；今云南、四川南部、贵州西部也被南诏吞并；东北地区也几乎丧失殆尽，陷于契丹人与奚人之手，但藩镇数量却在宪宗朝猛增至48个，几乎所有州府之上都会设有藩镇。

安史之乱前，内地州县的财政收入除了"留州"部分外，所有赋税皆需上缴朝廷，但安史之乱后却要先将赋税交至藩镇。藩镇僚属的待遇又普遍好于朝廷官员，使得人才竞相加入幕府，同时还要供养大量军队，地方行政开支激增严重挤占了原本属于朝廷的财政份额。

仅仅从税粮收入一项便可以看出，安史之乱前，朝廷所占份额为40%，但到了建中元年却减至12.5%。在税粮收入总额减少36%的情况下，归属地方的税粮收入仅仅降低了7%，而归属朝廷的税粮收入降幅却高达80%。

第二是军费开支巨大。安史之乱后，朝廷与藩镇割据势力之间的战争就从未间断过，除了宪宗末期到穆宗前期短短的几年时间外，大唐一直都没能实现真正的统一，无论是朝廷，还是割据一方的藩镇，全都会大量养兵。

天宝年间，国家供养的军队为60余万，建中元年却猛增到76.8万，到了元和初年，李纯立志削藩，军队数量进一步增至88万，比开元盛世时增加了1/3，可此时大唐在编的百姓却仅为144万户，比天宝年间减少了3/4，平均两户百姓便需要供养一个士卒。

虽然当时真实的人口数量肯定要高于在编户数，因为各道普遍瞒报辖区内户数进而达到向中央少缴税款的目的，尽管如此，当时百姓的负担之重仍旧是惊人的！

这支庞大军队的日常支出本就使得朝廷举步维艰，若是遇到大的战事，军费开支还会急剧攀升，很多军事行动都因财力难以支撑而只得作罢。

第三是传统赋税区遭受重创。安史之乱前，朝廷税赋在很大程度上来自河北、河南两大区域，但这两大经济发达区域却沦为安史之乱的主战场，全都遭受了重创，农户离散，田地荒芜。

安史之乱后，百姓们的心态也发生了变化，不再安于生产而是寻求其他的讨生之法，有的从军、有的经商、有的出家、有的打零工……真正安心农事的人只有三成。宰相李吉甫曾上奏说："中原宿兵，见再军士可使者八十余万。其余浮为商贩，度为僧道，杂入色役，不归农桑者，又十有五六。是则天下常以三分劳筋苦骨之人，奉七分坐衣待食之辈。"[1]

即便是安史之乱后，河北地区和淄青镇所占据的河南地区也并未真正回到朝廷的怀抱，征收的赋税基本上被割据一方的节度使截留，朝廷甚至都不

---

[1] （后晋）刘昫等撰：《旧唐书·卷十四·宪宗本纪上》，汉语大辞书出版社2004年版，第360页。

知道当地的具体户数，而上述地区也是战乱频发之地，有时是因内部争权夺利而发生兵乱，有时是因为公开反叛朝廷而招致讨伐。

为了防范藩镇割据势力的扩张和渗透，朝廷不得不在其所控制的河南地区广泛设置藩镇，这一地区也成为藩镇分布最为密集的区域，两三个州便设置一个藩镇，而且大多供养着数量可观的军队，比如忠武镇仅仅管辖陈州、许州两州之地，却养兵三万之众，花销之大可想而知。

反观江南、淮南地区，藩镇密度普遍低于河北、河南地区，除了宣歙镇仅管辖三州外，其他七道属州数量都在五州到九州之间。在这八道之中，除了淮南长期设置节度使外，其他七道通常只会设观察使。观察使政治地位不仅低于节度使而且两者的主要职能也有所差异，通常情况下观察使麾下军队数量往往会少于节度使，军费开支自然也会少很多，因此江南、淮南地区的经济功能便凸显出来，渐渐掌握了大唐的经济命脉。

第四是朝廷财政管控能力下降。安史之乱前，大唐实行中央高度集权的财政收支体系，朝廷拥有绝对的控制权，地方州县并没有真正意义上独立的财权，所有财政收入皆由朝廷统一调度，地方不得擅动。地方支出预算也由朝廷严格限定，户部"每岁计其出而度其所用"[1]，地方州县在支出前必须要经朝廷批准，"每岁所费，皆申度支会计，以长行旨为准"[2]，同时申报也有着严格的时限要求，在京各衙门一个月申请一次，在外两千里以内各衙门一个季度申请一次，两千里以外各衙门两个季度申请一次，五千里以外各衙门一年申请一次。

安史之乱后，原有的财政管理体系彻底崩溃，直到德宗朝宰相李炎创制了"两税制"，才有了根本性改观，因税款在秋天和夏天两次征收而得名。"两税制"是对原有财税制度的根本性变革。

由"量入制出"改为"量入为出"。安史之乱后，朝廷对藩镇的控制力急剧下降，地方财政支出是刚性的，而财政收入却有着很大的不稳定性，因此

---

[1]（后晋）刘昫等撰：《旧唐书·卷四十三·职官志二》，汉语大辞书出版社2004年版，第1424页。
[2]（后晋）刘昫等撰：《旧唐书·卷四十三·职官志二》，汉语大辞书出版社2004年版，第1424页。

中央财政根本得不到有效保证。改革后，首先计算州县每年所需费用和上交朝廷的数额，并以此数额向百姓征税（先度其数，后赋予人）。

由户籍地征收改为居住地征收。之前，主户全额交税，客户不交税或者只交很少量的税。改革后，百姓按照实际居地制订簿册并征收税款（户无主客，以见居地为簿）。对于居无定所的流动经商之人在每个短暂居住的州县都需要纳税，杜绝了其侥幸获利的可能。

由主要按人头征收改为主要按财产征收。百姓按贫富状况划为等级，实行差别税率（唯以资产为宗，不以丁身为本）。差异化税率使得富人多缴税，穷人少缴税，而曾经的租、庸、调以及杂徭等全部省去。由杂乱无章到简单可行。过去名目繁多的税赋统一并入"两税制"（其比来征科色目一切停罢，此外敛者，以枉法论），有力地打击了地方官趁乱对当地百姓进行盘剥的歪风邪气。

由实物标准改为货币标准。之前主要按照实物缴纳租、庸、调。每个男丁每年需向官府缴纳 2 石粟或者 3 石稻，作为租；还需缴纳 2 匹绢、2 匹绫或 2 匹绝（一种粗质丝绸），抑或 2.4 匹布，此外再缴纳 3 两棉或者 4 斤麻，作为调，若是不产上述物品，也可直接缴纳 14 两银子；每年还得去无偿服役 20 天，闰年还会增加 2 天，作为庸，若是不想去，每缴纳 3 尺绢或者 3.6 尺布便可折抵 1 天；如果愿意服劳役，在原来 20 天的基础上再加服 25 天可以免去调，如果加服至 30 天便可将租、调一同免去，不过服役最高期限为 50 天。[①] 征收标准皆是实物，改革后全都按照金钱确定税额即需要缴纳多少钱。当然这并不等于全都缴纳现金，实际上是钱物参半，用实物折抵税款（定税计钱，折钱纳物）。这无疑使得百姓节省了一大笔运输成本，因为之前需要将大批实物运输到指定地点（州府或者京城）。

"两税制"改革初见成效使得德宗皇帝李适更有底气对藩镇用兵了，不过却因政策失当最终酿成了"两帝四王"的政治悲剧，他自己也因泾原兵变而流离失所，后来通过发布"罪己诏"，对节度使无原则地进行妥协才换取

---

① （北宋）欧阳修、宋祁等撰：《新唐书·卷五十一·食货志一》，汉语大辞书出版社 2004 年版，第 1070—1071 页。

了暂时苟安的局面。

宪宗皇帝李纯登基后要想实现中兴之梦必然要削藩，但要想削藩必然要有充足的财力保障，因此在"两税制"的基础上又创制了"三分制"，不过由于朝廷政治控制力大不如前，朝廷财政紧张的状况虽有所缓解，却并没有实质性改观。

在接下来旷日持久的削藩之战中，朝廷总是在为财政收入入不敷出而苦恼，甚至李纯不得不动用自己的小金库，也就是用内库里的钱来犒赏将士们，由此可见李纯的日子还真是不好过。

第四章

元和三年制举案
背后的权力斗争

元和十四年（公元819年）五月，三十三岁的李德裕跟随自己的上司河东节度使张弘靖回朝，张弘靖出任吏部尚书，不过三个月后，他却再度离开长安出任宣武节度使，李德裕却留下了下来，出任监察御史。

此时的李纯还不会想到李德裕这个年轻后生日后居然会成为李党领袖，辅佐他的孙子武宗皇帝李炎缔造了"会昌中兴"的局面。每每看到李德裕，李纯便会想到他已然故去五年之久的父亲李吉甫。

在杜黄裳、武元衡相继离任之后，宰相李吉甫成为宪宗皇帝李纯最倚重的朝臣。在浙西之战中，正是他不断地献计献策，李纯对当时的战争形势才有了如此精准的判断，最终赢得了这场至关重要的战争。

就在李吉甫自认为可以大有作为之际，他却突然遭遇了一场前所未有的政治危机，以至于不得不黯然下野，这又是因为什么呢？

扑朔迷离的真相

元和三年（公元808年）四月，李纯下诏举行制举考试。许许多多怀揣着政治梦想的青年才俊们带着无限憧憬走进了考场，可让人始料未及的是这场考试居然在朝野间引发了轩然大波。

唐朝科举制度分为贡举（又称常科）与制举（又称制科）两大体系。贡举每年都会定期举行，先后设有五十多个科目，但常设科目却只有明经、进士、秀才、明字、明法、明算六科，尤以进士科最为世人看重。不过贡举及第者只能获得出身，也就是当官的资格，之后还需要参加吏部主持的铨选或者科目选才能真正获得官职，当然也可以参加制举考试，但制举只有在皇帝下诏后才会举行。

制举是将"举士"与"选官"结合在一起的特科，但考试时间并不固定，除了六月酷暑外，其他十一个月都曾举办过制举考试。考试科目设置的随意性也很大，比如需要选拔行文辞藻华丽之人便会设文辞雅丽科，需要选拔军事人才便会设才堪将帅科，更可笑的是居然还设有不求闻达科和隐居丘园科。不求闻达还应什么举，隐居丘园还当什么官？

制举考试通常只有一种题型，那就是试策，类似于今天公务员考试中的申论，考生需要对现实问题有针对性地提出解决方案。参加制举考试的人员相当广泛，既可以是没有出身的白衣，也可以是贡举及第者，还可以是迫切想要改变自己命运的在职官员。

如果制举及第者只是没有出身的普通老百姓，一般会被授予从九品上阶或下阶的县尉，有时也会被授予九品的校书或正字，个别考生因成绩突出同时又赶上好机会，也可能会被直接授予从八品下阶的大理评事，甚至是从七品上阶的上州参军事。不过对于成绩实在平平的制举及第者有时也会像贡举那样只赐予出身，不过这只是个别情况。

如果制举及第者之前曾参加贡举或者依靠门荫获得过出身，往往会按照应叙之阶或者高一阶授官。如果制举及第者之前便已经是在职官员，往往会直接加阶授官，成绩特别优异的人会一次性加三到四阶，不仅品级提升了，往往还会被改任要职。

唐朝的科举考试并没有年龄限制，武则天、中宗时期宰相张柬之进士擢第后出任青城县丞，这一年他已经六十三岁了，要是放在现在估计连参加公务员考试的资格都没有，可他却在年过花甲之际才开始走上仕途。

老当益壮的张柬之并不满足于自己能混上个编制，永昌元年（公元689年），六十五岁高龄的张柬之又参加了制举贤良方正科的考试，在一千多名考生中名列第一，随即被授予监察御史之职，由正九品上阶升为正八品上阶，一下子便升了四阶，还从偏远的青城县（今四川省都江堰市）直接调到国家监委工作。原本在基层苦苦打拼的张柬之的仕途豁然开朗了，最终在八十岁时成为大唐宰相。

唐朝前期制举举办得很频繁，甚至武则天执政时一度连年举办制举，不过安史之乱后举办频次却日趋减少，李纯在位的十五年时间里只举办了四次制举考试，考生们非常重视每一次难得的机会。

伊阙县县尉牛僧孺、陆浑县县尉皇甫湜与前进士李宗闵三位有志青年信心满满地走进了考场。他们都是进士出身，牛僧孺与李宗闵是贞元二十一年（公元805年）的同科进士，皇甫湜比两人晚一年，是元和元年（公元806年）的进士。

参加此次制举考试时，牛僧孺、皇甫湜正值而立之年，李宗闵才不过二十出头，此时有些年轻气盛的三人怀揣着报国之志，还颇有几分愤世嫉俗的意味。

这次考试的考官吏部侍郎杨於陵、吏部员外郎韦贯之对三人的考卷赞赏有加，于是将三人定为上等，不过《旧唐书》却记载三人被评定为第三等，这是因为制举考试第一等从未授人，第二等从开元年间以后也不再授予，因此第三等便成为真正的最高等。翰林学士裴垍、王涯此后对此次制举的录取名单进行了复核，并未提出异议。

就在三人因在考试中成绩优异即将被提拔重用之际，事态却发生了惊天大逆转，三人因毫无顾忌地指摘时弊陷入政治旋涡之中而难以自拔，在此后很长一段时间内都没能得到提拔重用，即便是主持此次制举的官员也全都遭遇了厄运。

负责复核的裴垍、王涯被免去了翰林学士的职务，考策官韦贯之先被贬为果州（今四川省南充市）刺史，再贬为巴州（今四川省巴中市）刺史，另一名考策官杨於陵也离京出任岭南节度使，虽然他担任的是位高权重的节度使，但偏远的岭南谁也不愿意去。

《资治通鉴》认为掀起这场政治风波的罪魁祸首是宰相李吉甫，也就是后来成为李党党魁的李德裕的父亲。"李吉甫恶其（即牛僧孺等三人）言直，泣诉于上。"①李吉甫哭着向李纯控诉三位考生的不当行为，还指出皇甫湜是负责复核的考官王涯的外甥，王涯在复核时并未如实禀告此事，违背了有关回避规定，涉嫌徇私舞弊，其他考官知情不报，涉嫌玩忽职守，这些人全都遭到了贬谪。

牛僧孺、皇甫湜、李宗闵自此对李吉甫恨之入骨，还将对他的恨转嫁到了他的儿子李德裕的身上，李德裕对他们也并无好感，"（李德裕）以中书舍

---

① （北宋）司马光主编：《资治通鉴·卷二百三十七》，改革出版社1995年版，第5059页。

人李宗闵尝对策讥切其父，恨之。①"双方开始结党对抗，朋党之争的大幕也就此拉开。

不少历史学者受到《资治通鉴》的影响也都持有这种观点，不过透过史书的字里行间，我们却会隐隐发现这件事的真相恐怕与《资治通鉴》的记载大相径庭。

就在这场政治风波二十三年后，太和五年（公元831年），古文大家李翱为杨於陵所作的《杨公（於陵）墓志铭》载："会考制举人，奖直言策为第一，中贵人大怒，宰相有欲因而出之者，由是（杨於陵）为岭南节度使。是时得考策者凡四人，公既得岭南，员外郎韦贯之再贬巴州刺史……"

李翱写这篇墓志铭的时候肯定会找杨於陵的亲戚朋友了解他的生平事迹，杨於陵此番被贬为岭南节度使是因为他触怒了"中贵人"，也就是宫中的宦官。李纯之所以能够提前登基称帝得益于宦官们的拥立，因此他一直对宦官势力格外宠信。

虽然宰相中也有人趁机提出将他贬往岭南，此人究竟是谁并未具体写明，如果杨於陵当时果真是因为遭到了李吉甫的报复，完全可以直抒胸臆。当时正值李德裕的政敌牛党党魁李宗闵执政时期，不得志的李德裕远在成都府（今四川省成都市）担任剑南西川节度使，李翱根本没有必要因顾忌李德裕而对他父亲之前的所作所为有所隐瞒。

杨於陵后来在岭南节度使任上因遭到宦官构陷险些改任闲职，关键时刻身为宰相的裴垍为他仗义执言，才挽救了他岌岌可危的仕途。裴垍之所以能够出任宰相在很大程度上得益于李吉甫的推荐，因此李吉甫应该与杨於陵并无什么深仇大恨。

这场政治风波三十九年后，也就是大中元年（公元847年），李党要人郑亚离京出任桂管观察使。他在赴任途中专程前往衡州（今湖南省衡阳市）拜谒贬谪到此处的牛党党魁牛僧孺，还特地让自己的幕僚李商隐撰写了《为荥阳公贺牛相公状》："始者召入紫宸，亲承清问。仲舒演《春秋》之奥，孙宏阐《洪范》之微。抉摘奸豪，指切贵近。"郑亚用颇为赞赏的口吻提起了

---

① （北宋）司马光主编：《资治通鉴·卷二百四十一》，改革出版社1995年版，第5164页。

元和三年的那场制举风波，对牛僧孺当年的壮举充满了敬佩之情。

不过疑问也随之而来，如若当年牛僧孺抨击的果真是李德裕的父亲李吉甫，那么这件事定然极为敏感。郑亚对老上司李德裕又一向颇为敬重，怎么会对牛僧孺抨击李德裕父亲的做法大加赞赏呢？

早在李德裕担任翰林学士时，郑亚便因"聪悟绝伦，文章秀发"[①]得到了他的赏识。郑亚先是参加贡举进士及第，又参加制举贤良方正、直言极谏科高中，随后又在科目选书判拔萃科脱颖而成，数年之内连中三元。李德裕出任浙西观察使时，将才华横溢的郑亚辟为从事，自此他的前途便与李德裕的命运紧紧联系在一起。

武宗朝，李德裕达到了仕途生涯的顶峰，郑亚在他的提携下出任谏议大夫（正四品下阶）。郑亚一路走来担任的全都是诸如监察御史、刑部郎中、给事中等令同僚羡慕不已的要职，这自然离不开李德裕的悉心关照和竭力提携。

虽说郑亚赴任时，李德裕已经失势，被贬为太子少保、分司东都，但此时的李德裕与刚刚继位的宣宗皇帝李忱毕竟还没有彻底撕破脸，在政治上几经沉浮的李德裕或许还有东山再起的机会，郑亚于情于理似乎都不太可能做出如此落井下石的事情。

李德裕在此后的岁月里厄运连连，郑亚也不可避免地受到了牵连。李德裕被罢相后，他黯然离京，前往遥远的桂州（今广西壮族自治区桂林市）任职；李德裕被贬为潮州（今广东省潮州市）司马后不久，他也被贬为循州（今广东省惠州市）刺史，从此再也没有回过繁华的长安，两人先后死于贬所。

试想与李德裕休戚与共的郑亚肯定不会干出通过不惜贬低李德裕父亲的方式来向已经下野的牛僧孺示好的事，因此便只有一种可能，当年牛僧孺所作策文的抨击对象另有他人，"奸豪"指的应该是那些桀骜不驯的藩镇节度使，"贵近"指的应该是那些飞扬跋扈的宦官。

其实要想寻到历史真相最直接、最有效的办法就是找到牛僧孺、皇甫湜和李宗闵三人当年参加制举时所写策文，看看上面到底写了些什么，竟会在

[①]（后晋）刘昫等撰：《旧唐书·卷一百七十八·郑畋传》，汉语大辞书出版社2004年版，第3973页。

第四章　元和三年制举案背后的权力斗争

朝野上下掀起如此巨大的波澜。然而只有皇甫湜所作策文得以流传下来，还被收录进了《全唐文》。

元和三年那次制举考试仅仅题目就多达六百五十个字，皇甫湜所作策文正文更是长达四千八百多个字，其中抨击朝政最激烈的部分是这样写的："今宰相之进见亦有数……去汉之末祸，还谏官、史官、侍臣之职，使之左右前后，日延宰相，与论义理，有位于朝者……"

虽然皇甫湜一针见血地指出朝政弊端，宦官、宰相与朝臣均有责任，不过对专权乱国的宦官抨击得尤为激烈，对宰相基本上持肯定褒扬态度，认为"宰相之进见亦有数"，只是"侍从之臣皆失其职"，建议李纯有事多与宰相商议，不要重蹈东汉末年宦官乱政的覆辙。

很多人难免会有这样的困惑，为何偏偏终其一生官不过郎中的皇甫湜所写策文得以留下来，日后在政坛上大放异彩的牛僧孺和李宗闵的策文却离奇消失了呢？按照常理，知名度高的人所写文章的流传度应该更广才对。

有的学者将原因归结为牛僧孺与李宗闵的故意隐瞒，两人后来全都位至宰相，虽然他们早年抨击宦官干政，可后来却对宦官百般逢迎，因为他们知道要是与宦官交恶势必难以在朝中立足。牛僧孺首次拜相得益于宰相李逢吉的推荐，李逢吉之所能东山再起是因为他攀附上了大宦官王守澄。李宗闵两次拜相全都得益于宦官的推荐。

鉴于此，两人自然不愿再提及那段陈年旧事，以免惹得宦官们不悦。牛李两党后来相互倾轧，势同水火，若当时所写策文攻击对象果真是李吉甫，大可不必如此遮遮掩掩，完全可以大张旗鼓地进行宣扬。

三人之中，唯独皇甫湜一直仕途暗淡，官场并不得志的他师从古文大家韩愈专心从事文学创作，成为古文运动的重要倡导者之一，自然也就没有那么多政治顾忌，所作策文自然也就得以流传下来。

不过值得庆幸的是宋人编纂的《增注唐策·卷一》中居然会保存着牛僧孺当时参加制举考试时所作策文，不过由于是孤本，有的学者曾经对它的真实性产生过怀疑，但无论是与散落在其他历史文献中的只言片语进行对比，还是与牛僧孺现存散文风格进行对比，基本可以认定这就是牛僧孺早年所作。

牛僧孺写的这篇策文比皇甫湜要温和许多，虽然对宦官与朝臣均隐隐含有指责之意，但每每到了关键之处往往会采取模糊化处理方式，指斥对象并不那么明确，更多的只是影射。不过他却将矛头指向了皇帝，旗帜鲜明地指出"天子圣而下臣直"，认为皇帝是政治是否清明的关键，也是百姓是否幸福的关键。

虽然牛僧孺在行文时谨慎小心，但也旗帜鲜明地提出反对通过武力进行削藩。唐朝大诗人杜牧所作《牛公（僧孺）墓志铭并序》中记载牛僧孺当年所作策文"数强臣不奉法，忧天子炽于武功"。牛僧孺认为朝廷虽然在征讨刘辟、杨惠琳、李锜的战争中取得了胜利，但越是这个时候，皇帝越要保持清醒头脑，千万不能穷兵黩武，以免给大唐招来祸患。

皇甫湜却与牛僧孺截然相反，对李纯主持的削藩大业持肯定态度，针对目前军队中存在的种种问题提出了诸如加强军备、拣选精锐、淘汰冗员等建议，希望军队能够不断提升战斗力，对那些企图割据一方的节度使们保持强大的威慑力。

由此可见，牛僧孺的策文与皇甫湜无论是行文风格还是文章立意，其实都有着极大的差异，并非如很多学者判断的那样两人策文内容大同小异，可能牛僧孺的策文相对更为温和，所以他才被评定为第一名。

虽然拥有首相地位的李吉甫对于三人指出的朝廷弊端有着不可推卸的责任，但贤良方正直言极谏科本就是要求考生们大胆地指摘时弊。无论是牛僧孺，还是皇甫湜都没有对宰相，更没有对李吉甫个人提出尖锐的批评，皇甫湜甚至还建议皇帝每每遇到大事时应多与宰相们商议，尽量不要受宦官的影响。

李吉甫并非心胸狭窄之人，当年陆贽没法将他贬出朝，致使他一直在外飘零，等到陆贽的政敌们执政，特地将陆贽贬往李吉甫手下任职，希望李吉甫能够对昔日仇人陆贽落井下石。可李吉甫却与陆贽一笑泯恩仇，以至于十年都不得升迁。

李吉甫应该并不会仅仅因为考生们在策文中的几句直抒胸臆的话就对三人恼羞成怒，还大肆诋毁考官，那么李吉甫在这场政治风波中究竟充当着怎样的角色呢？真正的幕后黑手又会是谁呢？

这场政治风波发生时正值裴均积极谋求拜相之时，他长期与宦官过从甚

第四章　元和三年制举案背后的权力斗争

密。德宗皇帝李适曾经听信宦官之言有意任用他为宰相，但谏官却认为裴均公然认大宦官窦文场为养父，若是任用此人为相无异于玷污台辅，此事随后便不了了之。

制举案发生时，裴均正凭借宦官们的助力谋求宰相之位，就在众位考官惨遭贬谪时，他却从荆南节度使任上回朝担任尚书右仆射、判度支，似乎距离宰相之位又近了一步。

皇甫湜参加制举时毫不避讳地抨击宦官，惹得宦官们恼怒不已，与宦官关系密切的裴均敏锐地觉察到这似乎是扳倒宰相李吉甫的绝佳机会。

李吉甫曾大胆揭发宦官刘光琦的心腹中书主书滑涣的诸多罪行，致使作恶多端的滑涣被赐自尽。裴均知道很多宦官会因此对他很是不满，于是指使自己的党羽大肆散布谣言，说皇甫湜等人抨击宦官是受到了宰相李吉甫的指使，否则他们肯定不会如此胆大妄为。裴均的添油加醋使得本就对李吉甫心怀不满的宦官们迁怒于他，幸亏右拾遗独孤郁、李正辞等人及时上奏，如实陈述这件事的来龙去脉，这才使得李纯彻底看清了裴均阴险狡诈的真面目[①]。

当时很多没有及第的考生们不断通过各种形式发泄着心中的不满，起到了推波助澜的作用。不过这件事之所以能在短时间内迅速发酵，造成如此恶劣的政治影响，裴均是当之无愧的始作俑者，正是他为了一己私利将这件事闹大，李纯得知真相后自然对他心生厌恶，裴均的宰相梦也至此彻底破灭了。不过李纯身边的亲信宦官们却竭力为他说好话，裴均最终以检校左仆射、同中书门下平章事衔充山南东道节度使，成为荣誉宰相"使相"，也算是对他谋求宰相之位不成的某种心理安慰。

李纯并非是昏君，不可能仅仅因为宦官们的诋毁就对三位大胆言事的青年考生下如此狠手，甚至还大肆贬谪考官，其实他是想通过这件事来表明自己坚定的政治态度。实现大唐中兴是他毕生为之追求的梦想，要想重振大唐雄风势必要削藩，削藩时肯定会大动干戈，可牛僧孺却旗帜鲜明地反对武力削藩，李纯自然对他没有什么好感。

---

① （后晋）刘昫等撰：《旧唐书·卷一百四十八·李吉甫传》，汉语大辞书出版社2004年版，第3365页。

此次制举考试的考官虽有四人，但起主导作用的却是吏部侍郎杨於陵与吏部员外郎韦贯之。牛僧孺、皇甫湜、李宗闵之所以能在众多考生中脱颖而出，韦贯之无疑发挥了至关重要的作用。他将三人推荐给了杨於陵，杨於陵在四位考官中职位最高，他的意见自然具有一锤定音的作用。韦贯之与杨於陵同在吏部，之前两人就有过交往，因此杨於陵很快就同意了他的意见。

　　《资治通鉴》记载："（李纯）诏中书优与处分。"根据这段记载，李纯原本对牛僧孺等三人很是认可，不过后来却因为受到了宦官等政治势力的影响，对他们的态度发生了重大逆转。

　　事实果真如此吗？制举考试结束后，皇帝通常都会照例颁布《放制科举人诏》，明确要求对位列第三等、第三次等的考生在授予官职时予以适当照顾，这已经成为一项政治惯例，因此对三人"优与处分"并不代表李纯就认可三人，只不过是例行公事罢了。

　　宦官们得知自己遭到抨击后在李纯面前大肆诋毁对方，李纯此时才开始认真审视三人所作策文，不过因为受到身边宦官的影响，肯定也会对他们有些许的成见。他通过调阅策文发现牛僧孺居然在削藩问题上存在重大立场问题，继而对考官们的政治立场也产生了怀疑。

　　韦贯之与杨於陵之所以会对牛僧孺格外青睐是因为两人全都属于主和派，极为认同他提出的反对武力削藩的主张。在此后讨伐王承宗之战与淮西之战中，两人不仅数次要求朝廷罢兵，杨於陵甚至还曾在暗中阻挠军事讨伐行动。当时杨於陵虽然担任兵部侍郎，却判度支，专门负责财政工作，他特地让自己的亲戚担任唐邓供军使，负责后勤保障工作。可唐邓节度使高霞寓遭遇惨败后却控诉后勤供给不到位，致使将士们无心作战，这才招致败绩，怒不可遏的李纯将杨於陵贬为郴州（今湖南省郴州市）刺史。

　　在李纯看来，牛僧孺旗帜鲜明的反战主张与他之前一贯秉承的治国理念背道而驰，考官们居然会将这样的人列为第一名，无疑是对皇帝权威的严重挑衅，已然在朝中造成了极其恶劣的政治影响，李纯势必要出重手予以纠偏，只有这样才会对朝中主和派形成足够的震慑，为他日后的削藩大业营造良好的舆论环境。

这场政治风波之所以会闹得满城风雨是因为多种政治势力怀揣着各种政治目的纷纷牵涉其中，事后当事人又有意识地进行隐瞒，使得真相愈发扑朔迷离。牛僧孺之所以会招致李纯反感是因为他反对武力削藩，李宗闵与他成为相交一生的好友，不仅情投意合，还政见相同，因此他当年所写策文也极有可能与牛僧孺持有相同的观点。

其实皇甫湜所作策文与牛僧孺很多观点都相去甚远，不过却因锋芒太露而触怒了宦官，招致很多朝臣的不满，李纯顺势将他一同贬斥。三人之所以会被捆绑在一起只是因为此次制举考试第三等只有他们三个人，他们还全都因为大胆言事而遭遇了厄运，不过皇甫湜与牛僧孺、李宗闵本就不是一路人，日后也走上了不同的道路。

在这场政治风波中，李吉甫之所以会感到恐慌并非是因为三人将抨击的矛头指向了他，而是他愈加清晰地感受到了自己的宰相之位摇摇欲坠。

皇甫湜先是惹怒了宦官，牛僧孺继而触怒了皇帝，裴均又从中大肆造谣诋毁，李吉甫有了山雨欲来之感，赶忙前去面见李纯自证清白，当然他难免会对三个不知天高地厚的年轻人心怀不满，为了能够洗白自己，自然会说一些诋毁的话语，但要说李吉甫就是这场风波的始作俑者就着实有些冤枉他了，其实他也是这场政治风波的受害者。

元和三年这场制举风波其实本就与后来的"牛李党争"并无多大关联，这一年李党党首李德裕才刚刚二十二岁，因不屑于参加科举考试一直闲居在家，迟迟未曾入仕，恐怕连他自己都不会想到这场原本与父亲李吉甫并无多大关联的制举风波居然会被后世认定为是"牛李党争"的开端！

李吉甫为何会突遭罢免

制举案发生仅仅五个月后，李吉甫便被罢免了宰相职务，离京出任淮南节度使，关于他罢相的原因，史书中有着三种说法：

第一种说法是李吉甫因构陷同僚遭到李纯的疏远。北宋著名史学家司马光在《资治通鉴考异》中记载："（李）吉甫自以诬构郑絪，贬斥裴垍等，盖宪宗察见其情而疏薄之，故出镇淮南。及子德裕秉政，掩先人之恶改定实录，故有此说耳。"司马光认为是李吉甫蓄意诬陷郑絪、贬斥裴垍之事被李纯察觉，于是对他心生厌恶，将他贬为淮南节度使。

负责复核成绩的裴垍也因这场制举风波而被免去翰林学士之职，不过这场风波的始作俑者却是宦官，趁机兴风作浪的人是企图谋求宰相之位的裴均，如果裴垍被贬果真与李吉甫有关，李吉甫下野前为什么还会推荐裴垍出任宰相呢？

关于诬构郑絪之事，《资治通鉴》中曾留有这样一段记载：

昭义节度使卢从史向朝廷进献计策，请求讨伐不听诏命的成德等藩镇，却擅自率领兵马东进。李纯诏令他速速返还昭义镇治所潞州（今山西省长治市），可他却假称前往本镇的邢州（今河北省邢台市）、洺州（今河北省邯郸市永年县）等地就食，迟迟不返回潞州。

后来，李纯在浴堂殿传召翰林学士李绛等人前来应对，李纯主动谈及此事，愤愤不平地说："朕与郑絪商议敕令卢从史返回潞州，本想待他回师后征召他入京朝见。谁知郑絪却将此事故意泄露给卢从史，卢从史声称潞州缺粮率军向太行山以东就食。作为人臣，郑絪辜负朕居然到了此等程度，你们说说朕该如何处置他？"

李绛回答说："假如真是如此，诛杀他整个家族都不为过。不知陛下是从何人口中得知这个消息？"

李纯说："乃是李吉甫密奏此事！"

李绛劝道："臣私下里听闻士大夫们全都称赞郑絪是一位德才兼备之人，恐怕他不会做出此等事来。或许是有人想要排挤同僚，趁机独揽朝政，还望陛下能够明察，切勿听信谗言啊！"

李纯踌躇良久才道："若不是听卿之言，朕恐怕就处置失当了！"

其实《资治通鉴》中的这段记载很值得怀疑，《旧唐书》等史书都没有类似记载，其中的关键细节也根本经不起推敲。《资治通鉴》将卢从史擅自率兵滞留于太行山以东地区记在元和二年（公元807年）十一月。

在割据一方的河北三镇之中，原本实力相对较弱而且兵乱频繁的幽州镇一直对朝廷最为恭顺，不过王士真就任成德节度使后却有所改变，成德镇每年都会向朝廷进奉数十万财货，李纯不可能让卢从史无缘无故地前去讨伐王士真。

卢从史获准讨伐成德镇只能发生在元和四年（公元809年），当年三月，成德节度使王士真去世，王承宗在父亲王士真去世后擅自称留后，但朝廷却迟迟没有授予他节度使之位，为了获得朝廷认可，他主动上表请求献出德州、棣州两州，朝廷这才正式任命他为节度使并在德州、棣州两州设置保信军节度使，可王承宗之后却在旁人挑唆之下反悔了。当年十月，王承宗公然率兵逮捕朝廷任命的保信军节度使薛昌，忍无可忍的李纯只得派遣大军前去征讨，卢从史就在出征的将领名单之中。在此之前卢从史应该不敢，朝廷也不会允许他擅自出兵与成德镇交战，否则不仅不会有功还会有大过。

元和四年（公元809年），无论是郑絪还是李吉甫全都不在相位。元和四年（公元809年）二月，也就是王士真去世前一个月，郑絪罢相后出任闲职太子宾客，随后于次年三月远赴广州出任岭南节度使。李吉甫更是于前一年九月离朝出任淮南节度使，远赴扬州。

李吉甫构陷同僚郑絪之事肯定是后人附会或者蓄意编造的，李吉甫与李绛一向政见不合，这件事极有可能是李绛的门生故吏为了美化抬高李绛而蓄意贬损李吉甫。

既然诬构郑絪、贬斥裴垍之事纯属子虚乌有，那么李纯自然也就不会因此对李吉甫心生厌恶。其实大唐重臣"出将入相"本就属于政治常态，若是李纯果真对李吉甫心存不满，定然不会让他担任淮南节度使。淮南镇是大唐数一数二的大藩镇，管辖扬州等八州之地，大唐素来有"扬一益二"的说法，淮南节度使治所扬州是首屈一指的富庶之地。安史之乱后，朝廷越来越依赖淮南、江南之地的赋税，因此只有朝廷极为看重的重臣才会被派往淮南，在历任节度使中，宰相级官员比比皆是。

三年后，淮南节度使李吉甫再度回朝担任宰相，在宪宗一朝，只有他与武元衡、裴度三人曾经两度为相，足见李纯对李吉甫的青睐与器重。

第二种说法是李吉甫主动让贤。"（李）吉甫以裴垍久在翰林，宪宗亲信，必当大用，遂密荐（裴）垍代己，因自图出镇①。"李吉甫意识到长期担任翰林学士的裴垍才堪大用，于是主动推荐裴垍代替自己为相，主动下野前去担任节度使。

李吉甫推荐裴垍的确是事实，不过要是说他主动隐退，恐怕就并非是事实了，李吉甫的下野其实有着难以言说的苦衷。

第三种说法是李吉甫受到宦官的排挤。"（元和）三年，（李）吉甫为中官所恶，将出镇扬州，（吕）温欲乘其有间倾之②。"宦官们的诋毁使得李吉甫的宰相之位摇摇欲坠，阴险狡诈而又诡谲好利的户部员外郎吕温趁机对他落井下石。吕温曾经深受"革新派"领袖王叔文的赏识，不过在"永贞革新"的关键时期，他却奉命出使吐蕃，等到他从吐蕃返回时，王叔文已经败亡，他也幸运地逃过了一劫。

吕温与窦群、羊士谔是颇为亲密的好友。当时窦群为御史中丞，推荐吕温知御史台杂事，推荐羊士谔为御史，但宰相李吉甫却迟迟没有批准，以至于两人始终无法调入御史台。御史台可是人人艳羡之地，权力大，升迁快。吕温为此深深地恨上了李吉甫，当得知李吉甫遭到宦官憎恨之后，他决定对李吉甫实施报复。

心力交瘁的李吉甫突然病倒了，只得连夜将术士召到自己府上，由于天色已晚，长安在夜间又实行宵禁，只得将他留宿在自己的府上。那个术士次日离开后却惨遭逮捕，在严刑拷打之下，他只得违心地供述了很多关于李吉甫的不堪之事。

如获至宝的吕温赶紧将这些子虚乌有之事上奏给李纯，但李纯却并非是昏庸之君，随后命各方当面对质，善于察言观色的他很快就查知了真相。恼羞成怒的李纯想要诛杀无端兴风作浪的吕温，不过李吉甫却不愿落下乱杀大

---

① （后晋）刘昫等撰：《旧唐书·卷一百四十八·李吉甫传》，汉语大辞书出版社 2004 年版，第 3365 页。
② （后晋）刘昫等撰：《旧唐书·卷一百三十七·吕温传》，汉语大辞书出版社 2004 年版，第 3166 页。

臣的坏名声，于是苦口婆心地劝说李纯暂息雷霆之怒，吕温这才得以逃过一劫，不过他却被贬为均州（今湖北省丹江口市）刺史，后来又贬往更为荒凉的道州（今湖南省永州市道县）任职，此生再也没能回京，年仅四十岁便病逝于任所。

李吉甫临行之际，李纯亲自前往通化门为他饯行，脸上显露出依依惜别之情。李吉甫自然理解他的一番苦心，李纯是想让他暂且离京避避风头，因此他到任后一直勤于政事，默默等待着东山再起的机会。

裴垍的高光时刻

裴垍也是元和三年科举案的受害者，被免去了翰林学士的职务。《唐会要·卷七十六》记载："上不得已，罢垍翰林学士，除户部侍郎。"其实当时贬谪裴垍时，李纯有些于心不忍，但其他考官都遭到罢黜，如果对他不做处理，显然难以服众。

尽管如此，李纯仍旧极为看重裴垍，在宰相李吉甫的竭力推荐之下，仅仅五个月后，否极泰来的裴垍居然便出任宰相，迅速填补了李吉甫离开后留下的权力空白。

李吉甫在外飘零十余年，对朝廷官员大多不太了解，曾经专程前来拜访长期在朝中任职的裴垍，语重心长地对他说："我身为宰相，虽承担着为朝廷举荐贤才的重任，不过却对朝中官员了解不多，你一向慧眼识珠，还望你能为我说一说朝中官员的情形。"

裴垍当即给李吉甫介绍了三十多人，李吉甫经过简单考查后便将这些人全都委以重任，顿时收获了朝野上下的一片赞誉，两人也从此成为好友。李吉甫坚信年轻有为的裴垍日后必然会有一番大作为，因此在自己离开时不遗余力地向李纯推荐他。

宪宗朝宰相拜相的平均年龄为五十六岁，虽然裴垍的具体年龄难以考证，但他担任宰相时应该比较年轻，不过他却为政严肃，依法办事，给人雷厉风行之感。虽然他触犯了不少勋贵旧臣的既得利益，但他又事事在理，让对方挑不出什么毛病，况且他一直很得李纯赏识，那些勋贵旧臣们即便对他有所不满，却也是无可奈何。

裴垍担任翰林学士时曾经举荐李绛、崔群进入翰林院；担任宰相之后，他又推荐韦贯之、裴度知制诰，提拔李夷简担任御史中丞，他所重用的这些人后来都相继出任宰相，他也因知人善任饱受后人赞誉。他执政的这段时间政治清明，朝无奸佞，李纯对他的工作很满意。

一贯恃宠而骄的宦官吐突承璀时常替人说情，替人求官，不过却总是被李纯婉言拒绝，因为他自己也对刚正不阿的裴垍有几分畏惧，经常告诫吐突承璀做人一定要低调些，请托之事切勿让裴垍知道了，否则肯定会追究他的罪责。

虽然李纯对裴垍有些忌惮，却又一直对他颇为信任，从来都不会直呼他的姓名，只是称呼他的官名，以示对他的恩宠。

因制举案远贬为岭南节度使的杨於陵到任后丝毫不改廉洁公正的本性，可监军许遂振却是骄横贪婪之辈，觉得只要杨於陵还在任，他恐怕就没有什么油水可捞，于是便对他怀恨在心，在长安大肆造谣污蔑杨於陵贪污。

岭南是流放贬谪之地，在岭南任职的官员通常都会感觉自己前途渺茫，升迁无望，大多会放纵自己。广州是岭南地区最为富庶的地方，在历任军政长官之中，仅仅是有历史记载的贪污受贿者便有十二人之多，分别为广州都督党仁弘、前任广州都督萧龀之、广州刺史张万顷、南海太守彭杲、岭南五府经略使兼南海太守刘巨鳞、岭南节度使兼广州刺史徐浩、路嗣恭、王锷、郑权、胡证、王茂元、纥干臮。

由于屡屡发生贪腐案件，朝廷对岭南的官员缺乏信任，况且许遂振又是李纯亲自委派的监军，他居然听信了许遂振蓄意编造的谣言，罢免了杨於陵的岭南节度使职务。许遂振自此变得更加专权跋扈，四处搜集证据，严刑威逼库吏，要求他们诬陷杨於陵贪赃枉法，可他们却说杨於陵对主动送上门的财物全都予以拒收，怎么还会去贪污呢？

李纯本就因为制举案对杨於陵颇为不满，如今他居然又涉嫌贪腐，李纯召集宰相商议授予他闲散官职，可裴垍却说："陛下仅仅因为一个中使的话便归罪封疆大吏，天下岂有这样的道理？"

虽然裴垍的话很是犀利，可李纯却并未怪罪他，因为他细细品味出了他的言外之意。经过一番调查，杨於陵所谓贪污之事纯属诬告陷害，在裴垍的竭力建议之下，杨於陵不仅没有出任闲职而是成为执掌人事大权的吏部侍郎。

河东节度使严绶之前曾经派遣手下悍将出征夏绥镇，使得夏绥将士感受到了极大的恐慌，于是斩杀了企图篡夺夏绥镇军政大权的杨惠琳，严绶也因此受到李纯的嘉奖。

严绶镇守河东九年，为政宽惠，百姓安康，不过自从监军李辅光上任后，关于严绶的负面声音却变得越来越多。由于李辅光深受李纯赏识，严绶为了巴结他居然将军政大事全都交给他处置，军中政务与官员委任全都由李辅光说了算，严绶俨然就成了个傀儡。

裴垍得知此事后觉得他实在太过懦弱，于是将他召入朝中担任尚书右仆射，虽是从二品高官，却是个并不实际管理尚书省事务的闲职。

裴垍推荐刚正不阿的李鄘接任河东节度使，李辅光顿时收敛了许多，再也不敢像之前那么飞扬跋扈了。李鄘后来改任淮南节度使，此时大宦官吐突承璀因牵涉受贿丑闻也被贬为淮南监军，一向目中无人的吐突承璀在李鄘面前不得不收敛了许多，两人彼此尊重，相处和谐，等到再度入朝之后，吐突承璀竭力推荐李鄘担任宰相。

不过李鄘却觉得自己因为宦官的荐举而当上宰相是件很耻辱的事情，僚属准备奏乐庆祝时，他却哭着说："我老了，想在地方安享晚年，宰相之职不是我能胜任的！"李鄘奉诏来到长安后一直称病不出，甚至还拒绝了李纯的接见，对前来探病的下属也是一概不见，不停地上表请辞，李纯只得同意了他的要求，由此可见裴垍眼光之独到。

在执政的两年多时间里，裴垍最大的遗憾就是没能劝阻住恼羞成怒的李纯，贸然发动了征讨成德的战争，残酷的现实很快就给李纯狠狠地来了当头一棒！

第五章

贸然发动却又惨淡收场的战争

元和十四年（公元 819 年）八月十二日，李纯下诏准许成德节度使王承宗进位检校尚书左仆射（从二品），次日，魏博节度使田弘正来京朝拜天子，李纯用最为隆重的礼节接待了他，两人不禁又聊起了那些不堪回首的往事。

自从天宝十四载（公元 755 年）安禄山举起反叛大旗，河北地区便脱离了大唐的控制，双方围绕河北地区展开了激烈的争夺。为了尽快结束战争，朝廷被迫做出了妥协，设置幽州、魏博、成德、昭义四镇，四镇节度使全都由叛军将领担任，后来昭义镇虽然被朝廷收复，但其他三镇却长期割据一方，拒不服从朝廷诏命。德宗皇帝曾经试图收复河北地区，却因处置失当导致了"两帝四王"的政治乱局，此后便彻底放弃了武力收复河北的打算。

信心满满的李纯却将目光投向已然割据了五十余年的河北地区，不过此时的他还是有些低估了自己的对手，也低估了河北地区形势的复杂性。遭到王承宗的公然戏耍之后，恼羞成怒的他不得不发兵征讨成德，在沉寂了二十五年之后，河北地区再度烽烟四起，杀声震天！

李纯调集了十几万大军前去征讨成德，可最终却铩羽而归，就在李纯为河北地区的局势焦头烂额之际，刚刚夺取魏博镇军政大权的田弘正却主动归顺朝廷，仿佛一束阳光刺破重重乌云投射到了李纯的心中，让他再度看到了希望！

情理之中的意外

元和四年（公元 809 年），成德节度使王士真的死使得此前一直看似平静的河北地区一时间暗流汹涌。王士真之子成德节度副大使王承宗自称节度留后。河北三镇相继设置了由嫡长子担任的副大使，一旦父亲去世后，他们便代替父亲统领军中事务，世袭节度使已经向着制度化的方向发展，而这显然是朝廷最不愿意看到的！

李纯试图改变河北地区的局势，迟迟没有授予王承宗节度使旌节，这使得王承宗变得惶恐不安，朝野上下对此也是议论纷纷。

此时的李纯正在战与和之间摇摆不定，从削藩第一战西川之战开始，每每到了用兵之时，他的耳边总会充斥着各种各样的反对声，不过这次反对的声音却是格外的大，一向很懂李纯的宰相裴垍这次居然也加入了反对阵营。

在之前"两帝四王"的动乱中，原本反叛朝廷的成德节度使王武俊，也就是王士真的父亲率先归顺朝廷，功劳要远在淄青节度使李纳之上，因此很多官员认为朝廷不能薄待王武俊之孙王承宗，既然朝廷此前已然准予李师道继承了哥哥李师古的节度使职务，那么也就不应当拒绝王承宗子承父职，如果朝廷不能做到一碗水端平，势必难以服众。

见裴垍的态度很坚决，李纯也开始有些动摇了，于是询问以李绛为首的翰林学士们的意见，翰林学士们也无一例外全都主和。

在过去的四十六年时间里，除了首任成德节度使李宝臣之外，其他人都是本镇将士们推举的，朝廷不过是事后追认而已；在最近的二十七年时间里，王武俊、王士真、王承宗三代人相继执掌军政大权，王家的势力在成德镇内部早就变得根深蒂固，绝非朝廷一朝一夕就能够动摇的。

成德、义武、横海三镇变化情况表

时间	藩镇名	在任主官	辖区	备注
宝应元年（公元762年）	成德节度使	李宝臣	恒州、定州、易州、赵州、深州五州	安史叛军恒州节度张忠志率五州归顺朝廷，赐名李宝臣
广德元年（公元763年）	成德节度使	李宝臣	恒州、定州、易州、赵州、深州、冀州六州	原本属于幽州镇的冀州先隶淄青镇，后隶属成德镇
大历十年（公元775年）	成德节度使	李宝臣	恒州、定州、易州、赵州、深州、冀州、沧州七州	魏博节度使田承嗣趁昭义节度使薛嵩去世之际趁机夺取该镇相州、卫州、贝州、洺州、磁州五州之地，招致朝廷讨伐，为防老对手李宝臣趁火打劫，田承嗣主动将沧州割让成德镇

续表

时间	藩镇名	在任主官	辖区	备注
建中三年（公元782年）	恒冀观察使	王武俊	恒州、冀州两州	李宝臣死后，其子李惟岳擅自称留后，招致朝廷诏讨。成德兵马使王武俊杀死李惟岳，朝廷将成德镇一分为三
	深赵观察使	康日知	深州、赵州两州	
	义武节度使	张孝忠	易州、定州、沧州三州	
兴元元年（公元784年）	成德节度使	王武俊	恒州、冀州、深州、赵州四州	王武俊加入叛乱，德宗皇帝被迫任命他为成德节度使
	义武节度使	张孝忠	易州、定州两州	因沧州与易州、定州两州并不接壤，沧州又招致叛军的围攻，朝廷将沧州从义武镇独立出去
贞元三年（公元787年）	成德节度使	王武俊	恒州、冀州、深州、赵州四州	未有变化
	义武节度使	张孝忠	易州、定州两州	未有变化
	横海节度使	程怀直	沧州、景州两州	分割沧州设置景州，在两州设立横海节度使
贞元六年（公元790年）	成德节度使	王武俊	恒州、冀州、深州、赵州、德州、棣州六州	原属淄青镇的德州、棣州转隶成德镇
	义武节度使	张孝忠	易州、定州两州	未有变化
	横海节度使	程怀直	沧州、景州两州	未有变化
元和四年（公元809年）	成德节度使	王承宗	恒州、冀州、深州、赵州四州	王承宗为了换取朝廷认可献出德州、棣州二州，但获任节度使后又反悔，吞并了德州、棣州二州
	保信节度使	薛昌朝	德州、棣州二州	
	义武节度使	张茂昭	易州、定州两州	未有变化

续表

时间	藩镇名	在任主官	辖区	备注
元和四年（公元809年）	横海节度使	程执恭	沧州、景州两州	未有变化
元和十三年（公元818年）	成德节度使	王承宗	恒州、冀州、深州、赵州四州	淮西之战胜利后，惶恐不安的王承宗主动献上德州、棣州两州，朝廷下令划归横海镇管辖
	横海节度使	程执恭、郑权	沧州、景州、德州、棣州四州	
	义武节度使	陈楚	易州、定州两州	未有变化
长庆元年（公元821年）	成德节度使	王廷凑（未获朝廷任命）	恒州、赵州二州	成德衙将王廷凑杀死节度使田弘正，朝廷在冀州、深州二州设置节度使，讨伐失败后撤销了深冀节度使，恢复成德镇原有疆域
	深冀节度使	牛元翼	深州、冀州二州	
	横海节度使	乌重胤	沧州、德州、棣州三州	撤销景州
	义武节度使	陈楚	易州、定州两州	未有变化

河北地区共有三大两小五个藩镇，昭义镇的治所潞州（今山西省长治市潞州区）虽然位于河东地区（今山西地区），却在河北地区拥有邢州（今河北省邢台市）、洺州（今河北省邯郸市永年区）、磁州（今河北省邯郸市磁县）三个属州。

幽州、成德与魏博三镇一直游离于朝廷管辖之外，义武、横海两镇是朝廷为了制衡三镇陆续设立的并且全都脱胎于成德镇，虽然这五个藩镇平时因为争权夺利摩擦不断，矛盾重重，甚至有时还会兵戎相见，不过一旦感受到了来自朝廷的威胁，他们往往会变得空前的团结。

世袭节度使不仅仅是成德一个藩镇的呼声更是五个藩镇的共同愿望，如果朝廷坚决不承认王承宗的节度使之位，河北地区的这五个藩镇，甚至是既得利益者淄青镇，都极有可能会走到朝廷的对立面，"两帝四王"的政治乱局或许会再度重演！

虽然朝中到处弥漫着主和的声音，但李纯却并非完全没有知音，左神策军中尉吐突承璀主动请缨要求统领神策军前去征讨王承宗。听说风声之后，宗正少卿李拭居然主动上书恳请朝廷准许吐突承璀带兵出征。

李拭原本想要借此博取李纯的欢心，但李纯也绝非昏庸的君主，虽然在如何处置王承宗上，裴垍、李绛等人与他存在明显的政策分歧，但他也深知这些人考虑问题的出发点都是为了江山社稷！

与这些人相比，李拭的行径无疑要卑劣许多，李纯拿着李拭的状子给各位翰林学士看，一脸鄙夷地说："你们一定要记住这个人的名字，从今以后，决不能重用这种曲意逢迎的无耻之徒！"

虽然李纯对李拭的所作所为极为不齿，但他却始终没有彻底放弃武装征讨成德的打算。昭义节度使卢从史的父亲去世而退官守丧，朝廷很长时间没有再起用他，惶恐不安的卢从史还通过吐突承璀向李纯转达说，自己复职之后将会带领昭义将士前去讨伐王承宗。

元和四年（公元809年）四月十七日，李纯起用卢从史为左金吾大将军，仍旧让他担任昭义节度使。在此前的历次河北削藩之战中，昭义镇始终都坚定地站在朝廷一边，成为朝廷钳制河北三镇的重要桥头堡。

在如此敏感的时刻，李纯重新起用卢从史自然是大有深意。翰林学士李绛再度出面劝阻，他之所以坚决反对武力解决成德问题，既是因为他觉得讨伐的难度大、花费多、风险高，更是因为他有着自己的政治盘算。

淮西节度使吴少诚如今已经病入膏肓，恐怕他坚持不了几天了，只要他一死，朝廷便可借机将淮西镇顺势收入囊中。淮西镇只有三个属州，与其他割据型藩镇又不接壤，四周全是朝廷控制的区域，因此武力讨伐淮西的难度无疑要小得多，既然此时仍旧孱弱的朝廷无力陷入双线作战，那么便只能有所取舍。

李绛的政治谋划既高明又稳妥，李纯自然对他大加赞赏，不过他也不想就此轻易放过王承宗。他想要再等一等，看一看，既是在等王承宗向朝廷表达臣服之意，也是在等吴少诚咽气，到时他再最终决定究竟该何去何从。

为了获得朝廷认可，王承宗接连上表向朝廷表衷心。李纯觉得火候已然差不多了，于八月初九派遣京兆少尹裴武前去安抚王承宗，实际上是对他进行政治试探，看看他究竟能够做出多大的让步。

王承宗盛情款待了朝廷派来的使者裴武，还信誓旦旦地对他说，为了表示诚意，他愿意献出德州与棣州两州。其实这两个州本来就不属于成德镇，当年李纳请求接班的申请也遭到了德宗皇帝的拒绝，李纳一气之下参加了叛乱，双方经过一番血战，虽然朝廷承认了他对淄青镇的统治，但淄青镇却也就此失去了德州（今山东省德州市）、棣州（今山东省滨州市惠民县）与徐州（今江苏省徐州市）三州之地。

李纯虽然暂时还无法彻底改变河北地区节度使父死子继的局面，不过他也希望能够迫使他们通过割让属州的方式来换取朝廷的认可，随着他们的地盘变得越来越小，力量也会变得越来越弱，直至再也无力与朝廷对抗，这与汉武帝曾经使用过的"推恩令"如出一辙。

如今王承宗主动提出向朝廷献地，李纯觉得他还算识趣，于九月初七任命他为成德节度使，不过他却只能管辖恒州（今河北省石家庄市正定县）、冀州（今河北省衡水市冀州区）、深州（今河北省深州市）、赵州（今河北省石家庄市赵县）四州之地，朝廷另外在德州、棣州设置保信节度使，让王承宗的女婿德州刺史薛昌朝出任首任节度使。

一切似乎都按照李纯设想的方向发展着，但意外还是发生了！

河北地区那些一贯不服从朝廷诏命的节度使们何尝看不清李纯的政治算计，魏博节度使田季安就是其中反应最为激烈的一个。在此前四十多年时间里，魏博镇仗着自己强大的经济实力、强悍的军事实力总是站在与朝廷对抗的第一线，朝廷对魏博镇的仇恨也最深。

如今朝廷如此对待成德镇，那么今后也一定会这样对待魏博镇，一旦节度使世袭传承时向朝廷割让州县成为政治惯例，他的儿子接棒时恐怕也必须要这么做，为了给自己的儿孙们谋福利，他决意主动跳出来使坏。

田季安派人对王承宗说："薛昌朝早就与朝廷暗中勾结，你却一直被蒙在鼓里，难道你就不好好想一想，朝廷为什么偏偏任命他为节度使吗？"

其实王承宗原本就不愿献出这两个州，如今听到田季安那些挑拨离间的话语后，自然是怒火中烧，派遣数百名骑兵火速前往德州，将猝不及防的薛昌朝擒拿之后带回恒州囚禁起来。

此时朝廷派来的中使对此还全然不知，他携带着朝廷颁赐给薛昌朝的节度使旌节途经魏州（今河北省邯郸市大名县）时，田季安表现得格外热情，好酒好菜好招待，留他在魏州接连住了好几日，等到他赶到德州的时候才意外得知薛昌朝居然已经被抓走了。

面对王承宗赤裸裸的挑衅，李纯自然是怒不可遏，他觉得自己之所以会陷入如此被动的境地，完全是因为当初听信了京兆少尹裴武的话。恰在此时有人造谣说裴武从成德镇出使归来后居然先到宰相裴垍家中过夜，次日早晨才入朝晋见天子，李纯自此对裴武的恨意更深了，打算将他贬逐到荒芜的岭南去。

李纯去找翰林学士李绛商议究竟该如何处置此事，李绛却说其实这件事根本怨不得裴武，王承宗本就对献出两州心有不甘，在河北诸藩镇挑唆下做出如此大逆不道之事，虽然在意料之外，却也在情理之中。如若使者们因为发生了突发状况而被贬谪到荒凉之地，等到他们出使归来之后，谁还敢说真话，恐怕只会说一些随声附和、模棱两可的话，这样恐怕将会对朝政大大的不利！

李绛还认为裴垍与裴武长期在朝中任职，自然很熟悉朝中的规矩，因此他绝对不相信裴武会在出使归来未见天子之前便前往宰相家中过夜，也担保他绝对不会这么做，希望李纯不要轻易听信这些逸言。

李纯因为李绛的仗义执言最终并未惩处裴武，但朝廷的尊严却因王承宗的出尔反尔而遭到粗暴践踏。不过此时的李纯仍旧想着通过和平手段来解决此事，特地派遣中使前去开导出尔反尔的王承宗，让他尽快释放薛昌朝，但王承宗获得节度使颁赐的旌节后竟然与之前判若两人，坚决不肯放人。

如果此事就这么不了了之了，朝廷的威严将不复存在。此时的李纯已然被逼到了墙角。虽然李纯一直都没有放弃武装讨伐成德的念头，但他也深知河北问题极其复杂，牵一发而动全身，他一时难以下定决心与成德开战，仍旧希望王承宗有所妥协与让步，可王承宗的为所欲为却使得他忍无可忍。

其实李纯只需再等上十余日，或许他将会对形势有一个全新的判断，不过此时的他已然被愤怒冲昏了头脑，一心想着严惩犯上作乱的王承宗，将之前确立的先淮西、后河北的战略构想全都抛到了脑后。

历史到这里拐了一个大大的弯，李纯的无奈之举极大地改变了日后的历史进程，使得未来的大唐中兴之路变得更加崎岖难行。

各方的小算盘

元和四年（公元809年）十月十一日，李纯下诏削除王承宗所有官职爵位，不过围绕此次出征究竟由谁来担任军事统帅，朝中却发生了激烈的争论。

李纯提议由宦官吐突承璀担任招讨处置使，但宰相裴垍、翰林学士白居易等人得知后却纷纷上疏表示反对，不过为了顾及皇帝颜面，他们也提出了折中之策，也就是改招讨处置使为都监，不过却遭到了李纯的断然拒绝。但翰林学士李绛仍旧不肯轻易放弃，当面向皇帝陈述自己反对的理由，甚至还威胁说自己不会撰写相关诏书。在强大的舆论压力下，李纯不得不做出让步，只是任命吐突承璀为招讨宣慰使。

宣慰与处置虽仅有两字之别，但宣慰是宣扬政令，安抚百姓，处置则是对有关事项做出处理，朝臣们看似是在咬文嚼字，但实际上却是想要借此来限制吐突承璀出征后的权力，因为招讨处置使实际上承担着征讨总司令的职责。

八年后，宰相裴度被李纯任命为淮西宣慰招讨处置使，可他却坚决辞去了处置使之责，因为宣武节度使韩弘此前已经被任命为淮西诸军都统。

虽然宦官执掌神策军已经成了政治惯例，但朝臣们还是普遍接受不了让宦官出任军事统帅，不过他们也深知吐突承璀与李纯的亲密关系，自知很难让李纯收回成命，只得想方设法限制吐突承璀的权力，朝中的这场激烈争论也为即将打响的讨伐成德之战蒙上了一层阴影！

十六天后，淮西节度使吴少诚去世，大将吴少阳自称节度留后。虽然吴少阳一直对外宣称自己是吴少诚的堂弟，但其实两人没有任何血缘关系，不过吴少诚生前对他的确很是宠信，两家人也像亲戚般频繁走动，吴少诚这么做是想让他日后辅佐自己的儿子。可随着吴少阳的官职越来越高，野心也变得越来越大。

此时病入膏肓的吴少诚连人都分辨不清，他府上的仆人鲜于熊儿假称吴少诚之命，任命申州刺史吴少阳为节度副使，开始执掌淮西镇军政事务。吴少阳篡夺军政大权之后，居然残忍地杀害了吴少诚的儿子吴元庆，招致吴少诚旧部的强烈不满。

如若朝廷此时前来讨伐立足未稳的吴少阳，淮西镇内部极有可能会出现严重分裂，自然也就不会像之后那样打得如此艰难。

不过此时朝廷已经向成德开战，自然也就无暇顾忌淮西之事，李纯很快就任命吴少阳为节度留后，虽然并未直接任命他为节度使，但识趣的吴少阳知道这是朝廷在考验自己，对朝廷表现得还算恭顺，朝廷也暂时没有了南顾之忧，可以专注于河北的战事。

虽然薛昌朝是被王承宗抓获的，但魏博节度使田季安却一直都在暗中推波助澜，因此他觉得朝廷日后肯定不会放过自己，于是开始厉兵秣马，决意与朝廷好好地打上一仗！

就在战争一触即发之际，幽州节度使刘济派遣牙将谭忠前来规劝田季安，告诉他如果魏博一旦出兵，魏博必将会成为众矢之的。此次讨伐成德，天子不任用老臣宿将反而将兵权特地交给宦官，还特地征调天子禁军神策军参战，天子是想要通过此战立威，如果征讨大军在与成德军交手之前便先败于魏博军之手，天子羞愧恼怒之余肯定会迁怒于魏博，到时魏博恐怕将会成为众矢之的！

田季安听后不禁惊出了一身冷汗，于是听从谭忠之言，在朝廷面前演了一出好戏。当征讨大军进入魏博境内时，他竭尽所能地犒劳官军，随后大张旗鼓地整顿兵马，陆续开赴魏博、成德两镇交界处，造成魏博军倾巢而出的假象，其实他不过是做做样子罢了。

可田季安却在暗中给王承宗送上一封书信说自己此番出兵实属无奈，无论到了何时都不会背叛自己的朋友，不过朝廷逼迫得很紧，他们不可能一直劳而无功，于是向成德镇索要一座县城。经过一番暗中运作，魏博军从成德军手中夺取了冀州下辖的堂阳县（今河北省邢台市新河县），随后派人向朝廷报捷，同时也向朝廷伸手索要钱粮。

按照惯例，藩镇军队离开自己的辖区作战，朝廷需要支付"出界粮"。田季安的所作所为其实是很多节度使的惯用伎俩，等到战争打响之后，只要占领敌军的一城一地便不再继续前进，但朝廷却需要为其支付大笔的军费，其实他们的心思并未放在如何打胜仗上而是放在如何大发战争财上！

谭忠回到幽州后，幽州节度使刘济正召集诸位将领商讨征讨成德之事，可谭忠却冷冷地对他说："天子恐怕不会让我们前去攻打成德，不过这样也好，成德势必不会对我们有所防备。"刘济听完后顿觉脸面无光，怒不可遏地对他说："你为什么不直接说天子怀疑我与王承宗一同谋反呢？"

谭忠被恼羞成怒的刘济投入监牢之中，不过刘济很快便惊奇地发现成德军果然对他们不曾设防。紧接着朝廷的诏书也送到了，李纯给他的任务是"专护北疆，勿使朕复挂胡忧"[①]。虽然李纯说得冠冕堂皇，其实就是对他不放心，李纯真正担心的并非是胡人的侵扰而是担心他与王承宗联手对抗朝廷。

此时刘济心中怒火渐渐消散了，这才将料事如神的谭忠从监狱里面放了出来，谭忠也随即道出了刘济心中的困惑。

朝廷之所以会猜忌幽州全都是卢从史从中捣的鬼，他虽然表面上亲近幽州，但实际上却在不遗余力地诋毁幽州；他虽然表面上疏远成德，但实际上却在不遗余力地帮助成德，成德不对幽州设防既是为了向幽州示好，更是为了加深朝廷对幽州的猜忌。

[①]（北宋）司马光主编：《资治通鉴·卷二百三十五》，中华书局1956年版，第7670页。

恍然大悟的刘济决意用实际行动来打消朝廷对自己的猜忌，下令道："五天以内，全军开拔，胆敢拖延者，格杀勿论！"

元和五年（公元810年）正月，此时朝廷组织的讨伐大军还没有集结完毕，刘济便亲率七万幽州士卒前去征讨成德镇，一举攻克了饶阳、束鹿两县，这个突如其来的大捷使得李纯对战争前景充满了期待。

河东、河中、振武、义武四个藩镇的兵马负责从北面进攻成德，他们在定州（今河北省定州市）会师时，正赶上一年一度的元宵节，这却让义武镇的官员们犯了难。按照惯例，元宵节应该取消宵禁，让百姓们彻夜狂欢，可如今一下子来了这么多外来兵马，他们担心会无端地生出变乱。

就在他们犹豫不决之际，义武节度使张茂昭却说："这三镇兵马都是奉命前来讨伐叛逆的官军，怎么能说他们是外来兵马呢？"张茂昭命手下人打消顾虑，一切照旧，定州城大街小巷全都张灯结彩，到处都充斥着欢乐的人群。三镇兵马见到此情此景之后纷纷约束自己言行，使得当地百姓过了一个欢乐祥和的元宵节。

正月二十六，河东镇将领王荣攻克了洄湟镇，北线连战连捷使得战争形势一度看似很是乐观。不过随着大宦官吐突承璀的到来，战争形势却发生了逆转，那些手握重兵的节度使们虽然表面上对这位宦官统帅毕恭毕敬，但心里却满是鄙夷与不屑。

随着越来越深入敌境，征讨大军也遭遇到了成德军越来越顽强的抵抗，尤其是骁勇善战的左神策大将军郦定进的意外战死使得征讨大军士气低落，将无斗志，兵无战心，各路征讨大军纷纷停滞不前，消极避战。

卢从史虽是首先提出讨伐王承宗之人，如今却迟迟没有动静，他不仅不办事，还总在生事，蓄意抬高当地草料与粮食的价格，想要趁机狠狠地赚上一笔，还企图胁迫朝廷任命他为使相。

看清两面三刀的卢从史的真面目之后，李纯决意设法除掉他。适逢卢从史派遣牙将王翊元入朝奏事。宰相裴垍成功地将王翊元策反，他也就此成为朝廷对付卢从史的一枚重要棋子。在王翊元的游说之下，昭义都知兵马使乌重胤等将领决定站到朝廷一边，于是铲除卢从史的行动也就此拉开了帷幕。

第五章　贸然发动却又惨淡收场的战争

大宦官吐突承璀主动送给卢从史一大笔奇珍异宝，他的脸上露出了贪婪的笑容，却没有去想一向吝啬的吐突承璀为何会突然变得如此慷慨。

不久，吐突承璀叫卢从史来自己的军营内观看博戏，却早已在帐幕后面布设了伏兵。卢从史像往常那样来了，伏兵突然冲了出来，一举擒获卢从史并将他严严实实地捆绑起来，装进车内向着长安方向疾驰而去。

昭义军营中的将士们得到消息后纷纷穿好铠甲冲了出来，手握着兵器大声喧哗，乌重胤却站在营门前大声喝斥道："此乃天子诏令！遵从者赏，违令者斩！"那些将士们见状只得收起兵器返回各自营帐。

为了表彰临危不乱的乌重胤，李纯准备任命他为昭义节度使，不过却被朝臣们拦下了。如若谁杀了老节度使便让谁担任新节度使，势必会陷入弱肉强食的争夺之中，昭义镇历来是遏制河北三镇的桥头堡，必须要选用知根知底的人担任节度使。

李纯觉得他们说得很有道理，与朝臣们经过一番商议后，任命乌重胤为河阳节度使，将原河阳节度使孟元阳调到了昭义镇。

元和五年（公元810年）七月初二，王承宗派遣使者陈述自己当初对抗朝廷完全是因为卢从史从中恶意挑拨，如今却幡然醒悟，请求朝廷准予自己改过自新，他还允诺向朝廷缴纳赋税，请求朝廷来任命属下官员。淄青节度使李师道等人也屡次上表请求朝廷为王承宗平反，其实此时的李纯也因长期用兵却无所建树而变得举步维艰。

七天后，李纯颁布制书为王承宗平反，再度任命他为成德节度使，将德州与棣州两地重新划归成德镇管辖，随后命各道兵马返回本镇。此次讨伐成德朝廷花费了七百多万贯钱，最终却不得不惨淡收场，一向心高气傲的李纯被残酷的现实狠狠地打了一耳光。

讨伐成德失败无疑成为裴垍辅政以来最大的败笔，他也因此承担着巨大的心理压力，虽然他的年龄并不大，却因长期操劳国事，身体状况每况愈下。

当年九月，裴垍突然身患中风，不得不三番五次地向李纯提交辞呈，起初李纯还不忍弃用他，经常派中使前去探视病情，不过见他去意已决，虽然朝廷又正值用人之际，但最终还是答应了他辞职的要求。

十一月，饱受中风困扰的裴垍被李纯罢免了宰相职务，让他担任兵部尚书，他也就此结束了两年零两个月的宰相生涯。

裴垍离开后，李纯随即又想到了老臣李吉甫，将他召回朝中再度任命为宰相。三十二年后，李吉甫的儿子李德裕也是从淮南节度使任上出任武宗朝宰相，之后君臣携手开创了"武昌中兴"的局面，父子从同一地升任宰相也就此成为一段佳话。

穿破乌云的希望之光

此前作战还算卖力的幽州军后来却表现平平，这是因为节度使刘济突然病倒了，只得一直留在瀛州（今河北省河间市）养病。出征前，他特地任命长子刘绲为节度副大使，暂时管理幽州军政事务。这无疑也传递出了一个强烈的信号：刘绲即将成为他的继承人。这自然引起了刘济次子刘总的不满与不安。

由于刘济的病情迟迟没有好转，刘济只得让在身边伺候自己的儿子刘总担任行营都知兵马使。刘总掌握兵权之后便开始夺权了。他故意在父亲面前造谣说："陛下责怪您一直停滞不前，已经任命哥哥为节度使了！"

起初刘济自然不信皇帝会干出如此过河拆桥之事，不过接下来发生的事情却由不得他不信了。

次日，有人给病中的刘济送来了消息："前来颁送节度使旌节的使者已经抵达太原。"不一会儿，又有人边跑边喊："前来颁送节度使旌节的使者已经过了代州（今山西省忻州市代县）。"

接踵而至的假消息引发了刘济及其身边人的恐慌与骚乱，此时的刘济还不知道其实这一切都是他那个阴险狡诈的儿子刘总所为。

愤怒不已的刘济一口气接连斩杀了几十个平日里与儿子刘绲亲善的大

将，还派人前去征召刘绲立即前来瀛州见自己。

气急攻心的刘济病情越来越严重，从早晨直到太阳偏西都始终水米未进，饥渴难耐的他突然大声吼叫道："水！"

侍者忙将一杯水递到了他的手中，他绝对不会想到这水里居然已经被人下了毒，下毒的人居然就是他的亲儿子！

元和五年（公元810年）七月十七日，刘济在毒药的苦苦折磨下与世长辞，但此时正在路上的刘绲却依旧被蒙在鼓里，他不知父亲为何要急匆匆地召见自己，更不知道他其实再也没有机会见到自己的父亲了。

刘总假称父亲命令用棍棒残忍地打死了哥哥刘绲，踏着父亲和哥哥的尸骨坐上了节度使宝座，但这也成为他心中挥之不去的阴影。多年以后，刘总忽然发觉自己处心积虑得来的权力带给他的并非是荣耀和幸福，而是无尽的愧疚和悔恨。

自从义武镇设立以来，张孝忠、张茂昭父子先后掌权。虽然朝廷大规模征讨成德，最终不得不惨淡收场，却也使得河北地区的那些节度使们看到了李纯彻底铲除藩镇割据势力的决心。

经过一番盘算与思索之后，义武节度使张茂昭决定主动放弃手中权力，请求朝廷派人来接替自己。他不仅一个人走，还将整个家族全都带走了，以防有人会在他走后趁机拥立他的亲属为新任节度使。

河北地区的节度使主动交权此前还没有过先例，因此来自四面八方的说客们纷纷前来劝说张茂昭，希望他能够回心转意，可他却始终未改决定。

李纯起初对此也持观望态度，等到张茂昭接连四次给朝廷上表之后，其请求才获得了朝廷恩准，并将张茂昭改任为河中节度使。

不过李纯一时还没有想好合适的继任人选，只得暂且任命太子左庶子任迪简为义武行军司马。

见到任迪简前来上任后，张茂昭将易州、定州两州的账簿文书与锁头钥匙悉数交给了他，然后打发自己的妻子儿女率先上路了，颇有感触地说："我不想让我的子孙后代沾染上这里污浊的习气！"

不过张茂昭前脚刚走，义武镇后脚就发生了兵乱。

元和五年（公元810年）十月十一日，义武虞候杨伯玉发动了变乱，将任迪简囚禁起来。三天后，义武镇将士们起兵杀掉胆敢犯上作乱的杨伯玉，可没过多久义武兵马使张佐元再度发动叛乱，倒霉蛋任迪简又被乱兵囚禁起来。忍无可忍的任迪简实在受够了这种提心吊胆的日子，强烈要求返回朝廷，觉得自己没有必要因为一份工作而把自己的小命也搭上。

不过很快，义武镇将士们将张佐元也杀掉了，拥戴任迪简继续主持军政事务，不过经过前后两次内乱，府库内的物资早就消耗殆尽，城内居民也是四散奔逃，任迪简一时拿不出什么东西来犒劳手下那帮将士，只是备办了一些粗米饭与士兵们共同进餐。他在军府大门下面连续住了一个月，义武镇将士们也被他感动了，恳请任迪简回屋就寝，义武镇的形势就此渐渐稳定下来。

李纯特地拿出十万缣绢颁赐给义武镇将士，还正式任命任迪简为义武节度使，义武镇就此被朝廷收入囊中，不过任迪简面临的外部形势依旧很是严峻。

义武镇只是拥有两个州的小藩镇，北面是虎视眈眈的幽州镇，南面是张牙舞爪的成德镇，任迪简总有一种羊入虎口的感觉。他战战兢兢地任职四年之后突然身患重病，赶忙上表请求朝廷委派新的节度使。

李纯征调名将浑瑊之子浑镐出任义武节度使，在"两帝四王"的大动乱中，浑瑊与李晟的战功最为显赫，作为将门虎子，浑镐虽然并没有像自己的父亲那样有什么足以载入史册的经典战例，但他的军事素养却仍旧不容小觑，只是一直没能等到合适的机会。

元和七年（公元812年）八月十二日，年仅三十二岁的魏博节度使田季安突然去世。在河北三镇之中，魏博镇的政局一直最为稳定。自从安史之乱后，幽州镇先后诞生了李怀仙、朱希彩、朱滔、朱洸、刘怦、刘济、刘总三姓七任节度使，几乎每任节度使上任前后都会发生不同程度的内乱；成德镇也先后有李宝臣、李惟岳、王武俊、王士真、王承宗两姓五任节度使；魏博镇却只有田承嗣、田悦、田绪、田季安四位节度使，其间仅有这一次内乱，那就是田绪通过诛杀堂兄田悦成功上位，但权力始终操在田家人的手中。

田季安之所以能够顺利上位离不开养母嘉诚公主的提携，他的亲生母亲出身卑微，他在诸兄弟间年龄又小，原本并没有太大的竞争力，但嘉诚公主见他乖巧懂事便将他收为养子，他也自此获得了嫡子的地位，进而得到了父亲特殊的宠爱。

田绪去世后，年仅十五岁的田季安被拥立为节度使，他的生命历程大致分为两个阶段：养母嘉诚公主在世的时候，他是一个竭力压制自己个性的乖孩子；养母去世后，他却沦为竭力放纵自己的浪荡子，沉溺酒色，杀戮无度，使得手下将士人人自危。

见田季安做事越来越离谱，越来越任性，田弘正主动站出来规劝，当时他还叫作田兴，"弘正"这个名字是李纯后来为了表彰他归顺朝廷的义举特地赐给他的。他是田承嗣的侄子，按辈分算，田弘正是田季安的堂叔。他自幼便勇武有力，涉猎诗书，性情恭谨，为人谦和，一直在军中享有极高的威望。

作为晚辈的田季安对于长辈的劝诫不仅不领情，反而觉得田弘正此举是在招揽人心，于是将他由牙内兵马使（相当于保卫节度使的警备司令）贬为临清镇将。田弘正预感到自己恐怕将要大难临头了，识趣地"病倒了"，从此他一直深居简出，彻底远离了权力核心，也就此逃过了一劫。

田季安临终前得了疯病，见人就杀，见人就砍，他身边的人只得将他软禁在一间卧室里任其自生自灭。

田季安凄惨死去后，他年仅十一岁的儿子田怀谏被将士们推举为节度副大使，但此时田怀谏还很稚嫩，素来桀骜不驯的将领们怎么会心甘情愿地服从一个孩子的领导？田怀谏的母亲觉得需要尽快在田氏家族中寻找一位德高望重的人前来辅佐他，此前一直郁郁不得志的田弘正再次回到了久违的魏州，升任步射都知兵马使。

可不谙世事的田怀谏并不怎么倚重田弘正，而是将军政事务全都交给自己的仆人蒋士则来处理。小人得志的蒋士则完全按照个人喜好来处理政事，惹得本镇官员与将领们怨声载道，田弘正也一直在暗中推波助澜。

那日，田弘正像往常一样前往军府上班，途中与数千士卒相遇。这些人围着田弘正行礼，突然提出了一个令人极为震惊的要求，想让田弘正出面主持军政大局，但田弘正却故意装出一副惊讶之状，问道："你们愿意听从我的安排吗？"

"当然愿意！请您下命令吧！"

"既然如此，我们就即刻归顺朝廷！"

一场政治大清洗随即拉开了序幕，蒋士则等十多名田怀谏的亲信全都死在了屠刀之下，但田弘正却并没有难为年幼的田怀谏。监军将魏博镇将士废黜田怀谏并拥立田弘正的情况火速上报给朝廷。

李纯当即任命田弘正为魏博节度使，接到朝廷颁赐的节度使旌节后，田弘正甚至激动地流下了眼泪，他手下的将士们也是欢欣雀跃。

十一月初六，李纯派遣亲信大臣裴度带着一百五十万贯钱前来犒赏魏博将士。将士们得到朝廷的赏赐之后，当即爆发出雷鸣般的欢呼声。

此次前来魏博镇宣慰的裴度是个十足的"学霸"，他先考中了贡举进士科，随后又通过了科目选博学宏辞科考试，后来又参加制举贤良方正能直言极谏科一举中第，他因成绩优异被任命为河阴县县尉，后来升任监察御史。

不过当时德宗皇帝李适却并不喜欢生性耿直的裴度，于是便将他外放为河南府功曹，直到李纯登基后，他才被委以重任，先任司封员外郎、知制诰，后升任司封郎中、知制诰。对于他在此番魏州之行中的表现，李纯很满意，于是提拔他担任中书舍人，裴度也就此正式跻身朝廷的权力中心，出任宰相的呼声也越来越大。

朝廷与魏博镇半个多世纪的对抗至此彻底落下了帷幕，魏博镇管辖的六州百姓被免除了一年的赋税徭役，使得他们真切地感受到自己是大唐的子民，朝廷也真切地感受到魏博镇下辖六州之地仍旧是大唐的领土。

第六章

旷日持久的淮西之役

元和十四年（公元819年）二月，宰相裴度特地命人将朝廷对淮西、淄青用兵以来，宪宗皇帝李纯勤勉为政、日理万机的情形编纂成册。在陪伴李纯饮宴时，裴度乘机献上，恳请李纯盖印后交付史官。李纯拿过来看了看，说："如果我这样做会使史官产生错觉，以为是我指派你编纂的，但这并非我的本意！"

虽然李纯最终并没有准许裴度将那些为他歌功颂德的材料交给史官，却也不禁勾起了他对那些不堪回首的往事的回忆。

淮西之战是李纯生命中至关重要的一战，也是最为艰难的一战，以至于向来性格刚毅的他曾经几度想过要放弃，不过事后他却暗自庆幸自己顽强地坚持下来了，这才有了如今的中兴局面，若是当时遵从主和派的意愿罢兵，中兴大业恐怕就遥遥无期了。

不过每每忆起淮西之战，李纯都会生出心有余悸之感，其实他当时是在赌，用自己心爱的大唐与命运对赌！

迟早要到来的战争

元和九年（公元814年）闰八月十二日，淮西节度使吴少阳痛苦地闭上了双眼。他凭借朝廷大举征讨王承宗的大好时机顺利获得了朝廷的认可，但他的儿子吴元济却没有他那般幸运了。

吴少阳去世后，吴元济蓄意隐瞒了父亲的死讯，以父亲的名义上奏朝廷请求由自己来统领军中事务，不过他却忽略了一个极为重要的人，这个人就是淮西节度判官杨元卿。

杨元卿与苏兆都曾在吴少阳手下担任判官，他们与大将侯惟清等人曾劝说吴少阳入京朝见天子，吴元济为此极为憎恶他们，于是诛杀了苏兆，囚禁了侯惟清，杨元卿因为恰好在长安奏事而幸免于难。

杨元卿透过吴元济种种反常的举动断定吴少阳恐怕已经死了，吴元济之所以秘不发丧是想要利用这段宝贵的时间来巩固自己的权位，因此他建议朝廷立即对淮西用兵。

宰相李吉甫当即采纳了杨元卿的建议，阻止所有前来奏事的淮西使者入朝。按照惯例，重要藩镇的节度使去世后，皇帝通常要为他辍朝，还要为他追赠官职，可吴元济却故意隐瞒父亲的死讯，使得死去的父亲迟迟享受不到应有的哀荣。

朝廷此举意在逼迫吴元济迅速公布父亲吴少阳的死讯，双方在这种僵持中度过了近四十天的时间，失去理智的吴元济居然杀掉杨元卿的妻子和四个儿子，还将他们的血涂射在射箭的靶子上，可见他对杨元卿仇恨之深。

复仇终究解决不了问题，但此时吴元济已经争取到了淮西老将董重质的支持，此人是前任节度使吴少诚的女婿，在军中享有极高的威望，自从赢得了他的支持，吴元济的胆子也慢慢变得大了起来。

面对桀骜不驯的吴元济，究竟该何去何从成为摆在李纯面前一个极其艰难的抉择。

宰相李吉甫是一位难得的财经专家，他时常从经济角度分析看待问题。为了防范淮西镇，朝廷不得不在四周常年部署数十万精兵，如果彻底铲除了这个致命威胁，这笔庞大的军费便可节省下来。

李吉甫与另外一位宰相武元衡坚决不允许淮西效仿河北三镇节度使父死子继的恶习，主张趁机出兵，一举平定淮西。虽然讨伐成德铩羽而归的惨痛教训使得李纯的自信心严重受损，但李吉甫与武元衡鼓励的话语却使得他再度燃起了继续战斗的决心。

幽州镇、成德镇、魏博镇与淄青镇相互接壤，虽然彼此之间争斗不断，矛盾重重，但只要朝廷讨伐其中任意一个藩镇，他们就会变得空前团结。不过淮西镇如今孤零零地暴露在朝廷打击范围之内，朝廷可以从四面八方同时向淮西镇发起进攻。

宰相李吉甫觉得淮西镇特殊的地缘政治结构使得朝廷必须要设法掌控它。江南、淮南地区在安史之乱后成为大唐的经济命脉，因此将上述地区的赋税运抵长安和洛阳便成为头等大事。当时主要的运输路径有两条，一条是贯穿南北的大运河，另一条是水陆相兼的汉沔道。

安史之乱后，随着汴州的陷落，运输大动脉大运河一度被叛军截断，汉沔道不得不承担起战略运输的任务。但这条运输路径不仅成本偏高而且运输能力还很有限，虽然早在秦朝时便已在使用，但此前一直作为驿路使用，在这种运输困境之下，由颍水进入淮河的水道即淮颍道的重要性便日渐凸显出来。

淮西是淮南西道之意，淮南道在唐朝是个地理范畴，包括如今的安徽、江苏两省淮河以南、长江以北的区域，还包括如今河南省东南部和湖北省东北部。淮南道大部分区域由设在扬州的淮南节度使管辖，淮西道西北部由淮西节度使管辖，西南部由鄂岳观察使管辖。

淮西镇地理位置极其重要，向东可以威胁大运河，向西可以威胁汉沔道，本身又是位于淮颍道上的重要交通枢纽，因此割据一方的淮西镇使得朝廷一直如鲠在喉，虽然朝廷一直想要将它彻底铲除，却迟迟未能如愿，不过却不断地压缩淮西镇的管辖范围，使得淮西镇从曾经拥有十六州之地的大藩镇沦落为仅仅管辖蔡州（今河南省驻马店市汝南县）、申州（今河南省信阳市浉河区）和光州（今河南省信阳市潢川县）三州之地的中小型藩镇。

当时朝中反对朝廷对淮西用兵的声音非常大，宰相张弘靖反对贸然对淮西动武，认为等到淮西对朝廷有了不恭的行为之后再讨伐也不迟，因此李纯特地派遣使者前往淮西吊唁死去的吴少阳。可胆大妄为的吴元济不仅不迎接敕使，居然还派出兵马四面出击，对临近州县进行疯狂屠杀，搞得人心惶惶，使者不得不悻悻地回朝，李纯也就此下定了武装讨伐淮西的决心。

元和九年（公元814年）十月，就在淮西之战一触即发之际，时年五十七岁的宰相李吉甫突然暴病而亡。李纯闻讯后悲痛不已，专程派遣宦官前往他的府上去吊唁。除了惯常的馈赠外，李纯还特地从内库拿出五百匹绢帛送到他的府上，追赠他为司空。

李吉甫死后，宰相武元衡成为李纯最坚强的依靠。李纯对淮西镇四周的藩镇进行密集的将领更迭和兵马变动，为即将拉开帷幕的淮西之战做准备。

第六章　旷日持久的淮西之役

实力悬殊的对比

朝野上下对即将开战的淮西之战普遍持乐观态度，8 年前讨伐拥有 26 州之地并且占据山河之险的西川，李纯仅仅征调了数千神策军便一举将其平定，如今举全国之力讨伐孤立无援的淮西，力量对比如此悬殊，取胜还不是易如反掌！

人口是政治、经济与军事实力的基础。《元和国计簿》记载当时大唐共有在编人口 144 万户，《元和郡县图志》记载淮西镇共有 12867 户，仅占全国总户数的 9%。根据户数推算，淮西镇大致有 13 万人。虽然《元和郡县图志》是研究安史之乱后大唐历史的权威著作，但数据的准确性却很值得商榷。

淮西镇的治所蔡州并不位于淮南道而是位于河南道南部，只是属州申州和光州位于淮南道。河南与河北无疑是受安史之乱破坏最大的区域，山南东道与淮南遭受的破坏次之，虽然淮西镇的确属于安史之乱的重灾区，但所属 3 州的总户数居然减少了 91%，总人口减少了 84%，如此之大的降幅似乎高得有些离谱！

安史之乱后，如此之大的人口降幅其实有着很大的水分，随着朝廷对地方控制力的大幅下降，那些节度使们为了少缴税或者不缴税大肆隐瞒辖区内的人口数量，偌大一个申州怎么会仅仅有 614 户百姓？

淮西镇军队在 5 万至 7 万之间，假如淮西镇当时果真只有 13 万人，假设男女比例平衡的话（实际上女子比例可能会稍高一些），那么男子就有 6.5 万，即便全民皆兵也无法组织起如此庞大的军队，况且这些男子中肯定有相当一部分人是无法作战的老人与孩子，因此淮西镇真正的人口规模肯定要远远大于 13 万。

在割据的四十余年时间里，淮西镇一直不向朝廷缴纳赋税、申报户口，朝廷自然也就对它的真实情况缺乏了解。《元和郡县图志》成书于元和八年（公元 813 年），此时淮西镇还没有被平定，关于淮西人口的统计数据严重失实也就是情理之中的事。

淮西人口情况一览表

属州	天宝时户数	天宝时人口	户均人口	元和时户数	户口降幅	元和时人口	人口降幅	猜测户数	猜测人口
光州	31753	198580	6.25	1990	94%	12445	94%	25000	156347
申州	25864	147756	5.71	614	98%	3508	98%	25000	142820
蔡州	80761	460205	5.70	10263	87%	58482	87%	40000	227934
合计	138378	806541	—	12867	91%	129410	84%	90000	527102

注1：天宝户数人口数据来自《旧唐书·地理志》。
注2：元和户数数据来自《元和郡县图志》，元和人口数据依据户均人口推算。
注3：猜测户数根据《量户口定州县等第例》推测。

淮西被平定之后，朝廷才彻底摸清了真实人口数字，当时定蔡州为紧州，定申州、光州二州为中州。唐朝的上州又分为辅州、雄州、望州、紧州和普通上州五等。根据《量户口定州县等第例》，四万户以上为上州，二万五千户至四万户为中州。不过这个标准是盛唐时期制定的，安史之乱后可能会有些不太符合当时的实际情况，但如今也未能找到修改上述标准的文献记载，姑且认定这个标准一直执行下来，据此推算，淮西人口应该在五十万左右，只有这样的人口规模才足以支撑一支五万至七万的军队。

虽然从实力对比来看，朝廷无疑具有压倒性优势，但淮西镇与李纯之前轻松平定的西川、夏绥、浙西这三个藩镇有着天壤之别。淮西镇与幽州、魏博、成德、淄青等"割据型"藩镇全都脱胎于安史叛军，平卢军将领李忠臣率领本部人马渡海前来投奔朝廷，后来朝廷将淮西镇作为他们这支部队的安身之处。

李忠臣在任时对朝廷极为恭顺，只可惜他后来却被养子李希烈驱逐，但朝廷并没有为了他对李希烈进行军事讨伐而是承认了李希烈的地位，这让李忠臣感到很寒心。泾原兵变发生后，朱泚被叛军拥立为皇帝，不甘寂寞的李忠臣也参与其中，这个以"忠臣"为名的人死后居然被列为逆臣，着实让人唏嘘不已！

在那场大乱局中，李希烈擅自称帝，公开反叛朝廷，走投无路之际却被大将陈仙奇毒杀，不过陈仙奇仅仅担任了三个月的节度使便被李希烈残部谋害，随后吴少诚、吴少阳、吴元济相继掌权，虽然他们对待朝廷的策略不尽相同，却都是野心勃勃之人，一心想着要将淮西打造成"不沾王化"的私人领地。

淮西历任节度使都深知朝廷一直将自己视为必欲除之而后快的眼中钉、肉中刺，于是豢养着一支实力强劲的军队。此时跟随李忠臣来到淮西的旧部大多已然故去或是老去，不过他们却在很大程度上将平卢军跋扈的作风传承给了自己的后辈，同时大量招募在山间打猎的猎人，称为"山棚"，将其不断充实到自己的队伍之中，还特地打造了一支机动性能非常强的骑兵部队骡军。

淮西镇沿革变化

时间	管辖区域	治所	在任节度使	备注
至德元年（公元756年）	义阳郡（申州）、弋阳郡（光州）、颍川郡（许州）、荥阳郡（郑州）、汝南郡（豫州，后改为蔡州）五郡	颍川郡（许州）	来瑱	十二月设淮南西道节度使
乾元元年（公元758年）	申州、光州	—	来瑱 鲁炅	置豫许汝镇，蔡州、许州转隶，不久罢领郑州。申州、光州二州由山南东道节度使鲁炅兼领
乾元二年（公元759年）	申州、光州、寿州、安州、沔州、蕲州、黄州七州	寿州	王仲昇	四月废淮西节度使，九月复置
上元二年（公元761年）	申州、光州、寿州、安州、沔州、蕲州、黄州、陈州、郑州、颍州、亳州、汴州、曹州、宋州、徐州、泗州十六州	安州	王仲昇	号称"淮西十六州节度使"
宝应元年（公元762年）	申州、安州、沔州、蕲州、黄州五州	安州	王仲昇 来瑱	二月，王仲昇被安史叛军俘虏；三月，来瑱被任命为节度使，但并未上任
	陈州、光州、寿州、安州、沔州、蕲州、黄州、许州、随州、唐州、亳州十一州	安州	李忠臣	七月，李忠臣节度淮西十一州

续表

时间	管辖区域	治所	在任节度使	备注
广德元年（公元763年）	陈州、光州、寿州、安州、沔州、蕲州、黄州、许州、随州、唐州十州	安州	李忠臣	亳州转隶滑亳镇
永泰元年（公元765年）	许州、随州、唐州、陈州、光州、寿州、安州七州	安州	李忠臣	沔、蕲、黄三州转隶鄂岳镇
大历三年（公元768年）	许州、随州、唐州、陈州、光州、寿州、安州、仙州八州	安州	李忠臣	设置仙州
大历四年（公元769年）	许州、随州、唐州、光州、寿州、安州、仙州七州	安州	李忠臣	陈州转隶滑亳镇
大历五年（公元770年）	许州、随州、唐州、光州、寿州、安州六州	安州	李忠臣	撤销仙州
大历八年（公元773年）	许州、随州、唐州、光州、寿州、安州、蔡州、汝州、申州九州	蔡州	李忠臣	废蔡汝镇，所属三州转隶淮西镇
大历十一年（公元776年）	许州、随州、唐州、光州、寿州、安州、蔡州、汝州、申州、汴州十州	汴州	李忠臣	平定李灵曜有功，增领汴州，并迁治于此
大历十四年（公元779年）	许州、随州、唐州、光州、寿州、安州、蔡州、申州八州	汴州蔡州	李忠臣 李希烈	三月，李忠臣被养子李希烈驱逐。汴州转隶汴宋镇。汝州转隶东都畿都防御使
兴元元年（公元784年）	许州、随州、唐州、蔡州、申州六州	蔡州	李希烈	寿州别置团练使，安州被官军收复
贞元元年（公元785年）	随州、光州、蔡州、申州四州	蔡州	李希烈	唐州、许州转隶其他藩镇
贞元二年（公元786年）	光州、蔡州、申州三州	蔡州	陈仙奇 吴少诚	随州守将李惠登投降朝廷
元和四年（公元809年）	光州、蔡州、申州三州	蔡州	吴少诚 吴少阳	吴少诚去世后，大将吴少阳攫取军政大权
元和九年（公元814年）	光州、蔡州、申州三州	蔡州	吴少阳 吴元济	吴少阳去世后，其子吴元济趁机夺权

　　淮西镇虽是一个中小型藩镇，但淮西军却极为强悍，因此淮西之战打得很是艰难，大大出乎了李纯的预料。

用人不当引发的恶果

元和十年（公元815年）正月二十七，宪宗皇帝李纯下诏削夺吴元济的官职与爵位，随后征调宣武等十六兵军马共同讨伐吴元济。

颇有韬略的李光颜被任命为忠武节度使，忠武镇虽然仅仅管辖陈州（今河南省周口市淮阳县）、许州（今河南省许昌市区）两州，却拥有令所有藩镇都颇为忌惮的三万精兵，李光颜即将率领这支精锐部队给淮西镇带来极大的军事压力。

骁将乌重胤之前曾经协助吐突承璀擒获对朝廷两面三刀的昭义节度使卢从史，因功升任河阳节度使，李纯特地让他兼任汝州（今河南省汝州市）刺史，为的就是让他与李光颜联手南下讨伐淮西。

李纯特地将袁滋与严绶对调，让袁滋改任荆南节度使，让严绶改任山南东道节度使。袁滋是李纯以太子身份监国时任命的宰相，后来又被委任为西川节度使。可他当时却因畏惧刘辟的势力而不敢前往西川赴任，怒不可遏的李纯将他贬为吉州刺史，不过后来他又升任节度使。既然他此前已然辜负过李纯，李纯自然也就不再轻易信任他了。

李纯对新任山南东道节度使严绶寄予厚望，特地任命他为申、光、蔡招抚使，全权负责军事讨伐事宜。严绶之所以能够在众多唐军将领中脱颖而出是因为他在担任河东节度使时培养了一批如李光进、李光颜这样能征惯战的将领，夏绥镇将士之所以斩杀篡权自立的节度留后杨惠琳，就是因为忌惮他麾下的那支河东军。

忠武、河阳、宣武三镇兵马从北面，山南东道的兵马从西面，鄂岳镇兵马从西南面，淮南镇兵马从东南面，同时向淮西发起了进攻，不过让李纯始料未及的是因为自己用人不当致使这场举国关注的战事陷入令人窒息的胶着之中而无法自拔。

虽然严绶是前线总指挥，但他实际能调动的却只有山南东道的一万多兵马。虽然山南东道管辖着襄州（今湖北省襄阳市）、邓州（今河南省邓州市）、唐州（今河南省驻马店市泌阳县）、随州（今湖北省随州市）、均州（今湖北省丹江口市）、房州（今湖北省十堰市房县）、郢州（今湖北省钟祥市）、复州（今湖北省天门市）八州之地，可除了襄州外，其他州多是山峦密布的贫瘠之地，根本养不了太多的兵马。

严绶眼见着那些手握重兵的节度使们大多都持观望态度，他只得率先向淮西发起了攻势，没想到居然一下子就打赢了。刚刚品尝到胜利滋味的他竟有些飘飘然了。

淮西军抓住官军防守松懈之际发起了偷袭，官军顿时就溃散了，主帅严绶仓皇逃走，一口气跑了五十多里地。等到进了唐州城，他那颗剧烈跳动的心才逐渐恢复平静，此后再也不敢贸然出战。

开战之初，主帅便被打得落荒而逃，各路讨伐大军得知后变得惶恐不安。李纯预料到讨伐淮西将会是一场恶仗，可各路讨伐大军几乎全都毫无建树，这让他感到无边的烦躁。

就在战事开局不利之际，成德节度使王承宗、淄青节度使李师道屡次上表请求朝廷赦免吴元济，不过全都遭到了李纯的断然拒绝。

虽然朝廷并未征调淄青镇兵马，但李师道仍旧让大将率领二千人奔赴寿春（今安徽省淮南市寿县），声称帮助官军讨伐吴元济，实际上却想趁机暗中援助吴元济。

虽然李师道派兵想帮倒忙，却依旧有很多人在积极地为朝廷排忧解难。归顺朝廷的魏博节度使田弘正特地派遣儿子田布率三千兵马前来援助严绶，由此可见他的忠诚。田弘正毅然决然地归顺朝廷给了李纯一个极其重要的战略支点，使得他可以借助这个支点撬动整个河北的政局。

不过李纯很快就听到了一个比战败更加令他惊愕的噩耗。素来阴险狡诈的李师道一直豢养着数十个身手不凡的刺客，想要在关键时刻发挥作用。朝廷大举讨伐淮西使得他生出唇亡齿寒之感，因此他决意给朝廷制造一些大麻烦。他让手下刺客秘密前往洛阳招募不良少年，想要劫掠洛阳，焚烧宫殿，捣毁仓库，让朝廷感受到切肤之痛。

元和十年（公元815年）四月，这伙亡命徒突袭了河阴转运院，这里堆放着来自江淮地区的赋税。他们趁着夜色杀死了十多名看守，然后焚烧了钱财布帛三十多万匹，谷物三万多斛，这不仅给朝廷带来了极大的物质损失，更带来了极大的心灵震撼。朝中请求罢兵的声音一浪高过一浪，唯有宰相武元衡等少数官员还在坚定主战，苦苦支撑着越来越不乐观的战局。

考功郎中、知制诰韩愈给李纯上书总结征讨淮西之战屡屡失败的原因，朝廷此番用兵征调了十六镇兵马，很多藩镇只派出了两三千士卒，这些客军被分配到与淮西毗邻的藩镇麾下效力。他们因为远道而来并不了解敌军状况，也不了解战场态势，更不了解周遭地形，还时常遭受当地将领的责难，战斗力自然大打折扣。如今与淮西镇毗邻的州县百姓纷纷主动拿起武器来保卫自己的家乡，这些人熟悉地形，了解敌军，斗志昂扬，如果加以训练将会比那些客军更为强悍。

虽然李纯并未遣返诸镇兵马，但也开始采纳韩愈的建议责令官军将领尝试着编练土军，希望能够通过多种手段来扭转战局，其中表现最为抢眼的一支土军部队就是专门招募大别山、桐柏山猎人组建的"山河子弟"，设置十将对他们进行统领。

御史中丞裴度带着皇帝的殷切期望急匆匆踏上了去往前线的路，他要到实地去看一看这场战争为何会打得如此艰难，怎样才能破解当下的僵局。经过一番实地调研，他认定淮西之战必胜。在诸位将领之中，只有李光颜勇而知义，只要不遗余力地重用此人必然能够大获全胜。

不久，李光颜率军在时曲与淮西军展开了一场激烈的厮杀。清晨时分，气势如虹的淮西军向着官军攻来。面对强悍的淮西军，李光颜却丝毫不曾胆怯，命手下人拆除营垒周围的栅栏，亲率骑兵向淮西军发起了猛攻。淮西军认出了李光颜，弓弩手向着他一段乱射，他的身上插满了各式箭支，此时的他就如同一个刺猬一般，却仍旧继续向前冲杀。

李光颜的儿子担心他的安危，一把抓住了他坐骑的缰绳，请求他暂且停下来，因为一旦主帅有失，士卒们势必会溃散。但此时的李光颜却已杀红了眼，举起手中兵刃强令儿子退下。儿子只得无奈地松开了紧握缰绳的手，满身是血的李光颜继续向前冲去。

李光颜视死如归的精神激励着手下士卒死战不退，最终杀得淮西军大败。这一战，淮西军死伤数千人，成为淮西开战以来官军取得的最大胜利，给予正处于低谷之中的官军极大的鼓舞。

　　喜出望外的李纯连连夸奖裴度善于识人，不过一场大捷却并不能彻底改变这场战争的走向，战争比拼的不仅仅是武力，不仅仅是信心，更是财力。战争每天就像吸血鬼一样无情地吮吸着大唐的血液，直到它贫血，直到……

第七章

宰相当街公然被杀之后

元和十四年（公元819年）四月二十九日，李纯下诏命宰相裴度出任河东节度使，其实此时他的内心也充满了纠结，裴度曾经是他最坚强的依靠，如今却不得不让他黯然离朝，其间的苦涩与无奈只有他一人知道。

　　裴度离开后，宰相皇甫镈却是满心欢喜，因为他自此便可独掌朝政了。皇甫镈通过不遗余力地搜刮民脂民膏来博得李纯的赏识，朝野上下对他的所作所为都感到很不齿，却碍于他此时的权势敢怒而不敢言，只有谏议大夫武儒衡毫不顾忌地上奏指斥皇甫镈的罪行。

　　皇甫镈得知后跑到李纯面前哭诉自己如何清白，如何无辜，李纯的脸色却顿时变得阴沉下来，说："你今天想必是为武儒衡上奏之事而来，难道你想要报复他吗？"皇甫镈顿时吓得不敢再说话了。

　　武儒衡是前宰相武元衡的堂兄弟。此时的李纯或许又想到了四年前那个火热而又血腥的夏天，刺客在长安街头公然行凶，当朝宰相武元衡横尸街头，御史中丞裴度身负重伤，那时是李纯一生之中最为艰难的时刻，也是大唐生死攸关的关键时刻，其实那时的他也曾动摇过，但每每想到两人被刺的场景，他就暗暗告诫自己绝对不能低头，绝对不能妥协，否则他们的血可就白流了！

一死一伤的悲剧

　　自从李吉甫去世以后，李纯便将军国大事全权委托给宰相武元衡，两人都是坚定的主战派，自然也就遭到了那些地方割据势力的仇恨。

　　李师道豢养的门客曾对他说："如今天子主战都是因为那个该死的武元衡一直从旁鼓动，如若能够设法除掉这个人，其他的宰相势必会规劝天子罢兵！"李师道觉得他说得很有道理，于是便给他发放了一笔丰厚的行动经费，目标直指主战派领袖武元衡！

第七章　宰相当街公然被杀之后

此时的武元衡被前方胶着的战事搞得焦头烂额，丝毫没有意识到危险正在一步步地向着他靠近。

成德节度使王承宗派遣牙将尹少卿入朝奏报，四处游说朝中重臣为吴元济说情。他居然还大摇大摆地走进中书省，行为粗鲁，言语傲慢，怒不可遏的武元衡将他轰了出去。王承宗自觉很是大量，于是三番五次地上书大肆诋毁武元衡，紧接着长安便发生了一起闻所未闻、见所未见的刺杀大案！

元和十年（公元815年）六月初三，天色刚刚蒙蒙亮，武元衡像往常一样离开了自己的宅邸前去上朝，谁知这一去他便再也没能回来。

武元衡骑着马走在街上，但一支箭却带着风声突然向他射来，殷红的鲜血顿时便浸透了他身上的官服。生死存亡之际，武元衡身边的随从人员不仅没有出面保护自己的主子，反而吓得四散奔逃。

刺客牵着武元衡的坐骑向前走了十几步，突然停了下来，举起手中冷冰冰的屠刀向着武元衡的头砍去。

武元衡无奈地闭上了双眼，其实他早就下定决心要为自己心爱的大唐献身，不过却因"出师未捷身先死"而悔恨。

另一伙刺客静静地埋伏在裴度居住的通化坊，裴度对即将到来的危险仍旧全然不知。

裴度骑着马在暗夜中缓慢前行，面前却突然闪现一伙刺客，他们挥舞着兵器向着裴度砍杀过来，幸亏裴度躲闪及时，锋利的凶器并没有刺穿他的头颅，但裴度却失足坠入路旁的水沟里面。

裴度的随行人员中有一个名叫王义的义士，此人死死抱住刺客，大声呼喊着。刺客用尽全身力气，企图挣脱王义的束缚，但王义的两只大手却像钳子一样死死地卡住他。他只得举起手中刀残忍地砍下了王义的胳膊，仓皇地逃走，再也没有心思看看被他刺杀的裴度究竟是生还是死。

裴度最终侥幸活了下来，这还要感谢他头上所戴的那顶厚实的毡帽。此时已是初夏时节，这顶与季节并不太相符的毡帽最终却救了他，也给多灾多难的大唐保留下一颗难得的火种。

巨大的恐慌在长安城中迅速弥漫开来，危险无时不有，杀戮无处不在，此时此刻长安不再是安全的大后方。那些平日里颐指气使的官员们全都犹如惊弓之鸟，不等到天色大亮甚至都不敢出门，以至于朝会时间到了，望着尚未到齐的官员，宪宗皇帝只能选择等待，有时一等便是大半天。

金吾卫精锐骑兵奉命保护上下朝的宰相，执勤时全都弓上弦，刀出鞘，时刻警觉地注视着沿途每一个微小的异动，准备随时迎战可能会从黑暗中突然窜出来的刺客。

面对朝廷搜捕，胆大妄为的刺客不仅没有丝毫的胆怯，甚至还留下纸条说："不要忙着捉拿我，否则你也会死无葬身之地！"负责侦办案件的官员看到纸条竟也有些害怕了，抓捕工作迟迟没有进展。

六月初八，宪宗皇帝下诏凡是能够抓获凶手的人赏钱一万贯，赐给五品官，胆敢包庇刺客的人诛杀全族。

一场席卷京城的大搜捕随即拉开了帷幕，很多人家中的夹壁都被砸开进行检查，但凶手仍旧杳无音讯，不过越来越多的线索指向了成德进奏院，进奏院相当于各藩镇在长安设立的驻京办。

由于武元衡生前与王承宗形同水火、势不两立，因此与成德镇有所牵涉的人全都成了重点嫌疑对象。经过一番调查，张晏的几个成德士卒身上的疑点越来越多，不过却一直都缺乏强有力的证据，不过后来神策军将军王士则出面告发张晏就是刺杀武元衡与裴度的真凶，负责搜捕的官兵们这才踏进了一直都有些投鼠忌器的成德进奏院，将张晏等八人抓捕归案。

朝堂之上，宪宗皇帝李纯阴沉着脸说："朕该如何处置这个胆大妄为的王承宗？你们都说一说。"

有人欲言又止，有人缄默不语，有人顾左右而言他，有人言辞恳切却空洞无物，有人情绪激动却缺乏理智。

虽然裴度已经卧床二十余日，但身上的伤口却迟迟没有痊愈。这让一直牵挂着他的宪宗皇帝忧心忡忡，此时此刻他太需要裴度了，因此派出大批卫兵守候在裴度府第内外，绝不允许他再有丝毫的闪失。

在这个关键时刻，朝廷里却出现了不同的声音，有的官员居然上奏罢免力主削藩的裴度，如此一来便可缓和朝廷与藩镇的紧张关系。

李纯彻底愤怒了，此时他已经被逼到了一条没有任何回旋余地的绝路上，前方要么是痛苦的深渊，要么是光明的坦途。

第七章 宰相当街公然被杀之后

六月二十四日，刚刚痊愈的裴度便迫不及待地入朝奏对。次日，裴度便被任命为宰相，这是宪宗皇帝在向朝臣们传递明显的信号：坚定不移地主战。武元衡的死并没能吓到主战派，反而激发了主战派更大的斗志。

在酷刑之下，张晏对于杀害武元衡的犯罪事实供认不讳。不过宰相张弘靖却认为这个案子背后恐怕另有隐情，其实张弘靖的怀疑并不是没有道理的，虽然王承宗有嫌疑，但李师道的嫌疑却更大！

不过李纯却没有耐心将这件事追查清楚。或许是他迫切地想要杀鸡儆猴，宰相当街公然被杀，这是何等的奇耻大辱，他必须要给朝野上下一个交代。或许是他有着更深层次的政治考量，虽然王承宗与李师道都有嫌疑，也不排除两人作案的可能，但朝廷不能与两大藩镇同时为敌，因此将幕后主使认定为实力相对较弱的王承宗无疑是最为稳妥的。当然或许也因为李师道的人行事诡秘，并没有给朝廷留下有价值的线索。

六月二十八日，张晏及其同伙被推上了断头台，围观的人群中有一双锐利而又警觉的眼睛，此人是李师道的门客，他的主子正焦急地等待着来自京城的消息。

七月初五，李纯虽然下诏历数王承宗犯下的种种罪恶，不再让他入朝进贡，不过仍旧希望他能够幡然改过，主动投案。前去攻打他的具体日期等以后再定。

如今淮西之战变得旷日持久，有些骑虎难下的李纯实在没有精力、能力和财力再发动另外一场战争，两线作战的不利境地有可能会将大唐拖入万劫不复的深渊，这是他爷爷德宗皇帝留给他的血的教训。其实此时的李纯也陷入极度纠结之中，这也为王承宗，以及自己提供一个缓冲的余地。

险些遭到血洗的洛阳城

其实比王承宗更可怕的是淄青节度使李师道，淄青道设在东都洛阳的留后院变成了各种阴谋的策划源头，但洛阳的军政官员慑于淄青镇的雄厚实力，对于藏污纳垢的淄青留后院只得睁一只眼闭一只眼。留后院中藏匿着上百名亡命之徒，这些人的存在使得洛阳难有宁日。

朝廷原本在东都洛阳设有东都汝都防御使，不过后来却遭到裁撤，汝州还曾一度划归陕虢观察使管辖。洛阳城的兵力降至3895人，汝州等周边地区尚有士卒2000余人，防守力量及其薄弱。

淮西之战打响后，淮西兵马时常侵扰洛阳周边地区，朝廷不断强化这一地区的防御力量，兵力增至近1万人。为了防备淮西兵马北侵，主力部队驻扎在距离洛阳战略要地伊阙，却不承想洛阳城内的空虚给了那些亡命之徒可乘之机。

河阴转运院被亡命徒焚烧之后，朝中请求罢兵的声音一浪高过一浪。

这只是前奏，其实他们正在策划着更大的阴谋。这次他们的攻击目标是洛阳的宫殿，唐代前期的皇帝们经常驾临洛阳而且还时常会住很长时间，因此洛阳不仅有规模庞大的宫殿群，还设有诸如东都尚书省等中央机构。

火烧宫廷无疑将会引发人们更大的心理恐慌，也会带来更大的社会骚动，从而极大地动摇宪宗皇帝原本就已经有些松动的战争决心。

此时，一个名不见经传的小人物心里正犯着嘀咕，他知道明天要做的那些事对于自己将会意味着什么。

焚毁宫殿可是谋逆之大罪。《唐律疏议·卷十七·贼盗律》规定："诸谋反及大逆者，皆斩；父子年十六以上皆绞，十五以下及母女、妻妾、子妻妾亦同。祖孙、兄弟、姊妹若部曲、资财、田宅并没官。"不仅他自己会被判处斩刑，他的家人也将会因此而受到牵连。

想到这里，他忽然觉得手中那些沉甸甸的赏赐变得有些扎手，正是这个在生死边缘痛苦挣扎的小人物悄悄地改变了历史。

第七章 宰相当街公然被杀之后

在行动前夕,他决定去见一个重要的人,这个人就是东都留守吕元膺,想要立功赎罪。吕元膺听完之后顿觉事态严峻,连忙召回屯驻在伊阙的兵马,团团包围了淄青留后院,不过这些亡命之徒却不肯轻易束手就擒,他们知道投降也是死路一条,因为他们犯下的是不可饶恕的大罪。

这伙叛贼从长夏门逃走,奔向茫茫群山间。这场被扼杀在萌芽之中的叛乱使得东都百姓人人自危,惶惶不可终日。

此时吕元膺手中掌握的兵马很有限,既要提防淮西军北上,又要提防淄青兵西进,更要防止城中动乱,一时间愁眉不展。

洛阳西南面与邓州、虢州接壤的那片区域群山峻岭,森林茂盛,大山中生活着一群矫捷勇猛的猎人,被当地人称为"山棚"。

一个山棚正在贩卖刚刚捕获的鹿,却被那伙贼人给抢走了,估计是他们饿得实在受不了了。

这个山棚急忙跑回去召集同伴追赶那伙贼人,正是在他的指引下,唐军将那伙叛贼包围在山谷之中,在凶悍的山棚们的配合之下,唐军将这伙叛贼全部擒获,其实他们中的很多人也是山棚。

这伙人的头领居然是中岳寺的僧人圆净。圆净可绝非等闲之辈,曾是史思明手下一员勇猛彪悍的将领。安史之乱结束后,他并没有像许多安史旧部那样选择投降,而是隐居在群山之间。

此时已经八十多岁的圆净虽已到了风烛残年,却仍旧有着一颗不安分的心。他的一生都在干一件事:造反。

不管是身在硝烟弥漫的战场,还是隐居鸟语花香的山间,他始终没有忘记造反,造反已经渗透到他的血液之中。

圆净知道自己的力量终究有限,于是与淮西节度使李师道取得了联系。李师道按照他的意思在伊阙、陆浑两地大肆购买田地,为那些生活在大山里的山棚们提供安身之处,无偿提供饮食、服装与住宿,不过天下并没有免费的午餐,这些人渐渐成为唯圆净马首是瞻的亡命徒。

按照事先与圆净的约定,只要圆净点起代表着开始行动的篝火,訾嘉珍与门察将会带领他们直接杀奔洛阳城,不过他们却永远也没能等到这一刻。

圆净被捕了，不过他的脸上却没有一丝恐慌，此前经历过无数次大风大浪的他平静地看待是非成败，默默地注视花开花落，叹息道："可惜那帮成事不足的人耽误了我的大事，不能血染洛阳城了！"

如果不是有人事先告密，如果不是驻守伊阙的官军突然回防，防守空虚的洛阳城将会遭遇一场大浩劫。圆净已经成功地策反了不少唐军将领，积聚起一股令朝廷不可小觑的军事力量，只是这个他自以为周密的计划还没有来得及实施便失败了。

圆净和他的数千名党羽被送上了断头台，唯独訾嘉珍与门察没有被一同处死，因为吕元膺在审讯他们的时候意外得到了一条重要线索，原来李师道才是杀害武元衡的主谋。这使得原本就复杂的案情变得更为扑朔迷离，吕元膺随即将此事禀报了宪宗皇帝。

吕元膺用囚车将二人押往长安，宪宗皇帝陷入彷徨之中。因为武元衡遇刺案，朝廷已经公开谴责成德节度使王承宗，如若此时再与淄青节度使李师道彻底决裂，大唐势必将会陷入四面楚歌的绝境之中。越是愤怒的时候越需要冷静，他最终还是忍住了开战的冲动，不过李师道却仍旧不知收敛，后来居然又焚烧了东都洛阳的柏崖仓，派人跑到埋葬高祖皇帝李渊的献陵寝宫与永巷，后又秘密潜入埋葬肃宗皇帝李亨的建陵，将门前的四十七支戟全部损毁，他们这么做显然是想要动摇大唐的国本！

面对如此奇耻大辱，李纯却只能咬紧牙关忍着，因为河北地区的大战大有一触即发之势。

再度铩羽而归的无奈

就在李纯在战与和的边缘徘徊之际，魏博节度使田弘正与成德节度使王承宗之间的摩擦却在不断地升级。在田弘正接连十次上表之后，李纯才准许他前往贝州，贝州位于魏博与成德两镇交界处，田弘正率领大军前来贝州，目的自然不言自明。

就在处境堪忧之际，王承宗竟然放纵麾下士卒四处劫掠，一时间惹得天怒人怨，简直就是遭人恨的浑人。幽州、横海、义武三镇被王承宗搞得苦不堪言，于是争着上表请求讨伐王承宗。

见王承宗犯了众怒，李纯的心中泛起一阵惬意，但宰相张弘靖却出面反对，他的理由很简单，朝廷目前的财政状况难以支撑双线作战，贸然发动对王承宗的战争后果将会不堪设想。此时的李纯已经下定决心与王承宗一战，已然听不进任何人的话，很快就罢免了张弘靖的宰相职务，让他出任河东节度使。

这无疑是对主和派一记响亮的耳光，但这只是一个开始。翰林学士、中书舍人钱徽被免去翰林学士的职务，驾部郎中、知制诰萧俛不再知制诰，李纯之所以要对两人下手是因为在那些请求罢战的上书之中，这两位以文采见长的官员言辞最激烈，影响也最大，李纯想要通过此举来震慑那些主和派。

李纯此举的确收到了效果。荆南节度使袁滋父亲与祖父的坟墓都在蔡州朗山县，因此他一直与吴元济保持着友好关系，生怕人家吴元济一不高兴刨了他家的祖坟。他这次入京朝见原本是想要规劝李纯停止用兵，但当他得知钱徽、萧俛被罢免使职之后，当即态度大变，当即由主和变为主战，还信誓旦旦地说只要坚定地打下去，淮西一定会被平定。

李纯听到袁滋铿锵有力的话语之后对他的态度也有了改观，不仅让他返回荆南继续担任节度使，还想着寻找合适的时机对他委以重任，却殊不知袁滋不过是个随风而倒的墙头草，重用这样的人迟早会自尝恶果。

李纯重用主战派，因为他深知大唐要想实现中兴必须要削藩，但主和派却并非一无是处，如果削藩措施不当、操之过急，德宗朝"两帝四王"的悲剧依旧有可能再度重演，因此他们的忧虑绝非杞人忧天。其实主和派也分为不同阵营，有的奉行妥协苟安的理念，得过且过，今朝有酒今朝醉；有的奉行稳中求进的理念，稳扎稳打，切勿操之过急。张弘靖反对的是双线作战，况且此前已经有过一次征讨失败的教训，如果此时轻易开展，战争走向如何恐怕将会难以预料。

不过河北诸藩镇一封封请战书却使得李纯信心大增，上次讨伐王承宗，魏博节度使田季安两面三刀，昭义节度使卢从史背信弃义，义武节度使张茂昭且战且看，但如今河北的形势却发生了翻天覆地的变化。

此时的魏博节度使田弘正已经彻底归顺朝廷，魏博与成德有世仇，田弘正与王承宗有夙怨，因此田弘正一直充当着讨伐成德的急先锋。义武镇也被朝廷收入囊中，朝廷任命的节度使浑镐出身将门，可以极大地震慑那些桀骜不驯的节度使，有了这两个支点，李纯想要撬动整个河北地区的局势。

元和十一年（公元816年）正月十七日，李纯正式颁布制书削除王承宗的官职爵位，命令河东、幽州、义武、横海、魏博、昭义六道进军讨伐王承宗。其实李纯真正依仗的还是义武、魏博、昭义三镇。

幽州、横海两镇与王承宗虽有矛盾，却也有着共同利益，因此朝廷并不希望两镇能够立下多大战功。河东节度使张弘靖虽是主和派，但他毕竟是曾经担任过宰相的人，政治大局观还是有的，虽然对于讨伐之事未必多么尽力，却也不会暗中作梗。

昭义节度使郗士美曾是韦皋的幕僚，西川之乱被平定后，他不仅没有因为那段经历而遭受歧视反而被朝廷委以重任，因此他一直对朝廷心存感激，想要通过建功立业来报答朝廷的恩情。

得到朝廷诏令后，郗士美当即派遣兵马使王献率领一万精兵充当先锋，可王献却因畏敌而逗留不进。怒不可遏的郗士美将他召回，历数他的罪行之后将他斩杀，随即下令全军胆敢拖延不进者斩。郗士美亲自敲击战鼓，昭义镇将士听到"咚咚"的鼓声之后无不奋力死战，打得成德军溃不成军，连下三营，乘胜包围了柏乡县，使得官军声势大振。

义武节度使浑镐终于迎来了展现自己军事才能的机会，与成德军交手屡屡得胜，于是率领全军主力部队向成德镇纵深推进，在距离成德镇治所恒州三十里处安营扎寨。此时王承宗感受到从未有过的恐慌，见与浑镐正面交手难以讨到便宜，于是便想出了"围魏救赵"的计策。

王承宗派遣成德镇士卒一路奔袭到义武镇境内烧杀抢掠，无恶不作，这给浑镐麾下将士带来的打击可想而知，如今家人是死是活还不知道，谁还有心思打仗呢？义武镇将士一时间人心浮动，如果此时朝廷处置得当，或许后面的悲剧完全可以避免。

就在士气低落之际，朝廷派来督战的中使不仅漠视将士们的合理诉求，还强令浑镐率兵进攻恒州。他幻想着如若能够一举攻破恒州，顺利擒拿王承宗，那可是奇功一件，升职加薪还不是指日可待！

对于中使不近人情的指令，浑镐虽心生抵触，却也不敢违抗，因为中使代表的可是当朝天子。他只得硬着头皮率领这支早就人心浮动的兵马强攻恒州。恒州城高墙厚，绝非轻易就能攻陷的，况且攻城的部队早就人心涣散，无心打仗。战争刚刚打响，义武军就兵败如山倒，浑镐站在乱军之间想拦都已然无能为力，只得率领残兵败将灰溜溜地逃回定州，这场败仗使得实力原本就不太雄厚的义武镇元气大伤。

更令浑镐难以接受的是自己刚刚打了败仗，朝廷居然便下令撤换他。十二月十五日，李纯颁诏任命张茂昭的外甥易州刺史陈楚为新任义武节度使，这下浑镐在义武镇的处境变得更加艰难了，因此他想要带领家人尽快逃离这个是非之地。

谁知在半路上却突然发生了意外，义武镇将士本就因为遭遇惨败而对浑镐心存怨恨，如今又听说他被免去了节度使之职，于是在他离开定州的必经之路上设伏，不仅大肆劫掠浑镐随身携带的财物，居然还扒下他和他家人的衣服。赤身裸体的浑镐在天寒地冻的冬日里冻得瑟瑟发抖，他们一家人随时都有可能会被冻死在路边。

陈楚得知此事后策马狂奔前来定州，迅速弹压叛乱的士卒，还将他们抢夺的浑镐及其家人的衣服及钱财交还给浑镐，随后还专门派兵护送他们返回朝廷。经过这场变乱之后，义武镇再也无力向成德镇发起强有力的攻势。

独木难支的昭义节度使郗士美在柏乡战败，战死的将士多达一千余人，只得无奈地拆除营垒返回本镇，这下王承宗可以集中兵力攻打横海军了。

王承宗亲率两万成德军开赴东光县（今河北省沧州市东光县），县西二百步的永济渠上有一座桥梁"白桥"，桥西有道路通往横海镇属州景州（今河北省衡水市景县），桥东北有路通往横海镇治所沧州（今河北省沧州市东南旧城），这条路也被称为"白桥路"。白桥路被成德军截断之后，横海军短期内陷入进无可进的尴尬境地，只得灰溜溜地逃回了沧州。

幽州节度使马总虽然嘴上嚷嚷得很厉害，但也不会真的与王承宗彻底地撕破脸，如今田弘正已经归顺朝廷，王承宗再被朝廷灭了，马总或许将会成为朝廷下一个攻击目标，对此他看得很清楚。

马总率军在攻占武强县之后便停了下来，这里距离幽州镇疆境只有五里，但他们依旧属于跨境作战，每月朝廷必须要拨付给他十五万贯钱，出境作战俨然成了跨境旅游。

第二次成德之战历时一年半，朝廷征调了六镇十多万兵马，辗转数千里，却像上一次那样毫无建树，这其中的原因是多方面的。这次军事行动并未设置主帅，六道军队因为相隔遥远难以进行有效的战略配合与战术协同，很容易就被成德军各个击破，战场态势也随之发生了根本性逆转，胜利变得遥遥无期。

随着时间推移，后勤保障也变得越来越艰难，由于物资运输路程长达上千里，为了运输武器装备、粮食补给，半途中累死的牛、驴多达一半。

以宰相李逢吉为首的朝廷官员力主收兵，迟疑不决的李纯在考虑许久之后只得再次选择妥协，上次撤兵是因为王承宗主动上表请罪，算是给了朝廷一个台阶下。这次李纯连个台阶都没能找到便于元和十二年（公元817年）五月十七日下诏撤销河北行营，诏令六镇兵马各自返回本镇。

恣意妄为的王承宗再次得意地笑了，朝廷两度讨伐他全都铩羽而归，他仅仅凭借一己之力居然三番五次地将朝廷玩弄于股掌之间，这使得他彻底陶醉在胜利的喜悦之中。

一贯心高气傲的李纯再一次被残酷的现实啪啪打脸，他愈加清醒地认为解决河北问题绝非一朝一夕之功。不过他的妥协与退让只是暂时的，他需要全力进攻淮西，只要淮西被顺利铲除，那么笑的人便不再是王承宗。

第八章

雪夜下蔡州

元和十四年（公元819年）正月初一，听到远处传来此起彼伏的鞭炮声，一直忙于战事的李愬此时才想起春节已经到了，他和他手下的士卒们在战争中又迎来了新的一年。

就在两年前，同样是春节时节，李愬急匆匆赶往淮西前线赴任，西线因为作战不力已经更换了三任主帅。他到任后看到是满目疮痍的景象，士兵们斗志全无，百姓们苦不堪言，淮西之战似乎永远都没有尽头。

李纯为此焦头烂额，甚至几度想过要放弃。此时的他还不会想到此前他并不看好的李愬居然神奇般地扭转了战局。那是一个大雪纷飞的日子，李愬带着麾下将士踏上了险象环生的突袭之路，由于当时他的计划太过冒险，就连他自己都不知道未来的结局究竟会如何，可他却依旧义无反顾地向着风雪之中的蔡州城坚定地走去……

不靠谱的统帅

淮西之战已然打了九个月，身为主帅的严绶不仅寸功未立，更是从未考虑过如何打赢这场战争，唯一能做的就是不停地从府库之中领取财物赏赐给手下将士，以至于山南西道多年的积蓄一时散尽。

严绶也深知自己的所作所为势必会引起宪宗皇帝李纯的不悦，但他也是没有办法。如果他仍在河东任职或许还可以统率自己麾下兵马与叛军较量几番，但如今他孤身一人前来赴任，兵不识将，将不识兵，曾经的部将李光颜也在北线作战，他只能独自苦苦支撑西线战局，可他又偏偏没有独当一面的能力。如果他硬逼着手下士卒与淮西军交战，不仅仍旧会遭遇惨败，或许还可能会激发兵变。因此他这位主帅已然对这场战争渐渐丧失了希望，只能得过且过，自求多福。

不过严绶也并未彻底躺平，仍旧在暗地里不遗余力地为自己跑动运作。

第八章 雪夜下蔡州

当年夏绥节度使韩全义率军攻讨淮西屡屡惨遭败绩,但德宗皇帝李适不仅没有问罪,居然还说他有功。韩全义之所以能够颠倒黑白还不是因为他大肆贿赂皇帝身边的宦官,因此他也积极学习韩全义的经验,想要通过收买宦官来影响李纯。

不过李纯却没有爷爷德宗皇帝那么糊涂,况且裴度早就看透了金玉其外败絮其中的严绶,三番五次地向李纯进言,这样的人坚决不能再用了。

元和十年(公元815年)九月初五,李纯终于下定决心更换主帅了,前线将士早就翘首以盼能够通过此次换帅给陷入胶着状态的淮西之战带来转机,不过当他们得知一直对朝廷诏令阳奉阴违的韩弘居然被任命为淮西诸军都统之后顿时就失望了。

韩弘压根儿就不是忠君爱国的人,在担任宣武节度使的十六年时间里,他从未入朝面见天子。由于宣武士卒素来骄横跋扈,此前三番五次地发动叛乱,因此朝廷也不敢贸然更换韩弘,只是不断对他加以尊崇,又是让他当检校司徒,又是任命他为使相。

虽然韩弘不敢公然反叛朝廷,但他却从心底里不愿看到淮西镇被铲除的那一天,等到那些藩镇割据势力一一被朝廷收拾之后,他的处境恐怕就会变得很艰难。因此每每听到淮西军获胜,他便会喜形于色;每每听到淮西军失败,他便会怅然若失。

其实他是什么样的人,李纯心里不会没有数,但他之所以重用韩弘其实是在争取他,因为那些藩镇割据势力一直都在试图拉拢他。一旦他加入叛乱阵营,无疑会彻底打通淮西镇与淄青镇之间的通道,由此带来的后果也将是灾难性的!

韩弘上任之后便开始竭力拉拢各路将领为己所用,但骁勇善战的李光颜、乌重胤却始终保持着高昂的斗志,在与淮西军的战斗中屡屡有所斩获。

北路军向淮西军发动进攻,淮西军集中兵力攻打乌重胤的营垒,乌重胤在战斗中身中长矛,以至于营垒岌岌可危。身为都统的韩弘责令李光颜迅速前去援救。

不过李光颜却有自己的考虑,小溵河上有一座战略位置极其重要的城堡,如果淮西军几乎倾巢而出,目前恰好是夺取这座城堡的绝佳时机,一旦城堡到手之后，战争局势将会大为改观。他觉得乌重胤虽然不幸负伤，但其手下将士皆是英勇善战之人，淮西军短时间攻占不了他们的营垒。

李光颜思虑再三之后决定派遣大将田颖、宋朝隐前去袭击那座防守空虚的城堡，果然不出他所料很快便将其攻破，围困乌重胤的淮西军听说城堡被官军攻陷后当即撤围而走。虽然李光颜这招"围魏救赵"的计策大获成功，但韩弘却对李光颜拒不听从自己的命令前去营救乌重胤的行为大为恼火，于是下令将刚刚立下大功的田颖、宋朝隐逮捕，想要杀鸡儆猴。

全军将士都对他们的悲惨遭遇感到惋惜，包括李光颜在内的所有人全都敢怒而不敢言。就在田颖等人性命攸关之际，宦官景忠信来了，宦官在史书中多是负面形象，但景忠信却是一位敢担当、有作为的好宦官。他了解了相关情况之后，假称手中握有皇帝诏书，命人将田颖等人戴上刑具之后暂且关押起来，等候皇帝的惩处。他随即火速赶往长安前去面见李纯，甘愿领受矫诏之罪。李纯觉得他事出紧急，赦免了他的罪过，还特地下诏赦免了田颖等人的死罪，不过李纯也专程派人前去安抚韩弘，说："违抗都统命令应当被处死，但可以暂且让他们在军中戴罪立功，以观后效！"

韩弘原本想要借机整治一下不识抬举的李光颜，谁知却横生枝节，碰了一鼻子灰，自此与李光颜心生嫌隙。李光颜在领兵作战的同时还需要时刻留神提防主帅韩弘，以免自己会遭遇暗算。

为了腐蚀李光颜的斗志，韩弘特地在汴州找了一位长得国色天香的美女，还专门找艺人教她唱歌跳舞，弹奏乐器，用价值数百万的珠宝玉石、金银翡翠将她精心打扮一番之后送给了李光颜。

当那个楚楚动人的美女被送来的时候，李光颜正在宴请将士，将士们见之后无不惊得目瞪口呆，这辈子还没有见到过这么漂亮的女人。李光颜却眉头微微一皱，对前来送美女的使者说："韩相公同情我客居他乡，特地赐给我漂亮歌妓，这份恩情，我自然是没齿难忘！不过我麾下数万将士哪一个不是远道而来，哪一个不是出生入死，我怎么能够独自享受美色呢？"李光颜说着说着竟然流下泪来，在座的人也受到他的感染纷纷垂下泪来。李光颜赠给那个使者许多布帛，却不肯接受那个有着倾国倾城之貌的歌妓，对他说："替我谢过韩相公！我决意以身许国，早就立誓与逆贼势不两立！"

韩弘自此将李光颜视为眼中钉、肉中刺，将帅失和为原本大有希望的北线战事平添了更多的变数。

西线战事同样不乐观，在此番职务调整中，严绶是最为郁闷的，他不仅丢掉了主帅的位置，甚至连山南东道节度使的位子也保不住了，只是被授予太子少保这样的闲职。

元和十年（公元815年）十月初三，李纯将山南东道分成两个藩镇，户部侍郎李逊被任命为新任山南东道节度使，不过他只能管辖襄州、复州、郢州、均州、房州六州之地，之前管辖的唐州、随州、邓州三州另设为一道，任命右羽林大将军高霞寓为节度使。

李纯之所以要进行此番操作是因为他仍旧想将西线作为主攻方向，因为唐州与淮西镇治所蔡州接壤，他想让作战经验丰富的高霞寓专门负责作战，让财政经验丰富的李逊专门负责后勤保障。李纯寄希望于通过两人之间的密切合作来彻底扭转西线战事，但西线形势却仍旧不容乐观。

前线将领们大多隐瞒失利，夸大胜利，宪宗皇帝虽不时听到来自前线的捷报，但真实的战况却并没有那么乐观，直到一场惨败彻底扯下了这层遮羞布。

元和十一年（公元816年）六月初十，唐邓节度使高霞寓在铁城大败，损失惨重。正是这场突如其来而又始料未及的惨败让宪宗皇帝彻底地从美梦中惊醒。原来那些胜利是如此不实，原来损失如此之大，原来形势如此严峻。

宰相们闻讯后纷纷入朝觐见，除了裴度之外，其他宰相全都劝说李纯尽快停止对淮西用兵，虽然李纯对此也感到极为震惊，但他不肯轻易半途而废，于是说："胜败乃兵家常事，我们今天只讨论用兵策略，哪位将领不称职，我们就尽快撤换。哪里军粮短缺了，我们就尽快补充，难道就因为一个将领的一次失利就要停战吗？"

对于铁城之战的失利，高霞寓与李逊却互相指责，一个说军队补给不到位致使军心动摇，另一个说战场指挥失利却要埋怨后勤保障。关于战败责任，两人你一言我一语，相互指责，相互诋毁，李纯索性将两人同时免职，把高霞寓贬为归州刺史，把李逊贬为恩王傅。

李纯调任河南尹郑权为新任山南东道节度使，又想起了开战前夕被自己撤换的袁滋，但他原本是管辖山南东道九州之地的节度使，如今却将他的辖区缩减为三州，担心他会一时难以接受，于是任命荆南节度使袁滋为彰义节度使，管辖申州、光州、蔡州、唐州、随州、邓州六州。但这不过是李纯故意开出的空头支票，因为申、光、蔡三州仍旧掌握在吴元济的手中。

袁滋带着复杂的心情来到了唐州，本来暗中庆幸朝廷在开战前夕将自己调离了山南东道，可如今却似乎又回到了原点。

严绶、高霞寓接连惨遭败绩的教训使得袁滋清醒地意识到自己恐怕也不是淮西军的对手，于是到任后主动向淮西军示好，拆除了边境处所有岗哨，严禁胡夏士卒进攻淮西镇。吴元济包围了袁滋所在的新兴栅，袁滋竟然以极其恭敬谦虚的言辞请求对方撤退，这件事迅速沦为朝野间的笑柄。

袁滋哪里是去讨伐的分明是搞统战的，他的所作所为使得朝廷威严扫地，也让李纯渐渐忍无可忍，罢免袁滋自然也就成了顺理成章之事，不过让谁来接手这个烂摊子一时间却让李纯犯了难。

就在李纯为接任人选而犹豫不决之际，太子詹事（正三品）李愬主动请缨。他是一代名将李晟的儿子，虽然谋略出众，骑射精湛，却始终没能等到施展才华的机会。他担任的卫尉少卿、少府监虽与军事都有些关联，但这两个官其实都是文职，卫尉寺负责保管武器仪仗，少府监负责制造铠甲弓弩。他也曾出京担任坊州（今陕西省延安市黄陵县）、晋州（今陕西省临汾市）二州刺史。

不过李愬近些年担任的却是太子右庶子、太子左庶子、太子詹事这样的闲职，这些职务大多由年老多病、行动不便的官员担任，可见李愬已然提前过上了半退休的生活。

唐朝立国之初，东宫左近设有专门的官衙，还仿照皇宫建立一套与之基本对应的官员队伍，如太子詹事对应的就是尚书省的长官尚书令，原本负责执掌整个东宫的政令。东宫官往往都是皇帝经过精挑细选才选出来的可以辅佐太子的有威望或有潜力的官员，等到太子继位后，这些官员也会得到重用。但从玄宗朝开始，太子不再独立居住在东宫而是居住在皇宫之中或是皇宫附近的别院，便于皇帝对其进行监视管控，因此曾经炙手可热的东宫官也就此一落千丈，成为并没有什么实际事情可做的闲散职位。

李愬原本以为自己的一生将会在平淡无奇的日子中度过，但越打越艰难的淮西之战却使得他看到了一鸣惊人的机会。虽然此时的李愬仍旧默默无闻，但他后来的光芒却直逼已经被推上神坛的父亲李晟。

不过此时的李愬在李纯眼中还是有些太过普通了，虽然当时很少有人愿意主动伸手去接这个烫手山芋，但李纯并未因为李愬的毛遂自荐而轻易决定任用这样一个之前资历平平之人。在李纯摇摆不定的关键时刻，宰相李逢吉的竭力推荐使得李纯最终下定决心冒险一试。

李逢吉时常会被归入主和派，其实他也是坚定主战的，不过他所希望的是战胜的功劳能够为己所有，并不愿看到平定淮西之功被裴度一人独揽，所以才会绞尽脑汁地从中作梗。他此番推荐李愬除了此前两人关系亲密外，也想通过他插手淮西之战，以便日后可以借此邀功请赏。

就在当年十二月二十三日，李愬被任命为新任唐邓节度使，次年正月二十四日，避敌畏战的袁滋被贬为抚州（今江西省抚州市）刺史，对于他而言这或许是一种解脱。任何人都没有觉得这次换帅将会给战争形势带来什么改观，但正是这个名不见经传的李愬意外打开了胜利之门。此时无论是皇帝还是宰相，甚至是身在战争一线的唐军都觉得胜利是一种遥不可及的奢望。

有着一颗不安分之心的不知名将领

李愬到任后丝毫没有节度使的架子，与将士们一起聊天、一起训练，混在将士们中间一点都看不出他居然会是位高权重的节度使。

淮西军将士都看不起一向没有什么名望的李愬，他们有着骄傲的资本，把高霞寓赶走了，把袁滋赶走了，一个不起眼的李愬又能够翻得起什么风浪！

淮西军将关注的目光都集中在了北线，觉得李光颜和乌重胤才是真正的对手，不承想身后这个深藏不露的对手才是最可怕的！

李愬敏锐地觉察到奇袭蔡州的机会已经悄然来临了。仅仅拥有三州之地的淮西越来越难以承受旷日持久的战争带来的沉重负担。为了供养数量庞大的军队，百姓们只得节衣缩食，即便如此仍旧食不果腹，不管是菱角、芡实、鱼鳖还是鸟兽，能吃的都吃了，艰难困苦的生活已经使得淮西将士和百姓们不堪忍受。

但由于之前严绶、高霞寓、袁滋三任统帅都因失败被免，西线军队普遍士气低落，因此李愬迫切地想要通过胜利来鼓舞士气。

二月初七，李愬派遣十将马少良率骑兵十余人巡回侦察，途中遇到吴元济麾下捉生虞候丁士良，一举将其擒获。骁勇善战的丁士良曾经屡屡击败西线官军，很多将士都死在他的刀下，因此将士们叫嚣着将丁士良的心剜出来。

就在丁士良自认为此番在劫难逃之际，李愬悄然走到他的面前，当面斥责他曾经犯下的罪行，但丁士良的脸上却没有一丝恐惧的神色。李愬赞赏地点了点头说："你真是一位大丈夫！"

李愬走上前去亲自为丁士良松了绑。丁士良感动得泪流满面，其实他原本也是官军，在与淮西军作战时被擒获，但吴少诚却亲手释放了他，因此他愿意死心塌地地为吴氏父子效力。如今李愬又亲手释放了他，他发誓将竭诚在他麾下效力。李愬满意地点了点头，让他在自己麾下担任捉生将。

丁士良归降李愬并不只为活命而是迫切地想要立功赎罪，他跟李愬说："吴秀琳拥兵三千据有文城栅，犹如淮西军向外伸展的一只手臂，如果不斩断这只手臂，我们将势必难以向前推进。文城栅之所以久攻不下并非因为主将吴秀琳而是因为谋主陈光洽。陈光洽这个人虽然足智多谋，却不够稳重，喜欢亲自出战，我知道怎么对付他，只要捉住了陈光洽，吴秀琳肯定会不战而降！"

二月十八日，丁士良果然成功地擒获了陈光洽，不久之后，吴秀琳也如丁士良预言的那样派遣使者前来请降。

三月二十八日，李愬派遣唐州刺史李进诚率领八千兵士前去接收文城栅，但迎接李进诚的却是密集如雨的箭镞与石头。李进诚赶忙跑回来禀报说："吴秀琳的话不足为信，肯定是假投降！"李愬却笑了笑说："他这是在等我前去呢！"

当李愬出现在城下的时候，吴秀琳赶忙收起兵器，乖乖地从文城栅内跑了出来，跪在了他的马前。李愬抚摩着他的脊背，对他好言安慰了一番，顺势收编了他手下的三千人马。吴秀琳的归降使得西线官军士气大振，觉得敌人并没有自己想象的那么可怕，胜利也没有自己想象的那么遥远！

李愬厚待归降的淮西士卒，如果家中有父母需要照料，便给他们发放粮食布帛，让他们离开，因此前来投降的淮西军络绎不绝，西线战争态势发生了根本性逆转。

李纯之所以对西线寄予厚望是因为唐州毗邻淮西镇治所蔡州，李愬也一直渴望着能够一举奇袭蔡州，彻底终结这场旷日持久的战争。不过他也深知这个计划太过冒险，如果稍有不当便可能会全军覆灭，为了提高胜算，他必须要对淮西镇的兵力部署、山川河流有更多更为详尽的了解，因此他会放下身段主动向每个降将，甚至每个降卒去了解蔡州的情形。不过吴秀琳却摇摇头说："公欲取蔡，非李祐不可，秀琳无能为也。"①

李祐是淮西军中有名的悍将，戍守在兴桥栅（今河南省驻马店市汝南县王桥村附近），官军时常被他打得落花流水，因此李愬决意派遣心腹爱将厢虞候史用诚前去会会他。

五月二十一日，李祐率领手下士卒到张柴村（今河南省驻马店市遂平县大刘庄村附近）收割麦子，自从开战以来还没有哪一个唐军将领是他的对手，因此他对即将到来的危险全然不知。

按照李愬的吩咐，史用诚带领三百骑兵埋伏在张柴村附近的树林里。他命手下几个士卒故意在淮西军面前摇动旗帜，做出将要焚烧他们麦堆的样子。李祐一贯看不起官军，率领轻装骑兵前来驱逐，此时埋伏在树林里的史用诚率领伏兵突然杀出来，将李祐团团围住。经过一番血战，势单力孤而又陷入包围之中的李祐被史用诚成功擒获。

等到将被五花大绑的李祐押回来时，官军将士们高喊着口号，强烈要求

---

① （北宋）司马光主编：《资治通鉴·卷二百四十》，中华书局1956年版，第7734页。

将双手沾满官军将士鲜血的李祐千刀万剐，但李愬却亲手给他松了绑，还以宾客的礼节对待他，还经常屏退左右单独叫李祐前来促膝长谈，一谈便谈到半夜。

这引起了麾下诸将的不满与不安，担心李祐多年来一直与朝廷为敌，肯定并非真心归顺，势必会趁机谋害李愬。于是将领们纷纷规劝李愬要对归降不久的李祐有所防范，否则后果将会不堪设想，可李愬不仅没有因此而疏远李祐反而对他愈加亲近。

部将们又气又急，于是各种假情报像雪花一般从四面八方飞来，说李祐是淮西军安插在官军中的卧底，不仅在暗中窥探官军军情，还会趁机暗杀李愬，为了让李愬相信，他们还说这些情报是被成功策反的淮西军士卒亲口说的，绝对是千真万确！

李愬一向对自己的直觉与判断深信不疑，并不相信这些所谓的情报，但也不能对此置之不管，一旦这些情报不慎传到长安，传入皇帝的耳中，后果恐怕将会不堪设想，他必须要对此做出回应。

李愬紧紧地拉着李祐的手，流着泪说："难道是上天不愿意让我们平定这伙叛贼吗？"他环顾着众将说："既然你们怀疑李祐是奸细，那么就请你们将他送到天子那里去受死吧！"

李愬命人给李祐戴上枷锁，然后派专人将他送往长安，但这不过是他故意给手下表演的一出戏罢了，他已经在暗中给李纯上表将整件事的原委全都讲得清清楚楚、明明白白，还以自己身家性命担保李祐绝非奸细。

李纯通过李愬的奏章意识到了李祐对于成功奇袭蔡州的重要性，也深知李愬这么做不过是想要借助皇帝的权威让他手下那帮仍旧心存疑虑的将士们闭嘴罢了。李纯随即颁诏释放了李祐，还特地将他派往李愬麾下效力，李纯的一纸诏书也迅速平息了将士们对李祐的种种猜测与非议。

等到再度重逢时，两人不约而同地流下了激动的泪水，李愬哽咽着对将李祐说："你能够得以保全，乃是社稷之幸！"

如今有了天子撑腰，李愬放心大胆地任命李祐为散兵马使，负责帅帐周边区域的警戒任务。李愬经常借故将李祐叫到自己帐中与他一同就寝，两人时常会促膝长谈到天光大亮。有的士卒好奇地在帐外偷听，却只能听到李祐

第八章　雪夜下蔡州

感激涕零的声音。

李愬麾下最精锐的部队是作战强悍的三千牙军，号称"六院兵马"，这些牙军负责包围李愬所在的牙城。为了表示对李祐的信任，李愬任命他为六院兵马使，这等于将自己的身家性命全都交到了李祐的手中。李祐自然深受感动，暗暗发誓一定要竭尽全力辅佐李愬打赢这场举世瞩目的战争。

根据原来的军令，凡是胆敢留宿敌方奸细的一律屠杀全家，李愬到任后却废除了这条军令，不仅留宿敌方奸细无罪，如果能够从奸细口中套取情报还有奖。百姓们自此越来越优待那些奸细，全都渴望着能获得一些有价值的情报。李愬通过此举对淮西内部情形有了越来越深入的了解。

李愬派兵攻打朗山，但淮西军却火速前去援救，腹背受敌的官军最终大败而回。众将全都为此忧愁不已，唯独李愬一人笑着说："这正是我的计策啊！"他的笑使得麾下将领们一时间摸不到头脑。

李愬曾募集了三千人的敢死队，号称"突将"，他每天都会亲自训练他们，还让他们随时做好出征的准备。他想以这支部队作为突袭蔡州的班底，谁知却赶上阴雨连绵的坏天气，以至于道路积水，淤塞难行，他只得暂时放弃了突袭计划，默默着等待合适的时机。

这看似是一个普通夏夜，却是足以牵动整个战局的特殊一晚，除了蟋蟀的叫声，四周一片寂静。李愬与李祐又长谈到了深夜，李愬对于突袭蔡州的计划仍旧心存疑虑，但李祐的一席话却坚定了他奇袭蔡州的决心。

在过去三年的战争中，淮西军与官军交手虽是胜多败少，但自身损耗也很大。由于淮西镇只有区区三州之地，人口本就有限，难以及时补充兵员，淮西军减员非常严重。鉴于兵力有限，吴元济只得将精锐部队全都部署在战略要地洄曲以及本镇边境地区，戍守老巢蔡州的士卒全都是老弱病残之人。趁着蔡州兵力空虚之际，出奇兵进攻蔡州，蔡州守军势必坚持不了多久，即便附近敌军得到消息赶来增援，等到他们赶到时，吴元济恐怕也已经被擒了。

此时已然来到了酷暑难耐的七月，由于元和九年朝廷下诏讨伐，因此到了元和十二年，在习惯用虚数的唐朝人看来，这场战争已经延续了四年之久。

无论是李纯还是朝廷都被这场漫长的战争折磨得筋疲力尽，百姓们更是苦不堪言，由于马匹几乎全都被官府征用，他们只能用驴子来耕地。

李纯召集宰相们讨论应对之策，宰相李逢吉又开始大谈罢兵，说如今士气低落，国库空虚，若是再不结束这场战争恐怕会将大唐硬生生地拖垮。

李纯看了看一言不发的裴度，此时此刻裴度心中也是极为焦虑。这场似乎永远都没有尽头的战争使得他有些骑虎难下，如若半途而废，朝廷的权威将会受到极大的损害，那些桀骜不驯的节度使们将会变得更加骄横难制。

见天子正注视着自己，裴度挺身而出道："微臣恳请去往前线督战！"

裴度所言恰好与李纯心中所想不谋而合，李纯迫不及待地想要知道这场迟迟没有进展的战争症结究竟在哪里，于是让裴度以同中书门下平章事衔充任彰义节度使、淮西宣慰招讨处置使。

制书下达后，裴度却觉得既然韩弘此前已经被任命为淮西诸军都统，自己再担任招讨使职能上恐怕会有所重叠，于是恳请自己此番前去淮西只称宣慰处置使，同时还奏请刑部侍郎马总担任宣慰副使，太子右庶子韩愈担任彰义行军司马。李纯对于他的要求全都欣然应允。

望着眼中满是期待的李纯，裴度铿锵有力地说："倘若贼人覆灭，臣不久便会前来朝见陛下；倘若贼人尚在，臣便誓不回朝！"李纯听后不禁流下了泪水。

八月初三，李纯驾临通化门亲自为即将远行的裴度饯行，李纯紧紧拉住他的手，久久都不肯松开，他们不知道这次分别之后何时才能再相见，究竟还能不能再相见！

裴度走的时候心中尚有几分忐忑，自己的政敌李逢吉仍在朝执政，担心他会趁机谋划对自己不利的事情。李逢吉与翰林学士令狐楚交好，因此李纯决意先从令狐楚下手，偷偷地将令狐楚草拟的诏书改动了几个字，随后便以起草制书言辞失当为由罢免了他翰林学士的职务。

早在李纯还是广陵王的时候，平民张宿便因能言善辩而得到他的宠信，等到李纯即位之后，出身卑微的张宿不仅成功地走上了仕途，还一路升迁到比部员外郎，可他不仅不感恩朝廷恩典，反而利用手中权力大肆收受贿赂，招致宰相李逢吉的厌恶。

第八章　雪夜下蔡州

李纯准备提拔张宿出任谏议大夫，李逢吉当即劝阻道："谏议大夫之职责任重大，必须要任命能力德行出众之人，张宿不过是一介小人，怎么能够窃居如此重要的职位呢？如果陛下一定要任用张宿，那就请求先罢免微臣的职务吧！"

其实李纯早就想着要让李逢吉下野，因为这样才能使得远在前线的裴度心安，于是顺势让他出任剑南东川节度使。随着李逢吉的离去，朝中主和的声音顿时变得微弱了许多。

风尘仆仆的裴度经过襄城南面的白草原时，七百名骁勇善战的淮西骑兵突然出现在他们的面前。好在镇将曹华事先得到情报，提前做好了准备，成功地将他们击退，否则后果恐怕将会不堪设想！

八月二十七日，裴度抵达郾城县（今河南省漯河市郾城区），由于蔡州尚未攻克，因此他这个彰义节度使只能暂时侨居在这里。

郾城在四个月前才刚刚被李光颜收复，当时官军包围了青陵城（今河南省漯河市西南），成功地截断了郾城守军的归路，郾城守将邓怀金由此心生恐惧。郾城县令董昌龄趁机劝他归降朝廷，不过此时他们的家人却全都被吴元济扣为人质，一旦让吴元济得知他们不战而降，他们的家人恐怕就凶多吉少了。

董昌龄和邓怀金派手下人秘密联络李光颜，李光颜答应了他们的请求，按照约定率兵来攻，两人当即在城中举火求援。李光颜在援军的必经之路上设伏，毫无防备的淮西援军被官军一举击溃。

郾城大捷成为淮西之战中为数不多的大捷。前来救援的淮西军死亡率竟然高达十分之三，李光颜一举缴获了战马千余匹、铠甲三万副，这场惨败使得淮西军再也不敢像之前那样嚣张跋扈了。

李光颜随后开始进攻郾城，城中守军象征性地抵抗了几下便在城头竖起了白旗。董昌龄手捧着伪县令大印，邓怀金率诸将身穿素服打开城门，迎接李光颜入城，李光颜几乎兵不血刃就占领了郾城。

虽然裴度临行前辞去了招讨使的职务，但他却成为实际上的前敌总指挥，为了振奋前线将士的士气，他决意先从将士们最深恶痛疾的弊端改起。

每有战事，宦官便会被任命为监阵使，虽然这些人并不怎么懂军事，却总喜欢指手画脚，以至于将领们排兵布阵时总会受到他们的干扰，却又敢怒而不敢言。要是打了胜仗，这些宦官们便会使出浑身解数邀功请赏；要是打了败仗，他们便会不遗余力地推卸责任，甚至还会对将帅们进行百般凌辱。

裴度奏请废除监阵使，李纯当即同意了他的请求。将领们打仗时再也不用看宦官的脸色行事了，可以根据战场形势随心所欲地进行军事部署。

不过此番裁撤的是监阵使，监军使仍旧存在。朝廷在每个藩镇都设有监军使，以便朝廷能够及时掌握每个藩镇的最新动向，但监军使往往只负责对藩镇内的重大事务进行监督，通常并不会干涉行军打仗等具体事务。

如今淮西之战僵持不下，焦躁不安的李纯既派遣宰相裴度亲赴前线，同时也派遣枢密使梁守谦担任监军使。梁守谦二十岁左右就入宫，仅仅用了六七年的时间，年仅二十七岁的他就被德宗皇帝李适任命为翰林学士院使，由此可见他的确是个聪明能干之人。五年后，也就是元和五年（公元810年），刚过而立之年的他接替退休的刘光琦出任枢密使，其实刘光琦早就不被李纯信任，只是为了安抚他而将他一直留任。

梁守谦在枢密使任上不似前任刘光琦那么招摇，一直兢兢业业，谨慎小心，深得李纯的赏识。临行前，李纯特地授予他空白告身五百张和金钱布帛，只需在空白告身上填上姓名与官职便成了委任状，对于正在前线厮杀的将士们起到了极大的鼓舞作用。不过他却只是个宦官，宦官历来不怎么受史官待见。其实此后很多大事都是裴度同他一同商议施行的，但由于史官出于对宦官本能的排斥，因此将这些事全都算到了裴度一个人的头上。

裴度与梁守谦的到来给淮西之战带来了积极变化，他们觉得骁勇善战的李光颜与乌重胤或许能够成为这场战争的终结者，但令人始料未及的是此前连遭败绩的西线居然会成为整场战争的突破口。

九月二十八日，李愬决意攻打吴房县（今河南省驻马店市遂平县），但诸位将领却纷纷劝说道："今天乃是本月凶日，不宜出兵作战啊！"李愬却说："我们兵马并不多，与敌军正面作战恐怕讨不到什么便宜，只能出其不意攻其不备！你们觉得我们今日不宜出兵，敌军恐怕也会这么想，此时恰恰是我们进攻的绝佳时机！"

李愬率军一举攻克了吴房外城，斩首一千余级，剩余的淮西兵马龟缩到

第八章　雪夜下蔡州

内城不敢出战。就在吴房县即将被攻陷时，李愬却出人意料地撤军而走。

淮西军将领孙献忠见官军突然撤兵，随即率领骁勇善战的五百骑兵悄悄出城，想要趁着官军撤退的混乱之际发动偷袭。面对这个突发状况，很多将领都感到有些恐慌，李愬却镇定自若地跳下马，靠在胡床上命令道："有胆敢退却的格杀勿论！"

官军见主将居然如此信心满满，也渐渐恢复了斗志，与前来挑衅的淮西军死战，一举斩杀了孙献忠，淮西军一时间四散奔逃。

斗志高涨的将士们请求顺势攻占吴房县，可李愬却说："夺取吴房并非是我的计策！"他居然主动放弃了唾手可得的吴房县，率领兵马返回自己的营地。

将士们全都不明白李愬究竟是怎么想的，众人不愿凶日出兵，他却非要来攻；众人畏惧淮西骑兵，他却力主死战；如今众人全都觉得胜利在望，他却又突然要求撤兵，他们忙碌了这一遭却毫无斩获。其实李愬心中自有盘算，只是当下他还不能道出其中的玄机。

十月十五日，李愬命令马步都虞候、随州刺史史旻留守本镇。李祐率领三千敢死队作为前导，李愬率领三千兵马作为中军，李进诚率三千兵马负责殿后。这支近万人的突袭部队静悄悄地上路了，他们即将创造战争史上的一大军事奇迹，彻底终结这场漫长的战争！

他们一行人急行军六十里，趁着夜色赶到了张柴村，将屯戍村中的兵士和守候烽火的士卒全部杀死，迅速占领了周边的各个栅垒。

李愬命令将士们稍作休息，吃些干饭，整顿马具，将来自义成镇的五百士卒留下来镇守张柴村，截断洄曲与蔡州城之间的联系。

李愬连夜率领兵马出了张柴村的栅门，各位将领请示此次进军目标，李愬此时才说："我们要前往蔡州擒拿吴元济！"

各位将领闻听此言全都大惊失色，监军李诚义更是哭着说："看来我们果然中了李祐那个贼人的奸计了！我们这次恐怕有去无回了！"

天色变得越来越阴暗，风雪大作，旗帜破裂，李愬却带领手下人坚定地向前走去，路边冻死的战士与马匹随处可见，由张柴村往东去的道路都是他们从来都没有踏足过的地方。此时很多将士的心中都充满了恐惧，但慑于李愬的威严又不得不跟从他前行的脚步。

半夜时分，雪下得更大了。经过七十多里的艰难跋涉，他们终于来到了蔡州城下。靠近城边有一处喂养鹅鸭的池塘，李愬命令哄打鹅鸭，以便遮掩军队行进的声响。官军已经有三十多年未曾到过蔡州城了，蔡州人对于他们的到来毫无防备。

元和十二年（公元817年）十月十六日四更时分，蔡州城内出奇的安静。谁也不会想到就在这个寂静的雪夜，一场决定战争胜负的战斗即将打响。

在漫天的大雪中，戍守蔡州的淮西军士卒强睁着惺忪的双眼，但强烈的困意却不停地向着他们袭来。身为大后方的他们一直都未曾真切地感受到战争的威胁，例行的巡逻警戒不过是做做样子罢了，思想上的极端松懈使得他们在危险骤然来临时丧失了应有的警惕。

李祐用锄头在城墙上掘出坑坎，踩着这些坑坎率先登城，他手下那些士卒紧紧地跟随在他的身后。官军登上城墙时，绝大多数淮西军士卒仍旧在熟睡之中。

李祐挥了挥手，这些人还来不及醒来就全都踏上了黄泉路，不过智勇双全的李祐并未一味地杀戮，该杀的必须杀，该留的必须留！

那些巡夜打更的更夫们依然敲打着木梆，这种有节奏的打更声向城内传递着平安的讯号。正是这种假象蒙蔽了即将大难临头的吴元济，他在这个生死攸关的夜里居然睡得很沉，也很香。

李祐悄悄地打开城门，大部队迅速冲入城内，冲向下一个目标：内城。

官军很快就用同样的办法杀进了内城，可见城中守备的松懈。此时鹅毛般的大雪终于停了，雄鸡的叫声也传遍了整个蔡州城。

新的一天即将开始，但吴元济的末日却到来了。不过此时的吴元济仍旧躺在床上舒舒服服地睡着觉，这也将成为他一生中最后一个好觉。

"不好了，官军攻进城了！"

望着风风火火前来报信的卫兵，吴元济仍旧悠然自得地躺在床上，嗤之以鼻地说："你慌什么？不过是那些被俘的囚徒们盗窃罢了！用不了多久，局势便会稳定下来。天一亮，我便将那些闹事之人统统诛杀！"

"不是盗贼，是官军！"

第八章 雪夜下蔡州

吴元济仍旧不敢相信官军会从天而降，急忙站起身来，走到院子里屏息听着外面到底发生了什么。

蔡州构建起了由外城、内城和牙城组成的三环套月结构的防御体系。此时的吴元济唯一能做的便是依托牙城拼死坚守，大将董重质率领一万多精锐兵马驻扎在与蔡州城近在咫尺的洄曲，只要董重质及时回援，那么官军可就彻底死定了。

李愬猜出了吴元济的心思，决意彻底断绝吴元济最后一丝希望，派人找到董重质的家人，让他的儿子董传道带着李愬所写的亲笔书信前去规劝董重质。董重质也觉得如今已然大势已去，于是单枪匹马前来投降李愬。

董重质离开后，军营内顿时乱作一团，忠武节度使李光颜趁机带兵突入营垒。他骑着马向淮西军士卒大声呼喊，投降者不杀，上万名淮西士卒乖乖地放下武器，就此彻底奠定了胜局。

官军开始猛攻牙城，但由于牙城防守异常坚固，李愬只得命人放火焚烧牙城南门。城中百姓听说官军来了，不仅毫无抵触，反而是满心欢喜，因为这些年吴氏的残暴统治使得他们的日子过得实在是太过压抑了，早就想着要换一种活法，于是争着抢着背来柴草扔向熊熊燃烧的大火之中，大火越烧越旺，不停地发出"噼啪噼啪"的声响。

到了十月十七日申时（即下午十五时至十七时），此时城门在烈焰焚烧下已经彻底朽坏了，火势渐渐衰退，早就跃跃欲试的官军迫不及待地想要冲进城中。吴元济有气无力地站在城头，用颤抖的声音向城下的官军喊话，愿意向朝廷投降请罪。

见到吴元济如今这副狼狈不堪的样子，李愬心中不免升腾起了几丝得意，当今天子征调十六镇兵马征讨数年却是劳而无功，如今吴元济却落到了他的手中。他赶忙命人将天梯搭在城墙上，吴元济颤巍巍地从梯子上缓缓走下来。

吴元济不曾想到曾经强盛一时的淮西镇竟会葬送在他的手中！早知现在何必当初，当初义武节度使张茂昭率先入朝时，很多节度使都嘲笑他怯懦，如今看来他才是真正的先知先觉。

在这三年时间里，吴元济没有过过一天安稳日子，仍旧天真地幻想着朝廷会像之前那样识趣地退兵，事到如今他才真正意识到皇帝已然不是之前的皇帝，时代也已然不是之前的时代，与其奋不顾身地以卵击石，还不如当初就主动地顺应时代潮流，爽快地入朝去过逍遥快活的日子，但如今无论多么悔恨都已经迟了！

其实李愬之所以能够成功偷袭蔡州，除了计划周密、行事果决之外，还得益于北线官军对淮西军的牵制。由于前敌总指挥裴度身在郾城，因此吴元济一直将关注的目光投向北线，急切地想要寻找机会将裴度置于死地。

就在李愬雪夜下蔡州前几日，裴度就曾经遭遇了一场惊心动魄的战事。当时官军在沱口（今河南省漯河市郾城区东南沱沟）修筑赫连城，在侍卫们的簇拥下，裴度前来视察。淮西军一直在暗中密切关注着他的一举一动，觉得这是一个刺杀裴度的绝佳时机。

一支悍勇的淮西骑兵从五沟方向疾驰而来，还不停地呼喊着震天动地的口号。裴度不得不再次面对极度凶险的局面，好在李光颜早就对此有所防备，派遣魏博镇将领田布在沟后埋伏了一支精骑，迅速切断了淮西骑兵的后路。

前来袭杀裴度的淮西骑兵没有料到偷袭不成，后路居然还被人家截断了，顿时斗志全无，就在淮西骑兵不知所措之际，李光颜带领手下将士突然杀出，打得淮西骑兵丢盔卸甲，仅仅失足跌入沟中的就多达一千余人。

攻克蔡州的次日，李愬用囚车将吴元济押送往长安。自从吴元济被俘后，两万多淮西将士相继前来归降，淮西镇所属申州、光州二州也很快得以光复。

旷日持久的淮西之战早已使得朝廷财政入不敷出，当时罢兵的呼声越来越高。当时担任尚书左丞（正四品上阶）的卫次公也奏请李纯罢兵。此时李纯的内心也开始动摇了，有意起用主和派卫次公为宰相，可委任诏书刚刚下发，平定淮西的捷报便送到了。李纯赶紧派人快马加鞭追回诏书，将他改任为淮南节度使，卫次公就这样悲催地与宰相之位擦肩而过了。[①]

[①]（北宋）欧阳修、宋祁等撰：《新唐书·卷一百六十四·卫次公传》，汉语大辞书出版社2004年版，第3647页。（后晋）刘昫等撰：《旧唐书·卷一百五十九·卫次公传》，汉语大辞书出版社2004年版，第3542页。

长达三年之久的淮西之战终于落下了帷幕，这是李纯执政生涯中最艰难的一战，却也是大唐走向中兴的关键一战！

旧貌换新颜的蔡州

自从吴元济被擒后，李愬没有再杀戮一人，无论是将士官吏，还是账房厨师，甚至是喂马的马夫，李愬全都恢复了他们的职事，让他们像往常那样去工作。李愬让自己的兵马屯驻在气势恢宏的鞠球场上，静静等待着彰义节度使裴度的到来。

元和十二年（公元817年）十月二十五日，已然就任彰义军节度使将近三个月的裴度还是第一次来自己此前一直魂牵梦绕的蔡州。全副武装的李愬率军出城迎接他，见到裴度后准备行大礼，却被裴度拦下，但李愬却执意这么做，因为他是在做给蔡州人看。

这对相互成就、相得益彰的将帅此后不久居然为了一篇碑文反目成仇，进而演变为一场迅速席卷全国的政治风暴，以至于时隔千年之后，人们对于当初究竟谁对谁错仍旧争论不休。

裴度来到蔡州之后，李愬识趣地返回了文城栅。如今战事已经结束了，将领们开始向他饶有兴趣地请教，他为什么败于朗山而不忧，胜于吴房而不取，冒大风暴雪而不止，孤军深入而不惧？

李愬笑了笑说："朗山失利使得敌人轻视我们，势必会防守松懈。如果我们顺势夺取吴房，驻守吴房的兵马势必会逃奔蔡州，这样蔡州的防守力量便会增强，留下吴房是为了分散敌人兵力。疾风暴雪，天色昏暗，烽火联络势必会受到极大的影响，这样敌人便会很难发现我们的行踪。我率军深入孤立无援的敌境，人人都会拼死一战，何愁蔡州不克呢？眺望远处的人不必顾及近处，计虑大事的人不必在意小事。倘若夸耀小小的胜利，痛惜小小的失败，怎么能为国家立下大功劳呢？"

李愬虽然身居节度使高位，但在生活上却很是节俭，不过他对手下将士们却极为优待，"知贤不疑，见可能断"①。

裴度到任后留用蔡州士卒充作自己的警卫部队，有人劝他说蔡州人反复无常，您不能不加以防备，但裴度却不以为然地说："首恶已然被擒获，我如今是彰义节度，蔡州人自然全都成了我的人！我怎么能怀疑自己人呢？"

这些年来，吴氏带领蔡州人一直与朝廷分庭抗礼，脆弱而又敏感的蔡州人不知道朝廷将会怎么看待自己，怎样对待自己。在他们的眼中，裴度代表着朝廷，也代表着皇帝，他的态度使得蔡州人一直焦虑不安的情绪渐渐地舒缓下来，因为蔡州人意识到朝廷仍旧把他们看作是大唐的子民。

许许多多的蔡州人流下了泪水，是激动的泪水，也是悔恨的泪水。

之前蔡州人一直生活在白色恐怖之中，以至于在大街上见到亲友熟人都不敢多说话，不敢多停留，只是行个礼，简单寒暄几句便匆匆离开。百姓们甚至不许在夜间点燃灯烛，也不能相互请客吃酒，违令者斩！

吴氏这么做的目的就是阻断百姓间的日常联系，巩固他那摇摇欲坠的统治，裴度到任后将这些严苛的法令统统予以废除，蔡州人自此享受到了久违的自由和快乐。

十一月，李纯威风八面地驾临兴安门，参加接收战俘的盛大仪式。在这三年时间里，他曾经不止一次地想到过放弃，但正是自己的坚持不懈才有了今日的胜利与荣耀。淮西之战的胜利使得他的威望达到了顶峰，那些割据一方的节度使们不得不认真思考自己未来的路究竟该怎么走。

等到淮西局势稳定之后，裴度再度回朝为相，淮西镇也很快走到了历史的尽头。淮西节度使马总接替李光颜出任忠武节度使，淮西镇治所蔡州划归忠武镇管辖，申州转隶鄂岳，光州转隶淮南，设立于至德元年（公元756年）并且已经存在了六十一年之久的淮西镇至此将不复存在。

忠武镇将蔡州收入囊中实力大增，之后忠武军曾经南下平定浙东裘甫起义，西征抗击吐蕃南诏入侵，北上平定党项族动乱，成为令所有对手都闻风

---

① （北宋）司马光主编：《资治通鉴·卷二百四十》，中华书局1956年版，第7743—7744页。

丧胆的骁勇之师，也是朝廷最为倚重的藩镇军事力量。

自认为立下首功的李愬起初获得的封赏也最为丰厚，由战时的随、唐、邓节度使升任山南东道节度使，重新管辖九州之地，还被封为凉国公，他也成为诸将中唯一一位被册封为国公的人。

此时的李愬仍旧沉浸在为朝廷立下大功的喜悦之中，不会想到自己一系列不慎的举动使得李纯对他的猜忌之心越来越重。

李愬收编了很多淮西降将，正是这些人不停地为他出谋划策，他才得以成功地雪夜下蔡州，但李纯也担心他会在这些人的怂恿下渐渐迷失自我，也走上反叛之路，因此李纯将那些淮西降将陆续从李愬麾下调走，其中最能干的李祐被召入京担任神武将军，承担皇宫宿卫之责。

李愬曾经答应过淮西大将董重质将会恳请朝廷赦免他的死罪，但李纯原本想要处死恶贯满盈的董重质，却又唯恐失信于天下，只得放了他一马，却也没有批准李愬提出的将董重质留在自己麾下效力的请求，将他贬为春州（今广东省阳春市）司户。

面对皇帝的猜忌，李愬仍旧不知收敛，依旧我行我素，居然奏请朝廷为自己麾下判官、大将以下一百五十名官员与将校升官晋升品级。李纯看完后脸上顿时便露出不悦之色，对宰相裴度说："李愬诚然为朝廷立下奇功，但一下子为一百五十人奏请未免有些太过了，即便他的父亲李晟为先帝收复了长安，恐怕也不会如此吧！"

李纯将李愬呈上来的奏状留了下来并没有批准，正是因为两人复杂而又敏感的关系使得在不久之后发生了那场朝野瞩目的碑文风波。

第九章

元和中兴的落幕之战

元和十四年（公元819年）正月，在春节的喜庆气氛之中，淄青之战正如火如荼地展开，与之前的淮西之战截然不同，此番讨伐淄青，诸路将领不再迟疑迁延，几乎全都奋勇向前，以至于捷报频传。

李纯的心中满是欣喜，其实他原本并不想对淄青用兵，因为淄青镇在割据型藩镇中面积最大，士卒最多，但淄青节度使李师道出尔反尔的行径使得他不得不对他进行讨伐，虽然他的心中有着诸多无奈，但他对于这场战争的胜利却仍旧很有信心，可他也没有想到胜利居然会来得如此之快，以至于他对此还没有做好充足的心理准备。

作死的李师道

淮西之战胜利后，天下藩镇震动不已，他们原本都没有想到朝廷削藩的决心会如此之大，对朝廷的态度也不得不有所改变。

自设立以来，横海镇的军政大权便一直被程家人把持着，虽然历任横海节度使都对朝廷很恭顺，但义武节度使张茂昭的主动去职仍旧给横海节度使程执恭带来极大的触动，随着割据四十余年的淮西镇被铲除，他内心深处又生出许多不安。

经过一番权衡，程执恭派遣使者给朝廷上表请求全族入京朝见，李纯当即准许了他的请求。虽然程执恭果断地放弃了手中的权力，但横海镇的将士们却自由自在惯了，担心朝廷新派来的节度使到任后，他们就再也不能像之前那么逍遥快活了，于是纷纷聚集起来拦住了程执恭的去路。

就在程执恭不知所措之际，横海掌书记林蕴却主动站了出来，他苦口婆心地向大家讲明祸福的道理，将士们这才陆续散去，程执恭得以离开横海。林蕴因立下大功被召回朝中担任礼部员外郎，程执恭之后出任邠宁节度使，横海镇也就此回到了朝廷的怀抱，与义武镇成为朝廷对抗河北三镇的桥头堡。

第九章 元和中兴的落幕之战

裴度坐镇淮西时，平民柏耆曾向韩愈献计说："得知吴元济被擒获后，王承宗恐怕早就吓破了胆。我希望能够携带裴相公的书信前去劝降，这样朝廷便可不费一兵一卒而降服他！"韩愈将这件事禀告了裴度，裴度当即写了书信交给柏耆，让他即刻前往成德镇。王承宗看到裴度的书信后心中更加恐惧，赶忙向魏博节度使田弘正摇尾乞怜。

朝廷此前两度大规模讨伐成德，虽然都以失败告终，但随着淮西镇被平定，朝廷的威望达到前所未有的程度，如果朝廷再征调大军前来征讨成德，王承宗恐怕就凶多吉少了，要想顺利渡过难关只能主动向朝廷请降，或许还能获得朝廷的宽恕。

王承宗觉得此时此刻只有老对手田弘正能够帮他，田弘正担任节度使后当即主动归顺了朝廷，李纯也因此一直对他另眼相待，因此王承宗认定李纯肯定不会不听田弘正的话。不过之前两人积怨很深，如今他又到了生死攸关的关键时刻，他主动放下身段前去，苦苦哀求田弘正。

田弘正最终不计前嫌，答应了王承宗的请求。其实田弘正的心中也有着自己的小算计，虽然成德、魏博两镇这么多年来一直不睦，但如果能够借此机会使得王承宗彻底地臣服于自己，那么他在河北地区的政治影响力将会大幅提升。

田弘正给朝廷上奏请求赦免王承宗，王承宗自请将两个儿子送入朝中充作人质，愿意将德州、棣州二州献给朝廷，还承诺向朝廷交纳赋税，请求朝廷来任命属下官吏。

起初李纯并不想就此轻易放过屡屡使得他颜面无存的王承宗，可田弘正却锲而不舍地接连上表，李纯不愿就此冷了田弘正的心，只得答应了他的请求。

元和十三年（公元818年）四月初一，王承宗派遣使者将两个儿子王知感和王知信以及德州、棣州两州的版图与印符送到了京城长安，王承宗通过主动挽回成功地化险为夷，但他也给幽州节度使刘总造成了极大的心理压力。

幽州大将谭忠对形势的判断能力远远高于自己的上司刘总。幽州镇在河北三镇中经济实力最弱，兵乱层出不穷，因此在河北三镇中通常都是最为恭顺的，但对于朝廷的诏令却依旧是阳奉阴违。朝廷虽然并未对此表示什么，但双方一直都对此心知肚明，如今魏博、成德已然先后归顺朝廷，王承宗还向朝廷献上两州十二座城邑，如此一来，幽州镇的处境恐怕就堪忧了！

谭忠意味深长地说："刘辟、李锜、田季安、卢从史、吴元济这些人全都依仗手中精兵，凭着险要地势，认为天下没有人能奈何得了他们，可最终却全都难逃覆亡的命运，这恐怕就是天意吧！当今天子神圣威武，忧心苦思，节俭衣食，供养将士，所以朝廷才会所向披靡，战无不胜！"刘总自然听懂了谭忠的话，自此决心一心一意地归顺朝廷，再也不敢心怀异志。

此时此刻最惶恐不安的人是淄青节度使李师道，在朝廷征讨淮西期间，他做了太多太多见不得光的事情，这些事情一旦让朝廷知晓了，他恐怕将会死无葬身之地。

王承宗主动向朝廷示好之后，李师道的内心愈加恐惧，他手下的幕僚李公度趁机劝说他积极地向朝廷表达自己的诚意，这样才能求得朝廷的宽恕。李师道觉得他说得很有道理，于是派遣使者给朝廷上表，请求准许让自己的长子入朝侍奉，并且愿意献出沂州、密州、海州三州。

虽然李师道做了许多不法之事，却都是偷偷摸摸干的，并没有像王承宗那样明目张胆地挑衅朝廷，因此对于他的主动示好，李纯持欢迎态度，当即便应允了他的请求。

刚刚结束了长达三年之久的淮西之战，大唐上上下下都需要休养生息，因此李纯原本也不想太过难为李师道，此时他的目光已经投向了西部，任命李愬为凤翔节度使，想要收复被吐蕃侵占的陇右故地。

天底下有很多人不作死就不会死，李师道就是这样的人！他虽然贵为节度使，但既缺乏政治敏锐性，又没有政治决断力，每每遇到大事，他既不与大将商议，也不与幕僚商量，居然与妻子魏氏、家奴婢女等人商议。

魏氏不愿让自己的儿子入朝充当人质，于是联合两个很受李师道宠爱的婢女一同前来规劝李师道说，淄青镇兵力多达十余万人，没有必要主动向朝廷示弱，若是朝廷派遣兵马前来讨伐，尽力接战之后遭遇了败绩，此时再献上三州也不迟！

李师道觉得自己是误听李公度之言，才陷入如此被动的境地，于是想要将他斩杀，不过在幕僚贾直言等人劝说下只是将他囚禁起来。看来已经作古的李师古更了解自己的这个弟弟，李师道果然是烂泥扶不上墙。在朝廷威望日隆之际，他居然还在出尔反尔，这无异于引火烧身，离灭族之祸已经不远了！

见李师道迟迟没有履行自己的承诺，李纯特地派遣左散骑常侍李逊前往淄青镇治所郓州进行宣慰。李师道特地部署了大量军队，以盛大的军容欢迎李逊的到来，名义上是对他表示尊重，实际却是在他面前夸耀自己的武力。神色严峻的李逊却始终不卑不亢，劝说他一定要识时务，天下大势，顺之者昌，逆之者亡！

李师道觉得李逊是个极为难缠的对手，于是又去找妻子魏氏、家奴婢女进行商议，这些人说尽管答应他好了，等他走了之后，我们还不是想怎么办就怎么办。李师道觉得他们说得很有道理，于是向李逊道歉说："鉴于父子情深，迫于将士压力，我迟迟没有遣送儿子入朝，还烦劳贵使千里迢迢赶来，我对朝廷一片赤诚，怎么敢做反复无常的事情呢？"

李逊通过察言观色发觉李师道不过是在自己眼前演戏罢了，根本就没有献地献子的诚意，回到朝廷之后对李纯说："李师道顽劣愚昧，阴险狡诈，朝廷恐怕必须用兵了。"

事态的发展很快就印证了李逊的判断。其实幕僚贾直言曾经冒着杀头的危险劝谏过李师道，甚至劝诫时还抬着棺材，还特地画了一幅李师道与妻子儿女全都被绑在囚车之中的画献给李师道。怒不可遏的李师道当即就将他囚禁起来。

李师道随后给朝廷上表说将士们不肯交送人质与割让土地，他对此也是无可奈何，至此淄青之战变得不可避免。

不过拥有十二州之地的淄青镇实力远远在仅有三个属州的淮西镇之上，因此李纯觉得在开战前不得不进行一番缜密的谋划，于是将用兵之事全权委托给刚刚在淮西之战立下大功的裴度。

元和十三年（公元818年）五月十三日，李纯任命忠武节度使李光颜为义成节度使；河阳节度使乌重胤改任怀州（今河南省沁阳市）刺史，向北移驻到距离淄青镇更近的河阳三城；凤翔节度使李愬调任武宁节度使，淮西之战的原班人马再度投身淄青之战。

七月初三，宪宗皇帝下诏列举淄青节度使李师道种种罪行，命宣武、魏博、义成、武宁、横海五镇兵马前去讨伐他，还任命宣歙观察使王遂为供军使，淄青之战的大幕就此徐徐拉开！

当断不断　反受其乱

武宁节度使李愬裹挟着淮西之战的余威与淄青军交战十一次，取得了十一捷的良好战绩。元和十三年（公元818年）十二月三十日，就在这一年的最后一天，李愬攻克了战略要地金乡（今山东省济宁市金乡县）。

李师道这个人生性胆小怕事，只要得知哪怕是遭遇了小小的失败，哪怕是一个小镇邑被攻克，他都会忧郁惊恐得害一场大病，因此他的亲信们纷纷向他隐瞒战况。金乡是兖州通向郓州的战略屏障，失去金乡之后，兖州刺史派人前来告急，但李师道的亲信们却并没有将此事通报给李师道，以至于李师道至死都不知道金乡已然被官军攻陷了。

宣武节度使韩弘原本与藩镇割据势力沆瀣一气，不过淮西之战的胜利使得他彻底看清了形势，无论是明里还是暗里与朝廷继续对抗下去恐怕都不会有什么好下场，他决意通过自我救赎来改变自身的处境，从而赢得李纯对自己的好感，因此他这次表现得很是积极，不再隔岸观火而是亲自带兵包围了淄青镇下辖的曹州（今山东省菏泽市）。

魏博节度使田弘正请求从黎阳横渡黄河，与义成节度使李光颜的兵马会合之后一同前去讨伐李师道，但宰相裴度却劝阻说："魏博军渡过黄河之后就很难再退回去了，由于他们已经来到了义成镇的辖区，朝廷势必要向其支付粟粮，魏博军一旦产生了观望情绪，朝廷势必会背上沉重的财政包袱。如果田弘正与李光颜再互相猜疑，恐怕将会贻误军机，与其允许魏博军渡过黄河不进军，还不如让他们在黄河以北养精蓄锐，厉兵秣马，待到霜降后河水

第九章 元和中兴的落幕之战

回落时,由杨刘横渡黄河直接杀向郓州。"李纯觉得裴度的话很有道理,于是下令田弘正等待时机从渡口杨刘渡河直取郓州。

元和十三年(公元818年)十一月,田弘正率领全军从渡口杨刘渡过了黄河,在距离郓州四十里的地方修筑营垒,魏博大军的到来使得淄青军大为惊骇。

惶恐不安的李师道赶忙命都知兵马使刘悟带兵屯驻阳谷县(今山东省聊城市阳谷县),但早已军心动摇的淄青军接连惨遭败绩。

魏博、义成两镇将俘获的淄青都知兵马使夏侯澄等四十七人送往京城长安,请求朝廷对他们治罪。李纯却将他们全都予以释放,还对他们说:"如果有人想要作战立功,我们一律表示欢迎;如果有人想要回家照料父母,我们就从优发给路费。朝廷要诛杀的只有李师道一人!"

夏侯澄又回到田弘正麾下效力,不断地给他献计献策。淄青镇前来投诚的将士一时间络绎不绝。

虽然李师道身边的亲信将来自四面八方的不利消息全都可以拦截下来,但他仍旧能够感觉到如今的局势已然岌岌可危了,可并未整顿军队,调整防务,只是一味地征发民夫甚至是妇女来整修郓州城池,将城墙加高,将城墙加厚,惹得郓州百姓民怨沸腾。

都知兵马使刘悟的祖父是肃宗皇帝任命的平卢节度使刘正臣。当年安禄山率领叛军主力南下之后,负责留守的刘正臣、王玄志等人宣布归顺朝廷,不过刘正臣很快就被骁勇善战的史思明击败。落荒而逃的刘正臣前去投奔盟友王玄志,谁知却被野心勃勃的王玄志杀害。王玄志成为新任平卢节度使,王玄志病逝后,侯希逸被推举为节度使,率领主力部队南下到如今山东地区,被任命为淄青节度使。不过侯希逸后来却被自己的表弟李正己(李师道的爷爷)驱逐,至此淄青镇军政大权一直被李家人掌控。

淄青镇是一个极少发生兵乱的藩镇,不过却并非是因为李家人得到麾下士卒的衷心拥戴而是因为他们一直实行恐怖统治,很多将领与官吏的家属都被安置在郓州,谁要是胆敢反叛李家,便会遭遇灭门之灾,因此极少有人敢越雷池半步。

刘悟率领一万余人屯驻在阳谷抵抗官军。刘悟这个人治军宽厚,对手下士卒几乎不怎么约束,因此军中称赞他为"刘父"。李师道身边的亲信对他说:

"刘悟不修军法，实际上是在收买人心，此人恐有异志，您还是早做防备！"

李师道假托商议军事将刘悟召来郓州，想要借机杀掉他，不过有人规劝李师道说："如今官军四面围攻我们淄青，刘悟并没有任何谋反的迹象，您如果仅仅听信一人之言就将他杀死，诸将得知此事后谁还肯为您效力呢？您这是在自断臂膀！"

毫无主见的李师道觉得他说得很有道理，于是留刘悟在郓州住了十日之后便命他返回阳谷前线，临行之际还特地赐给他很多金帛加以安抚。

刘悟也是聪明人，李师道这次无缘无故地将他召到郓州来肯定是对他有所怀疑，因此他此后一直密切关注着李师道的一举一动。领兵在外的刘悟让自己的儿子刘从谏留在郓州担任门下别奏，其实就是为了及时探听消息。刘从谏每天都与李师道的家奴一起玩耍，通过他们探听到了不少消息，他告诉父亲李师道恐怕要对他动手了。

在身边人不遗余力的劝说下，李师道觉得如若不及早除掉刘悟恐怕会酿成大祸，于是再度下定决心不顾一切地想要处死刘悟，不过他也深知再征召刘悟前来郓州恐怕会打草惊蛇，只能派人秘密前往阳谷设法除掉刘悟。

二月初八，李师道的两个亲信带着他的手令悄然前来阳谷，找到行营兵马副使张暹，要求他尽快杀掉刘悟，割下他的头送往郓州进行查验，这样刘悟的位子就是他的了。

可让他们始料未及的是张暹一向与刘悟相好，他皱了皱眉，露出为难的神情说："刘悟自从上次从郓州回来之后警惕性一直都很高，如今他并不在营中，若是让他觉察到形势不妙致使其趁机逃脱，我们若想再抓住他恐怕比登天还难。我即刻前去找他假称李司空派遣使者携带大量财物前来犒赏将士，这样他肯定不会起疑，等他回了营，我们就趁机对他动手！"

两位使者也觉得张暹说得很有道理，于是让他尽快去寻刘悟。此时的刘悟在距离军营二三里的地方支起帐篷，悠然自得地喝着酒。张暹急匆匆赶过来，刘悟一看便知他肯定有急事，于是赶忙屏退左右，张暹从怀中掏出李师道的手令交给刘悟。虽然刘悟早就对李师道有所提防，但看过手令后仍旧不免大惊失色。

傍晚时分，刘悟回到大营，此时他已经派人秘密擒杀了那两个使者，还

第九章　元和中兴的落幕之战

派遣重兵封锁大营的各个出入口，然后召集诸位将领前来议事。

等到人来齐之后，他声严厉色地说："我们奋不顾身地为李师道抗击官军，可如今李师道却听信逸言，派人前来杀我。我死之后，你们恐怕也难以保全。如今天子发兵攻打淄青声明只杀李师道一人，我们有什么必要为他一人陪葬？我决意奇袭郓州，以天子之命斩杀李师道，如此不仅可以免去我们的死罪，还会让我们大富大贵！"

站在诸将最前列的兵马使赵垂棘沉默良久之后喃喃自语道："就是不知奇袭郓州能否成功？"

刘悟闻听此言怒斥道："大胆赵垂棘！难道你要与李师道一同谋反吗？"

赵垂棘当即被拖下去斩首，刘悟随后逐一询问诸位将领的态度，凡是迟疑不决的一律斩首，当然也有平日里他比较厌恶的人，他接连斩杀了三十余人，将他们的尸首陈列于帐前。其他的诸将全都吓得两腿瑟瑟发抖，不约而同地说："愿听都头命令，尽死效力！"

刘悟满意地点了点头，随即又将麾下士卒们全都召集起来，高声喊道："今夜凡是随我进攻郓州的每人赏钱一百贯。城中除了府库之外，节度使以及其他叛党宅邸之中的财物，你们可以任意去取，有仇报仇，有冤报冤！"

刘悟命将士们饱食一顿，等到半夜时分，鼓声三响之后，他们便向着郓州出发了。为了不走漏风声，他让将士们在嘴里都衔着一根小木棍，战马的嘴也全都被绑上，凡是中途遇到的行人，全都扣下来与他们一同前行，以至于谁都不曾发觉这支队伍的异动。

此时距离郓州只有区区数里的路程，天还没有亮，刘悟命将士们原地待命，等到城上巡逻的木邦声停歇后，他先派十人悄悄地来到城下，对着看门的士卒说："刘都头奉节度使手令入城。"守门士卒见对方只有十人，自然放松了戒备，正想差人前去找李师道核实此事，这十几人突然拔出刀，守门士卒见状一哄而散。

刘悟也率大军随后赶到了。守城士卒听说城外有兵马突然前来偷袭，顿时陷入慌乱之中。外城、内城被刘悟顺利攻克，但忠于李师道的牙兵们仍在拼死守卫牙城。刘悟见牙城久攻不下，也效仿李愬下令纵火焚烧城门，等到火势变小之后，他命人用大斧辟开牙城城门，将士们一拥而入。

此时正在牙城内值守的牙兵只有区区数百人，一开始还有人射箭予以抵抗，但发觉寡不敌众之后，他们只得丢掉手中的弓箭，举手投降。

刘悟率领手下士卒闯入牙城内的节度使府，命人四处搜捕李师道。李师道和他的两个儿子藏在床下，最终被士卒们搜出来。

刘悟命人将李师道父子押到节度使府门外的空地上，派人对他说："刘都头奉天子密诏打算将您押往京城，请求皇上治罪，可您还有什么面目再面见皇上呢？"

此时的李师道仍旧幻想着曾经的部属能够暂且饶自己一命，反而是他的儿子李弘方对眼下局势的判断比他更为精准，李弘方仰面叹息道："事已至此，只求速死！"李师道父子随后全都被斩首。

从清晨一直到中午，刘悟命令左、右都虞候巡行街坊集市，禁止将士们四处劫掠，到了下午，郓州城内便已经安定下来。刘悟将麾下将士与城内百姓全都集中到原本用于蹴鞠的球场上来，他亲自乘马绕场一周，安抚慰劳众人，还特地将忠心耿耿的李公度、贾直言从监牢里放了出来。

在奇袭郓州前，刘悟曾经暗中派人将自己的行动计划秘密禀告给魏博节度使田弘正，两人约定：如若事成便举火相告；如果城中有所防备，他们难以攻入，便请田弘正率兵前来相助，事成之后，功劳全部归田弘正！

今夜，田弘正一直遥望着郓州方向，直到看到了久违的烽火，他那颗一直悬着的心才彻底放了下来。刘悟将李师道父子三人的首级放入盒中，派人送到田弘正的军营之中，不过胜利实在来得太过突然了，他担心其中可能会有诈，于是特地让降将夏侯澄前来辨识。

夏侯澄仔细端详了一阵，突然失声痛哭起来，捧着李师道的首级，不停地用舌尖舔舐着李师道眼中的灰尘。田弘正见到此情此景也不禁为之动容，觉得他真是个重情重义之人。

吴元济凭借三州之地对抗朝廷长达三年之久，可李师道依托十二州之地却连一年都没能坚持下来，因此此时统一已经变成了一股势不可当的历史潮流。自从安史之乱以来，大唐首次实现了真正的统一，幽州、成德、魏博、淄青、淮西五个藩镇全都被纳入朝廷的管辖之下，饱经磨难的大唐也就此掀开了新的篇章。

不过此时统一还是极其脆弱的，稍有不慎便可能会前功尽弃，因此李纯一直都在不停思索着如何才能彻底稳固住分裂割据的土壤！

此时名将乌重胤已经前往河北出任横海节度使，他认为河北地区之所以一直呈现分裂割据的局面是因为节度使手中的权力太大了，节度使任命的镇将把持着地方军政事务，侵夺了原本属于刺史与县令的权力。如果能够恢复刺史县令原有职权，即便是安禄山、史思明这样的奸雄在世恐怕也无力与朝廷对抗。

乌重胤在辖区内进行了政治改革，此时原本隶属成德镇的德州与棣州已经划归横海镇管辖，至此横海镇便拥有了四州之地。他这个横海节度使照例兼任治所沧州刺史，但他却下令将原本由镇将掌握的军权分别交给了德州、棣州、景州三个属州的刺史，由于属州刺史由朝廷直接任命，如此一来节度使即便想要对抗朝廷，仅仅凭借一州之力也很难与朝廷抗衡。这种制度设计使得横海镇一直是河北地区对朝廷最为恭顺的藩镇之一。

李纯觉得乌重胤的改革尝试非常有价值，于元和十四年（公元819年）四月十九日下诏，命各道节度使、都团练使、都防御使、经略使统辖的属州（支郡）兵马一律划归各州刺史统辖。

如果这项改革能够在神州大地深入地推行下去，无疑将会极大地限制节度使手中的权力，安史之乱以来的藩镇割据问题将会彻底予以解决，之后的历史可能也将会被彻底改写，只可惜上天留给李纯的时间已然不多了……

宰相遇刺的真相

田弘正麾下士卒在淄青镇治所郓州（今山东省菏泽市郓城县）衙署内发现了大量奏报与卷宗，这些全都成为作恶多端的李师道暗中对抗朝廷的铁证。

当时淮西之战打响后，李师道顿时生出唇亡齿寒之感，曾多次派遣手下人秘密潜入潼关，截断皇陵门戟，焚烧官仓粮库，甚至还用箭将恐吓信射入京城长安，故意制造恐怖气氛，企图瓦解朝廷平叛的斗志。朝廷严令有关部门对过往行人进行严加盘查，以至于戍守潼关的官吏甚至会将过往行人的背包与箱子全都打开进行检查，却依旧无法禁止类似事情的发生。

如今这一切才真相大白，原来是李师道大肆贿赂潼关等地官吏，这些人收受贿赂之后自然为他们的破坏活动大开便利之门。

除此之外，田弘正还意外发现了李师道赏赐王士元等人的相关原始凭据，赏赐的理由是他们成功刺杀了宰相武元衡，这使得本已尘埃落定的武元衡遇刺案再起波澜。其实当时宰相张弘靖等人就曾对案件审理结果提出过质疑，如今关键证据的再度出现，朝廷能否为王承宗平反成为朝野关注的焦点。

元和十四年（公元819年）七月初一，田弘正将涉嫌暗杀宰相的王士元等十六人押到京城长安。李纯下诏将王士元等人交付京兆府、御史台严加审问，王士元等人对自己的罪行全都供认不讳，就在人们认为王承宗即将被洗脱冤屈之际，却突然迎来了戏剧性的转折。

根据《资治通鉴》的记载，京兆尹崔元略对王士元等人进行审问时发现了蹊跷，他当时询问武元衡遇难时究竟穿什么颜色的衣服，王士元等人的说法却并不一致。在他的一再追问之下，王士元等人供述王承宗与李师道同时派出刺客前去长安暗杀武元衡，不料他们却因路上耽搁来晚了，以至于误了约定的日期。他们赶到长安的时候听说成德派来的刺客已经杀了武元衡，不过他们回去之后并未如实禀告李师道而是将刺杀的功劳归于自己，为的就是获得丰厚的奖赏。

不过此时无论是之前被认定为凶手的张晏，还是幕后主使李师道，全都已经去世了，他们所说究竟是真是假已经很难查证了。为了阻止朝廷讨伐淮西，王承宗与李师道都曾在暗地里搞过破坏，但李师道的罪行更是罄竹难书，无论是截断皇陵门戟，还是焚烧官仓粮库，抑或当街公然刺杀宰相，企图血洗洛阳城，这些都是他策划的大阴谋中的重要一环。李师道事事都冲在最前面，可为何偏偏唯有刺杀武元衡一事让王承宗的人捷足先登了呢？

虽然这件事如今已然成了千古之谜，不过综合现有史料来看，王承宗极有可能就是被冤枉的。

由于当时淮西之战并未结束，李纯只能挑选实力相对较弱的王承宗作为自己的政治对手，这无疑是最为明智的选择。当然王承宗也不是完全无辜的，他应该也派人与李师道麾下刺客暗中接触过，甚至是提供过援助，所以才会使得办案人员怀疑到张晏等人的头上，因此背负刺杀宰相罪责的王承宗可谓哑巴吃黄连——有苦说不出。

等到平定淄青镇之后，田弘正意外获取了李师道谋害武元衡的关键证据。之前王承宗之所以会得到朝廷的赦免，田弘正从中出了很大的力，田弘正自然想要为王承宗洗刷冤屈。李纯必须要给田弘正一个交代，也要给王承宗一个交代，还要给当初提出质疑的宰相张弘靖一个交代。

可如果调查证实王承宗的确是被冤枉的，那么便无异于朝廷被啪啪打脸，如若李师道派出的刺客王士元等人因误了日期而没能行刺成功，那么之前的案件审理结果自然也就没有问题了，这样也就给了各方一个台阶下，可谓是谁都能接受的结果。

《唐律疏议·卷十七·贼盗律》规定："谋诸杀人者，徒三年；已伤者，绞；已杀者，斩。"刺客王士元等十六人属于谋杀未遂，按照唐朝法律，他们应当被判处有期徒刑三年，可李纯却下令将他们全部斩首，这从侧面说明他们恐怕并非是真的误了约定的日期，或许李纯心里很清楚他们才是真凶，他们早就该死。

如若武元衡果真是被王承宗派出的刺客刺杀，势必会再度唤起李纯对王承宗的恨意，可事实却并非如此。

这个案子具体的结案时间，史书里并无明确记载，不过根据案件审理进程推断，最早也应该在七月中下旬结案，就在案件审结前后，李纯却于八月十二日下诏准许成德节度使王承宗进位检校尚书左仆射（从二品）。

王承宗这次莫名其妙的擢升既出人意料，又耐人寻味。此时已经归顺朝廷的王承宗不敢再兴风作浪，朝廷无须为了安抚他而对他进行笼络。在刚刚结束的淄青之战中，王承宗根本就没有参战，自然也就不会立下什么战功。李纯似乎没有任何理由在这个特殊的当口为他这个刺杀宰相的真凶升官，对此唯一合理的解释就是试图安抚蒙冤受屈的王承宗。

如果公然为王承宗翻案，无疑将会极大地损害朝廷的尊严与皇帝的颜面，所以这个案子即便的确是冤假错案，李纯也只能将错就错，不过他也试图通过其他方式来补偿安慰王承宗，对此心知肚明的王承宗也很识趣地对此事三缄其口，这起离奇的宰相遇刺案也就此成为千古之谜。

骤然而至的叛乱

李纯曾经在讨伐李师道的诏书中说："部将有能杀（李）师道以众降者，（李）师道官爵悉以与之。"①刘悟擒杀李师道之后，幻想着自己能够尽得淄青镇十二州之地，于是开始擅自任命文武官员，更换州县官吏。

刘悟显然高兴得太早了，其实李纯真正想要做的并非是铲除李师道一人，而是彻底根除淄青镇分裂割据，否则很快就会出现下一个李师道。

李纯想要将刘悟调走，却又担心他会拒不从命，到时朝廷或许会不得不再度用兵，于是让田弘正在暗中观察刘悟的言行，看看他是否会乖乖服从朝廷诏命。

田弘正每天派人前往郓州，借口与刘悟交好，实际上却是在暗中观察他的一言一行、一举一动。刘悟虽是一员骁勇善战的猛将，却并非什么心机深重的名帅。他很喜欢摔跤，整日教授军中士卒练习摔跤。他还特地邀请魏博使者在庭院内观看，一边观看，还一边撸胳膊、挽袖子，大有亲自上场的架势，甚至时常离座呐喊助威。

田弘正获知这些情形后，随即便笑了，此时他的心中已然有了答案，赶忙将自己的判断禀报给远在长安的李纯。

元和十四年（公元819年）二月二十二日，李纯任命刘悟为义成节度使，

---

① （北宋）司马光主编：《资治通鉴·卷二百四十一》，中华书局1956年版，第7765页。

刘悟接到诏书后既感到惊讶,又感到错愕,还有几分失落,不过他还是在接到诏书的次日便前往滑州(今河南省安阳市滑县)赴任。为了安抚他,田弘正特地率领众将来到郓州城西二里处的一座驿站,不仅将朝廷颁赐的义成节度使旌节交给刘悟,还设宴为他接风洗尘。

既然刘悟乖乖去上任了,那么李纯也就可以按照自己的构想将拥有十二州之地的淄青镇进行分拆。淄青节度使虽继续得以保留,却仅管辖淄州、青州、齐州、登州、莱州五州之地;同时设置兖海观察使(后升为泰宁节度使),管辖兖州、海州、沂州、密州四州之地;设置郓濮节度使(后改称天平节度使),管辖郓州、曹州、濮州三州之地。

李纯深得汉武帝推行的"推恩令"的精髓,只有藩镇变多了、变小了、变弱了,才会使得朝廷在与藩镇的博弈和对抗中占据绝对的优势地位,将所有叛乱消弭在萌芽状态。

义成节度使薛平被任命为淄青节度使,他是首任昭义节度使薛嵩的儿子,薛嵩也曾是安史叛将,与淄青镇众多老将都颇有渊源。薛嵩死后,他的儿子薛平却并未主动回朝,使得昭义镇并没有像河北三镇那样沦为"割据型"藩镇,他随后以南衙将领身份宿卫长安长达三十年。华州刺史马总被任命为郓濮节度使,马总曾追随裴度参与淮西之战,后来成为最后一任淮西节度使,可谓是一员有着丰富斗争经验的官员。

薛平、马总到任后为政有方,深得军民拥戴,迅速稳定了当地局势,但兖海镇却发生了意外,李纯敏感的神经顿时就绷紧了。

淄青四面行营供军使王遂在刚刚结束的战争中负责后勤保障工作,他的表现令李纯很满意,于是特地提拔他出任沂海观察使。他是一位长期从事财经工作的官员,李纯希望他能够促使当地经济从战乱中快速恢复过来。

不过王遂这个人性情急躁,气量狭小,缺乏远见卓识。兖海镇刚刚创建,人心尚未安定,王遂却想以严刑酷法来强化地方治理,他所用的刑杖比常用的要大上好几号。他还在盛夏时节命令麾下士卒冒着炎热酷暑为自己建造观察使府,稍不满意就对麾下士卒进行打骂,动不动就侮辱他们为"反虏",以至于将士们对他恨之入骨。

七月十五日,参与建造房舍的士兵王弁与四个同伙在沂水中洗澡,王弁对他们说:"即便我们乖乖服役,仍旧有可能难逃一死,要是我们拼死一搏也不过是一死!明天,听说王遂宴请监军、副使,将领们大多在休假,卫兵们也大多休息,这可是我们千载难逢的好机会!"

次日,王遂正与同僚们悠然自得地饮宴,对即将到来的危险全然不知。中午刚过,王弁等五人突然冲入卫兵值班房,将卫兵杀害之后,顺利夺取了他们手中的弓箭和刀枪,随后突然闯入宴会大厅。

他们举起手中弓箭向着观察副使张敦实就射了过去,张敦实当场被射杀。王遂与监军见状赶忙仓皇出逃,但还是被王弁等人擒获。王弁历数王遂上任以来的种种罪行,随后挥刀将他斩杀。

王弁深知自己不过是一个小卒,要想服众只能争取朝廷派来的监军的支持,他名义上对监军尊崇有加,实际上却想挟持他为己所用。他随后以监军的名义任命自己为留后,然后召集诸将、属官前来议事。见身份卑微的王弁居然与监军坐在一起,他们即便心中有疑惑、有愤懑,却也只能暂且忍着,静观事态发展。

监军将军乱之事上奏朝廷,李纯接到奏报后顿时大惊失色,深知一旦处置失当势必会再度引发战争,经过一番深思熟虑之后,他紧急任命武将出身的棣州刺史曹华为新任沂海观察使。

因为担心叛乱会蔓延到另外两个藩镇,李纯并未与犯上作乱的王弁彻底撕破脸,只是将他调任开州(今重庆市开州区)刺史。

李纯派遣宦官前往沂州哄骗王弁说:"开州已经预先派人在路旁恭候您的到来,等着您尽快去上任。"王弁没能如愿留任沂海观察使,心中自然有些失落,不过他区区一介小卒发动叛乱谋害观察使,朝廷不但不予追究,还授予他刺史之职,也算是飞上枝头当凤凰了!

王弁当天离开沂州喜滋滋地前去赴任了,此时跟随在他身边的随从还有一百多人,不过他们对未来局势看得比他还要清楚,担心这会是朝廷的调虎离山之计,于是纷纷逃亡,等到了徐州,他身边已经没剩几个人了。此时跟随他一同前去赴任的宦官脸色顿时一变,命手下人突然抓获王弁,给他戴上枷锁之后火速前往长安复命。

九月初三,王弁在长安东市被腰斩,李纯想要借此昭示天下通过叛乱谋取利益的时代已经一去不复返了,那些骄兵悍将们今后要收敛些!

李师道被平定之后,郓州城中的精锐牙兵被分配到淄青、郓濮与兖海三个藩镇。经过此番叛乱,李纯觉得这些牙军长期以来深受李氏影响,难改凶悍骄横的本性,日后恐怕还会发动叛乱,决意趁机斩草除根。

为了完成任务,棣州刺史曹华此番前来赴任特地带来了棣州的军队,不过他到任后却始终和颜悦色,对那些心怀不安的当地将士进行安抚,说首恶王弁已经被斩首,其他人无论之前做过什么,朝廷一概不予追究,将士们心中的疑虑这才被渐渐打消。

三天后,曹华举办盛大的宴会款待城中将士,但这实际上却是一场鸿门宴,他早就在帐幕后面埋伏了一千名披甲持枪的士卒。等到当地将士们到齐后,曹华对众人说:"皇上考虑到郓州将士迁徙到沂州来很是辛苦,特此委托我给诸位带来了赏赐,还请郓州来的将士站在左边,请沂州本地的将士站到右边!"

到场的将士们听到他的指令后赶忙分左右站定,曹华向着沂州本地士卒挥了挥手,示意他们暂且先出去。留下来的郓州将士顿觉有些不妙,一时间议论纷纷,却也不敢轻举妄动。

曹华下令关闭所有大门,冷着脸对他们说:"王遂乃是朝廷任命的观察使,你们身为部下却胆敢犯上作乱,残忍杀害上司,真是罪不可赦!"

话音未落,帐幕后面手持利刃的伏兵高喊着冲了出来,将那些从郓州调来的如梦方醒却又手无寸铁的将士团团围住。他们想要拼死一搏,怎奈手中却并无兵刃,一千二百多人很快就被屠戮殆尽。殷红的鲜血在地上肆意流淌,化为一丈多高的红色雾气在大门与墙壁间萦绕飘浮,久久都未曾消散。

其实沂州兵变的原因是多方面的,观察使王遂难辞其咎,但朝廷却习惯性地归咎于叛乱将士,甚至将从郓州迁徙而来的所有将士都视为这次兵乱的真凶,这种不加区别全都予以屠戮的做法显然太过残忍,李纯也因此饱受史学家的批评。

北宋史学家司马光曾说:"宪宗削平僭乱,几致升平,其美业所以不终,由苟徇近功不敦大信故也!"[①] 他的这话未免有些言过其实,中兴大业最终功

---

① (北宋)司马光主编:《资治通鉴·卷二百四十一》,中华书局1956年版,第7773页。

亏一篑原因并不在李纯，如果非要归罪于他，也仅仅是因为他对身边的潜在威胁估计不足，给那些别有用心之人以可乘之机，使得他遗憾地倒在了胜利的前夜。

从道德角度看，李纯采取欺诈手段对手无寸铁的降卒进行屠杀的确极为不妥。白起、项羽等人都曾大规模坑杀过降卒，他们最终都不得善终；不过从功利角度看，白起坑杀降卒使得赵国从此一蹶不振，为秦国统一天下扫平了障碍；项羽坑杀降卒使得秦朝元气大伤，为秦朝加速灭亡创造了有利条件。

由于当时的形势极为复杂，李纯通过铁腕手段迅速镇压了沂州兵变，此后连续四任长官曹华、高承简、王沛、张茂宗全都是武将，有力地保证了当地局势的稳定，将兵变带来的负面影响降到了最低，也没有波及另外两镇。

此后淄青、郓濮与兖海三个藩镇一直都在朝廷的掌控之中，每一任节度使都由朝廷任命，大概每三四年轮换一次，藩镇割据势力始终得到强有力的压制，这种稳定的政治局面一直延续到了混乱的唐朝末年。

为了安抚人心，李纯下令三个藩镇征收的赋税不用上缴朝廷，全都留着自己用，朝廷看似并未从中受益，但朝廷却再也不用在周边地区部署大量军马对其进行防备，由此减少的军费开支也是相当可观！

太和六年（公元832年），天平节度使殷侑觉得一直不向朝廷上缴赋税并不合法度，"乃上表起太和七年，请岁供两税、榷酒等钱十五万贯、粟五万石"[①]。郓濮、兖海两镇随后也效法天平镇开始向朝廷上缴赋税。

当初李纯近乎血腥的残酷手段虽然有些令人不齿，但他使出的这套"组合拳"却收到了应有的效果，不仅有效拓展了朝廷的实际控制区域，还增加了朝廷的财政收入。正是在他的不懈努力之下，千疮百孔的大唐才得以成功续命近八十年！

[①]（后晋）刘昫等撰：《旧唐书·卷一百六十五·殷侑传》，汉语大辞书出版社2004年版，第3682页。

第十章

碑文之争背后的权力博弈

元和十四年（公元819年）十二月，新近雕刻完成的《平淮西碑》重新耸立在蔡州这片朝廷刚刚征服的土地上。

宪宗皇帝李纯不会想到一块小小的石碑居然会在朝野间引发如此之大的轩然大波，以至于吸引来朝野上下无数关切的目光。为了能够迅速平息这场突如其来的政治风波，他不得不下令将刻有韩愈所撰碑文的石碑磨平，随后命翰林学士段文昌重新撰写碑文。

韩愈撰写的碑文为何刚刚完成不久便惨遭废弃？这场风波的主人公韩愈与裴度在此后不久为何全都遭遇了贬谪噩运？这场突如其来的政治风波背后究竟隐藏着怎样的真相呢？

究竟是谁挑起了这场争端

元和十三年（公元818年）三月二十五日，韩愈将自己刚刚撰写完成的碑文进呈给李纯，李纯看完之后并未提出异议，下令将碑文赏赐给参与征讨淮西的立功将领。这篇碑文当时给韩愈带来了无上的荣耀，谁知日后竟然成为他的奇耻大辱。

只有宣武节度使韩弘看完之后对碑文内容表示赞赏，还特地赏赐给韩愈不少财物，但其他将领却始终缄默不语，尤其是自认为立下首功的李愬对碑文内容更是恼怒至极，一场政治风暴也正在酝酿之中。

蔡州原本立有已故淮西节度使吴少诚政德碑，当地官府命人将这块碑磨平之后将韩愈撰写的碑文刻在上面，由于节省了许多道工序，大约两三个月之后就完工了。这块碑被立在蔡州紫极宫前，也迅速引爆了诸将的不满情绪。

李愬妻子是唐安公主之女，与当朝皇帝李纯是表兄妹的关系，大概当年六七月份，她入宫觐见李纯，借机向他哭诉韩愈撰写的碑文与实际情形严重不符，恶意贬低自己丈夫李愬的功绩。

《新唐书》记载："(唐安公主)将下嫁秘书少监韦宥,未克而(朱)泚乱,从至城固薨。"①从上述记载看,唐安公主似乎将要下嫁韦宥,谁知却赶上了泾原兵变,于是跟随德宗皇帝李适踏上逃亡之路,不幸地死在了半路上。

如果真是这样,唐安公主怎么还会有女儿呢?有的学者认为韦宥后来所娶妻妾生的子女全都尊唐安公主为嫡母,这种现象在唐朝的确比较普遍。

不过《旧唐书》中却有这样一段记载:"初,诏(唐安公主)尚韦宥,未克礼会而遇播迁。"②"未克礼会"指的是婚礼程序还没有全部完成并非指双方并未实际成婚,唐朝人的结婚程序比较烦琐,最为人熟知的是"六礼",即纳采、问名、纳吉、纳征、请期与亲迎,在亲迎次日还要拜见公婆,严格按照周礼要等到三个月之后才能行庙见之礼,因此这套程序走下来往往需要好几个月的时间。

唐安公主与韦宥应该已经成亲,只是婚礼程序还没有全部完成,两人很可能已经生活在一起了,还生下了李愬的妻子,或许唐安公主的突然离世与难产或者产后未能得到很好照顾有关。两人因突逢战乱未能全部完成婚礼所需程序,虽然事出有因,但唐朝人却一向很重视礼法,所以史书才会对此讳莫如深,以至于李愬妻子的身份成了谜。如果李愬妻子并非是天子表妹,她怎么可能随随便便进宫,还向天子哭诉自己的丈夫遭受了不公待遇?

李愬妻子的哭诉使得李纯开始重视此事,紧接着又发生了石烈士推碑之事,促使李纯终于下定决心换人重新撰写碑文。

不过石烈士推碑之事正史之中并无记载,生活在晚唐时期的罗隐撰写的《说石烈士》对这件事进行了详细记述,唐朝文人丁用晦所著《芝田录》对此也有记载,说明这件事在唐朝时就已经广为流传了。

这位石烈士名叫石孝忠,是在李愬麾下效力的一个小军官。他冷冷地看着石碑上的碑文,突然一发力居然硬生生地将沉重的石碑推倒了。负责看守石碑的士卒见有人胆敢损坏石碑,当即便将他抓了起来。

---

① (北宋)欧阳修、宋祁等撰:《新唐书·卷八十三·诸帝公主传》,汉语大辞书出版社2004年版,第2344页。
② (后晋)刘昫等撰:《旧唐书·卷一百三十八·姜公辅传》,汉语大辞书出版社2004年版,第3180页。

此时李纯正在召集诸位将领商讨征讨淄青之事，听说这件事后自然很是恼怒，当即命人将胆大妄为的石孝忠毙杀于石碑之下。

石孝忠知道自己推倒石碑之后恐怕凶多吉少了，虽然他不怕死，却也不愿就这么不明不白地死去，他想死得更有价值，想要让全天下的人都能知晓自己的上司李愬在淮西之战中立下的赫赫功勋。

想到此处，石孝忠趁看押他的两个狱吏放松警惕之际，用枷尾将两人活活打死，然后大声呼喊着要面见天子。李纯得知此事后更是怒不可遏，即刻命人将他押送来京，当面质问他："你推倒了朝廷所立之碑，还杀死了看守你的狱吏，你可知这是死罪？"

石孝忠不卑不亢地说："末将死不足惜，心中唯一所想就是能够在死前有机会面见天子，这样我也就死而无憾了！"

石孝忠详细讲述了李愬在淮西之战中如何安置蔡州流民，如何招降淮西叛将，如何力排众议雪夜奔袭蔡州。讲完这些之后，他铿锵有力地说："平定淮西之后，朝廷刻石纪功，却将功劳尽归于宰相，李愬虽立下大功，却与诸将同列，如此赏罚不公，岂不是叫人心寒？如若战端再起，谁还愿意再为朝廷效力呢？"

李纯听后若有所悟，认为石孝忠虽犯下大罪，却事出有因，不仅赦免了他的死罪，还褒扬了他的忠义之心，称之为"烈士"。石孝忠所说的关于李愬的那些光辉事迹成为翰林学士段文昌重新撰写碑文时的重要参考。

由于这段记载并未收录进正史之中，它的真实性也受到了一些学者的质疑，主要疑问有三个：第一是一介武夫石孝忠怎么会读得懂晦涩难懂的碑文？第二是立石碑时李愬已经前往徐州就任忠武节度使，身为李愬下属的石孝忠为何仍旧滞留在蔡州？第三是石孝忠只是个微不足道的小卒，当朝天子怎么会亲自讯问他？

唐朝士卒文化水平普遍都不高，这些大老粗们不要说准确理解碑文含义，恐怕连字都认不全，不过在立石碑之前，李纯已经将碑文赐给诸位将领，因此李愬早在这块碑刻好之前就已经知晓了碑文内容。他极有可能向石孝忠等身边人发泄过自己心中的不满。石孝忠貌似看了碑文之后一时冲动推倒石碑，其实他早就对碑文有所了解，推倒石碑可能是他蓄谋已久的行动。

李愬被任命为忠武节度使是在元和十三年（公元818年）七月初一，不过诏书下达往往需要些时日，之后他还要打点行装，收拾行囊。蔡州立碑大致在六七月间，因此石孝忠完全有机会在临行前通过推倒石碑来发泄心中不满。唐朝天子亲讯庶民其实也并不是什么新鲜事，石孝忠虽是个微不足道的小人物，但此事却牵涉李愬等诸多大人物，李纯自然会格外重视，亲自提审他自然也就在情理之中。

　　至于石孝忠最终的下落，他后来辗转来到江陵府（今湖北省荆州市）效力，奉命重新撰写碑文的段文昌后来也出任荆南节度使，当时段文昌撰写碑文时的许多素材都是他提供的，两人也算是旧相识，因此段文昌便让石孝忠在自己麾下效力。

　　二十九年后，罗隐来到江陵府拜谒时任荆南节度使的白敏中，意外获知了石孝忠的事迹，于是写下了这篇《说石烈士》，消息来源清晰可靠，其中或许有些细节是事后杜撰的，但这件事大致应该是真实可信的。

　　段文昌撰写的《平淮西碑》中有这样一句话："百辟金谋，群帅克让，推义士之志，敢贪天功？""百辟"指的是文臣，"群帅"指的是武将，"义士"指的究竟是谁一直众说纷纭，或许在他的心中，义士指的就是不惜以身试法也要推倒石碑的石孝忠。

　　无论是李愬妻子的哭诉，还是石孝忠的推碑，其实都只是重要诱因，李纯命翰林学士重新撰写碑文还有着更深层次的政治考量，这从韩愈与段文昌先后撰写的碑文中就能隐隐看出来。

孰优孰劣的两篇碑文

　　韩愈撰写的《平淮西碑》之所以饱受诟病原因主要有两个，一个是对裴度溢美之词过多，对李愬功绩记述过少。这其实也是因为对裴度着墨过多，才导致对李愬着墨过少，最让李愬不能接受的是韩愈居然将自己与其他将领放在同等地位，并没有凸显出他这位雪夜下蔡州的大功臣的特殊地位。

为了将韩愈、段文昌先后奉命撰写的《平淮西碑》进行区别，我们姑且称为韩碑与段碑。在韩碑中，从战争决策到指挥平叛，再到亲赴蔡州善后，韩愈曾经十余次提及裴度，极力渲染裴度"功居第一"的地位。在那些出生入死的将领们看来，自己在淮西拼死拼活奋战了三年之久，到头来还不如一个一直在后方指挥的宰相，自然难以纾解心中的怨气。

在裴度麾下担任行军司马的韩愈在撰写碑文时对作战并不太出力的韩弘也充斥着溢美之词，甚至还有些违心地说他"责战益急"。韩愈曾经奉命前往汴州拉拢游说宣武节度使韩弘，很多人自然会觉得他其实是在间接地吹捧自己。李光颜等主战派将领早就与两面三刀的韩弘矛盾重重，见韩愈如此罔顾事实地去赞颂韩弘，自然对他更为不满。

虽然韩碑中曾经四度提到李愬，稍稍高于李光颜、乌重胤等其他将领，但对奇袭蔡州之事记载得却较为简略，仅仅用了四十二个字，段碑对这件事连叙述带议论竟然多达三百多字，可见这两篇碑文在记述同一件事时的反差之大！

段碑极其强调武功的重要性，碑文首句就开宗明义地写道："夫五兵之设……道德不服，则兵以威之；文诰不谕，则兵以静之，在禁暴除害而已。"在尚武精神的指引下，段文昌极大地提高了李愬、李光颜、乌重胤等诸位将领的地位，与此同时大幅降低了裴度的地位，仅有两处提到裴度。"乃命御史中丞裴度""复命丞相裴度"，在这仅有的两处，前面都有一个"命"字，段文昌想要借此表明裴度之所以会取得如此之大的功绩是因为他坚决地贯彻了李纯制定的战略方针，裴度在段碑中的形象无疑黯淡了许多。

段碑还删除了对韩弘不实的溢美之词，仅说他担任都统，还说"而寒暑再罹，贼巢未下"，对久战无功的韩弘隐含着责备之意。嗅觉敏锐的韩弘为此感到惶恐不安，因此在淮西之战打响后，他一反常态居然亲自带兵出征。

元和十四年（公元819年）七月初二，也就是淄青之战结束五个月后，担任宣武节度使近二十年的韩弘首次来京朝拜天子，还特地向朝廷进献战马三千匹、丝绢五千匹、杂色丝织品三万匹、金银器皿一千件。听闻沂海兵乱的消息之后，他又以助军的名义进献丝绢二十五万匹、粗丝绸三万匹、银器二百七十件。

两块碑文对韩弘截然不同的评价使得他渐渐看清了形势，如若继续留恋权位或许也会像刘辟、李锜、杨惠琳、吴元济、李师道那样给自己和整个家族招来杀身大祸，因此他屡次给朝廷上表请求入朝任职。

李纯对韩弘的要求自然是求之不得，在几番虚情假意的客套之后，他索性就顺势批准了韩弘的请求。

八月初三，李纯任命韩弘为司徒兼中书令，让曾任宰相的吏部尚书张弘靖接替韩弘出任宣武节度使。张弘靖的父亲张延赏曾为德宗朝宰相，他自幼便美名在外，从政后以果决干练、办事得体著称，他到任后果然不负众望，军心民心很快就安定下来，一直处于半割据状态的宣武镇也被朝廷顺势收入囊中，不过就是这样一个几近完美的人后来却落得个身败名裂的下场。

韩碑记载："（李）愬入其西，得贼将，辄释不杀；用其策，战比有功。"李愬之所以能够奇袭蔡州成功，李祐的作用至关重要，可韩愈却连李祐的名字都不曾提及，反而带有污蔑性地称呼他为"贼将"，似乎不杀他就已然是莫大的恩德了！试想当事人李祐，还有亲自负责招降他的李愬看后能不生气吗？

在段碑中，李祐等淮西降将获得了公平对待，"（李）祐果敢多略，众以留之……（李）祐感慨之心，出于九死。纵横之计，果效六奇……命李祐领突骑三千以为乡导。"段文昌不仅记述了他的名字，还对他的事迹大书特书，客观评价了李祐率领三千先锋奇袭蔡州所立下的功勋。

韩碑只是记载宦官梁守谦奉命前往淮西前线"抚师"，并未提及他在前线究竟有哪些功绩，由于梁守谦是李纯身边的亲信宦官，韩愈对他不得不提，却也只是一笔带过，这也符合他一贯鄙视宦官的风格。

在段碑中，梁守谦等宦官的地位有了大幅提升，"又命内掌枢密之臣梁守谦，肃将天威，尽护诸将……焚上蔡以翦其翼，拔郾城以扼其吭"，段文昌居然将梁守谦到任后李光颜等人在北线取得的大捷全都归功于梁守谦，这未免有失公允。

在记述雪夜下蔡州时,段碑记载:"(李愬)自领中权三千,与监军使李诚义继进。"其实李诚义当时是竭力反对奇袭计划的,但论功时段文昌却又特地将他加了进来。似乎淮西之战的每一场胜利都有监军的功劳,但监军们对将帅们更多的是掣肘作用,而那些担任监军的宦官们却是皇帝的家奴,因此段文昌违心地讴歌他们的功绩。

这场风波背后的政治动因

文人出身的韩愈从心里就对武将有抵触,他与裴度认为淮西之战之所以会久拖未决就是因为诸将胜利之后肆意夸大,失败之后隐匿不报,除了李光颜等少数忠勇兼备的将领外,绝大多数将领不过是自私自利之辈,此外他也是一个极为厌恶宦官的人,因此他在撰写碑文时自然带有强烈的主观情绪。

韩愈的好友皇甫湜为他撰写的《韩文公神道碑》中曾经记载了这样一件事。韩愈跟随裴度来到郾城后,察觉到蔡州城防守空虚,于是对裴度说:"请分拨给我三千精兵,我要前去奇袭蔡州,擒拿吴元济!"不过韩愈的这个计划却被裴度否定了,几日后,李愬雪夜下蔡州,以至于"三军为先生恨"。

其实奇袭蔡州是一次极其冒险的军事行动,稍有不慎便可能会全军覆没,因此李愬将李祐等诸多熟悉蔡州情形的淮西降将全都招至麾下,经过很长时间的筹划,他选择了一个最佳时机冒险一试,最终才大获成功,其中若是哪一个环节出了偏差,他不仅会功亏一篑,甚至还可能会全军覆灭。蔡州兵力空虚自然不假,但奇袭蔡州却绝非易事,否则淮西之战也不至于打了足足三年之久。

韩愈只是一个从未掌兵的书生,与蔡州城近在咫尺的洄曲驻扎着一万多淮西精兵，如果偷袭不成，势必会陷入四面合围之中，裴度自然知道其中蕴藏的巨大风险，这才会断然拒绝，即便他同意了，韩愈恐怕也很难成功。不过韩愈自己却未必这么想，他或许从潜意识里认为雪夜下蔡州的李愬夺己之功，自然对他没有什么好感。

尽管如此，韩愈撰写如此重要的碑文，不可能完全率性而为，他撰写碑文历时七十天，其间他应该征求过天子与宰相的意见，这篇碑文的主基调应该是李纯定下的。

李愬原本是因淮西之战唯一一个获封国公的人，一个月后，裴度重任宰相返京途中才获封晋国公，李纯的用意很明确就是想要通过抬高裴度来淡化李愬之功，从而维护文武之间相对均衡的态势，却也为后面的争斗埋下了伏笔。

对于如何奖赏与处置功臣，李纯显然还是费了一番脑筋的，因为此前有过前车之鉴。他的曾祖父代宗皇帝李豫因为处置失当致使中兴名臣仆固怀恩谋反，祖父德宗皇帝李适同样因为驭下不当致使救驾功臣李怀光谋反，因此李纯对那些立下战功的武将们既要恰到好处地予以笼络，又要时不时地进行敲打，避免他们恃宠而骄、目空一切。

或许是韩愈在实际撰写碑文时并没有把握好度，招致以李愬为首的武将们的集体抵制。当时淄青之战开战在即，李纯不得不再度仰仗这帮征讨淮西的旧将，其实他一直都想着收复被吐蕃人占领陇右之地，如若不能迅速平复诸将的不满情绪，那么他所有的战略构想全都会沦为空想，因此他不惜通过磨去韩愈碑文的方式来向他们示好，还在段碑中将武将之功提高到前所未有的政治高度。

淮西之战后，裴度的声望达到了前所未有的高度，虽然裴度是李纯一手提拔起来的，但宰相与皇帝之间的关系本就很微妙，生性耿直的裴度又不愿刻意去逢迎，以至于两人之间的关系有了明显的疏离。如今韩愈又在碑文中过分宣扬裴度的功绩，裴度的政敌们自然是趁机煽风点火，李纯对此事极为不满，因此段文昌竭力压制裴度也是李纯的意思，他想要借机敲打敲打裴度，让威望日隆的裴度能够有所收敛。

李纯特地让翰林学士段文昌来执笔重新撰写碑文，翰林学士就好比是皇帝的私人秘书，他可能想要借此向诸将宣示段文昌所写碑文才真正代表天子的态度，朝廷并不会忘记诸位将领的功绩，同时他也希望诸将能够在接下来的淄青之战中再立新功。

段文昌将在韩碑中既无名字又饱受鄙视的淮西降将李祐大书特书，这既是为了笼络李愬，恐怕也是为了分化瓦解淄青镇将领，希望他们也能像李祐那样勇敢地弃暗投明，淄青大将刘悟果然在关键时刻反戈一击，迅速终结了淄青之战。

段文昌与李愬其实并没有什么交集，不过改变他们命运的却是同一个人，这个人就是曾经担任宰相的东川节度使李逢吉。段文昌之所以能够成为翰林学士得益于李逢吉的推荐，一直名不见经传的李愬之所以能够就任唐邓节度使也得益于李逢吉的推荐。

就在这场风波前后，皇甫镈、程异凭借自己在征收赋税方面的优异表现获得了李纯的赏识。不过两人在朝中并没有什么根基，尤其是程异因为曾是"革新派"，政治上还存在污点。由于两次征讨成德、三年讨伐淮西，朝廷消耗了数额惊人的军费，李纯时常因为缺钱被搞得焦头烂额，因此他对理财能力出众的皇甫镈与程异自然会另眼相待。

安史之乱后，朝廷的财政状况一直捉襟见肘，也因此诞生了一批如刘晏、杨炎这样的理财名臣，但皇甫镈与程异收获的却多是批评之声，裴度更是直斥两人为佞巧小人。那些名垂青史的理财名臣大多是在基本不增加百姓负担的情况下想方设法地增加财政收入，但这两人更多的是通过加重对百姓的盘剥来换取自己的政绩。

虽然皇甫镈、程异在史书中骂声一片，不过也应当客观辩证地看待他们，他们都属于政治失意者，因此史官在记述他们的时候通常都会不遗余力地放大他们身上的缺点，但削藩之战之所以能够取得最终的胜利，军粮调配、武器配发、军饷发放、奖金筹措、经费保证都是必不可少的，这每一样都需要花费巨额资金，因此两人的功劳是不容抹杀的。

当然他们也的确存在为了完成收入任务而不顾百姓死活的问题，随着财政制度日趋完善，他们想要像刘晏、杨炎那样通过改革制度、修补漏洞来增收的空间已经很小了，他们更多的是加大对百姓的盘剥，这么做虽是为了自己能够捞取政绩以求升迁，但也是为了完成李纯的既定战略。

旷日持久的淮西之战使得朝廷府库空虚，就在这个关键时刻，程异奉命前往江淮地区催征赋税，获得了一百八十五万贯钱，这些钱全都用作军费。"（程异）且讽有土者以饶羡入贡，至则不剥下，不浚财，经费以赢，人颇便之。"①

在战争的关键时刻，程异虽然为朝廷获取了如此之大的一笔军费，却并不是通过盘剥百姓得到的。这世间最难的是两件事，一件是将别人的钱装进自己的口袋里，另一件是将自己的思想装进别人的脑袋里，程异显然将这两件最难的事都做成了。他先将忠君爱国的思想想方设法灌输给那些手握大权的封疆大吏，然后再促使他们将府库中的盈余进献给朝廷，如之前曾任宰相的湖南观察使韦贯之便是如此，不过也有许多节度使、观察使在两税常额之外加征附加税，无形中增加了百姓们的负担。

虽然皇甫镈、程异这么做主要是为了捞取个人政绩，但如果不是他们如此挖空心思、绞尽脑汁地为朝廷搜罗钱财，淮西之战很有可能会因经费不足而停战，淄青之战也很有可能不会开战，虽然他们因为政治失意而不得不背负着搜刮百姓的骂名，但他们的历史功绩也不容抹杀。

正是朝廷财政状况的极端困难使得善于理财的皇甫镈、程异的政治地位迅速攀升，他们与裴度的权力争斗也变得愈演愈烈。

有的学者将皇甫镈等人归入李逢吉一党，皇甫镈的同年好友令狐楚的确与李逢吉过从甚密，但皇甫镈的同党张宿却与李逢吉有宿怨。张宿是李纯还是广陵王时的好友，他与皇甫镈在朝中的根基都不深，他们的扶摇直上自然招致很多朝臣的羡慕嫉妒恨，因此两人便结成了政治联盟。当年李逢吉之所以会被罢免宰相职务，主要原因自然是他与裴度政见不和，他甚至不惜动用下三滥的手段阻挠裴度在淮西立功，但导火索却是李纯准备提拔张宿出任谏议大夫，李逢吉强烈反对，甚至不惜以辞官相要挟。

虽然皇甫镈与李逢吉分属两派人马，但此时此刻他们却有一个共同的敌

---

① （后晋）刘昫等撰：《旧唐书·卷一百七十·程异传》，汉语大辞书出版社2004年版，第3138页。

人——裴度，因此只得暂时放弃分歧。虽然李逢吉如今身在东川，不过他一直在朝中任职，还曾一度出任宰相，如今仍旧在朝中关键岗位任职的门生故吏数不胜数。两派人马借助这场政治风波竭力诋毁抹黑裴度，使得李纯对裴度的态度有了重大变化。

就在《平淮西碑》事件持续发酵之际，权力中枢也面临着新一轮大洗牌。宰相李夷简自认为才能不如裴度，主动请求辞职。元和十三年（公元818年）七月二十八日，李夷简被任命为淮南节度使，李夷简此番主动请辞其实也是想要借此表达自己对李纯过于重用裴度的不满，同时他也预感到了山雨欲来风满楼，主动隐退其实也是在主动避祸。

八月初一，宰相王涯也被贬为兵部侍郎。此时宰相中只剩下了裴度与崔群两人，已然空出了两个名额，他们都很清楚李纯即将任用皇甫镈与程异这两个钱谷吏为相，因此他们一起找到李纯，对他说皇甫镈与程异是只知逢迎谄媚皇帝的奸佞小人，朝廷万万不可重用这样的人。裴度甚至不惜以辞职相要挟，就如同李逢吉当年一样，尽管如此，李纯任用两人的决心仍旧未改变过。

元和十三年（公元818年）九月二十三日，皇甫镈与程异同时拜相。皇甫镈顿时露出了一副小人得志的嘴脸，但程异却与他有所不同，此前他曾经目睹了"革新派"同僚们悲惨的下场，如今他虽身居高位，却依旧谨慎小心，已然出任宰相一个多月，他甚至都不敢掌管印信，执笔断事，转年四月，他便因病去世了，也就此逃过了一劫。

与谨小慎微的程异截然不同，皇甫镈不遗余力地巴结逢迎李纯，属于典型的"舔狗"，毫无从政与做人的底线。当时专供皇帝支用的内库中储存着多年都不曾使用的丝帛，皇甫镈居然动用国库里的钱将这些丝帛全都高价买了下来，李纯自然觉得他很会办事。

可那些丝帛却朽蚀腐败严重，只要用手轻轻一碰就会破裂，皇甫镈居然将这堆破烂供应给驻扎在边疆的军队，即便他们心中会有怨气，却距离长安遥远，他们的怨言也很难传到皇帝的耳中。怒不可遏的将士们将这些根本无法使用的丝帛堆积在一起放火烧了。

裴度得知后将这件事禀告给李纯，皇甫镈却不慌不忙地伸出自己的脚，将脚上的鞋子展示给李纯看，还颇为得意地说："这双靴子就出自内库，我花两千钱买下了它,坚固耐用,应该能穿很长时间,可见道听途说之言并不可信!"

既然皇甫镈拿出实证来反驳裴度的话,李纯自然更相信他的话,皇甫镈从此更加肆无忌惮,裴度的处境也变得愈加艰难。

李纯之所以要力排众议重用皇甫镈与程异,史书几乎全都认定两人善于搜刮民脂民膏,李纯又对金钱充满了渴望,才会对两人另眼相待、委以重任。虽然在削藩之战取得决定性胜利之后,李纯不再像之前那么恭谨了,偶尔也会追求一下奢华的物质享受,不过他仍旧算是较为节俭的皇帝,其实他重用两人绝不仅仅是为了满足自己的私欲,主要还是因为朝廷财政状况很不乐观。

元和年间削藩之战军费开支情况

讨伐对象	用兵时间	持续时间	投入兵力	耗费军费
刘辟	元和元年（公元806年）正月至九月	9个月	1万至1.5万人马	预算140万贯,实际花费70万贯
李锜	元和二年（公元807年）十一月	不到1个月	约2万人马	花费极少
王承宗	元和四年（公元809年）十月至次年七月	10个月	20万人马	700万贯
吴元济	元和十年（公元815年）正月至十二年（公元817年）十月	34个月	9万人马	约1071万贯
王承宗	元和十一年（公元816年）正月至次年（公元817年）四月	16个月	10万人马	560万贯
李师道	元和十三年（公元818年）七月至次年（公元819年）二月	8个月	10万以上人马	1030万贯
总计	—	—	—	约3501万贯

在承担巨额军费的同时，朝廷往往还会对有关将士进行大肆赏赐。元和五年（公元810年），朝廷赦免了成德节度使王承宗，赏赐给负责征讨成德的各镇将士布帛28万缎匹。元和七年（公元812年），魏博节度使田弘正归顺朝廷，朝廷赏赐给魏博150万贯钱。元和十五年（公元820年），王承宗去世后，他的弟弟王承元拒绝了将士们的拥立，要求朝廷任命新的节度使，朝廷为了宣慰成德镇将士特地赏钱100万贯。此外，朝廷在历次削藩战争中还要购买置办军事物资，甚至通过边境购买战马，这也是一笔不小的支出，因此元和年间的军事开支应该在4000万贯以上。

如此庞大的军费支出，饱受财政问题困扰的朝廷自然是入不敷出。元和初年，朝廷每年获取的两税、盐利、青苗钱、榷酒等各项财政收入约为1657.76万贯，元和中期增加到了2055.39万贯，元和年间发动的削藩之战的军费开支大致相当于朝廷两年的财政收入。由于实行财政包干制度，地方按照预先核定的定额将所收赋税上缴给中央，不过却仅仅包括日常军费开支，并不包括战争所需军费，李纯毅然决然地发动了这一系列削藩战争给朝廷财政带来的压力可想而知！

除了军费之外，朝廷的其他财政开支也是持续增加，军队数量从元和二年（公元807年）的83万余人增至长庆初年的99万人，几乎增长了五分之一。官员数量增长幅度也很明显，元和十四年（公元819年），中央官员数量达到了5718人，约为贞元四年（公元788年）的1.5倍；开元盛世时，中央官员编制仅为2620人，元和年间的官员数量居然相当于开元时期官员编制数的2.18倍，为了笼络地方藩镇势力，对于愿意入朝的节度使及其家属，朝廷一律给予高官厚禄，使得中央官员数量急剧膨胀。元和十五年（公元820年），隶属内侍省的宦官数量多达4618人，不过其中具有正式编制并定期向朝廷领取工资的宦官为1696人，也就是说将近三分之二的宦官属于超编人员，[1]唐朝立国之初宦官数量仅有1000余人，内侍省正员官只有65人，庞大的军队、官员与宦官队伍给朝廷财政带来的压力可想而知。

---

[1] 许超雄：《元和削藩与唐宪宗时期的财政"二元"格局》，《中国社会经济史研究》2019年第4期。

第十章　碑文之争背后的权力博弈

　　淮西之战结束后，李纯曾经任命李愬为凤翔节度使，凤翔节度使照例会兼任陇右节度使，但陇右之地却被吐蕃人侵占。其实他原本想通过李愬等名将收复失地，不过作死的李师道却使得他不得不对淄青镇用兵，打乱了他的既定计划。如今淄青之战已经结束，收复陇右故地再度提上了议事日程，他要想打赢这场战争，筹集到足够的军费至关重要，所以他才会不遗余力地任命皇甫镈与程异。

　　两人拜相后也的确没有辜负李纯的期待，皇甫镈通过各种途径积极筹措军费，充实国库。程异还建议设立京西、京北巡边使，毛遂自荐出任巡边使。李纯对他们拜相后的表现无疑是满意的，那么他就不得不开始重新审视裴度这位股肱之臣，但他又担心裴度与皇甫镈和程异之间的矛盾会影响收复陇右的大业。

　　裴度或许起初并未意识到李纯的这番深谋远虑，抑或是虽然意识到了，却担心皇甫镈、程异一旦拜相势必会动摇自己的权力地位，当然除了权力之争，还有理念之争，裴度从心底里看不起两人的为人，担心生性如此卑劣的两个人一旦执政将会严重污染整个政治生态。

　　可是《平淮西碑》事件本就已经使得李纯对裴度心生不悦，如今裴度又不惜以辞职相要挟阻止皇甫镈与程异出任宰相，李纯对他的成见自然也就不可避免地加深了，他会自然而然地认为裴度是在排除异己，想要结党控制朝政，对他的猜忌之心也就变得越来越深了。其实裴度也意识到自己下台的日子恐怕已然不远了。

　　不过念在君臣多年来共担风雨、相互扶持的情分上，李纯一直隐忍不发，还曾语重心长地告诫裴度等诸位宰相说："人臣应当努力向善，为什么非要结党营私呢？朕最厌恶的就是这件事！"裴度自然听得懂了李纯的言外之意，于是针锋相对地回击道："物以类聚，人以群分。无论是君子，还是小人，只要志趣相投总会聚拢在一起，君子聚在一起称为同德，小人聚在一起才会被称作朋党，两者看着很相似，但实际上却有天壤之别，唯有圣明的君主才能够分辨忠奸善恶！"

　　这番针锋相对的言论自然使得裴度与李纯原本亲密的关系变得更为疏远了。不过此时淄青之战已经打响，李纯还要仰仗经验丰富的裴度，因此《平淮西碑》风波过后，这对君臣之间看似仍旧如之前那般和谐，但实际上彼此之间的裂痕已然很深了。

其实裴度也在试图改变，他曾经一度想要亲临前线，却又担心世人会认为他趁机"夺人之功"，最终只能作罢。他还特地将朝廷对淮西、淄青用兵以来，李纯勤勉为政、日理万机的情形编纂成册乘机献上，既是为了博得李纯的欢心，也是为了消除《平淮西碑》事件带给自己的不良影响，表明自己绝对不敢贪天子之功，但此时都于事无补了，因为李纯已然下定决心要将他弃用。

元和十四年（公元819年）四月二十九日，此时距离李师道的首级被送至京城长安仅仅过去了两个月的时间，淄青镇的局势已经彻底稳定，李纯特地选在这个时候让朝廷重臣裴度离朝出任河东节度使。

关于裴度此番被罢相的原因，《资治通鉴》记载："裴度在相位，知无不言，皇甫镈之党阴挤之。"① 史书几乎都将罪责推到了皇甫镈的身上，皇甫镈不遗余力地构陷自然会对李纯的决策产生不小的影响，但李纯却并非偏听偏信的昏君，做出如此重大的决定在很大程度上还是会遵从自己的内心。

其实《平淮西碑》事件才是裴度真正的命运转折点，裴度因为淮西之战的胜利声望日隆，此时他最明智的选择应该是竭力放下身段，尽力保持低调，可韩愈对他功绩的过度渲染使得他陷入巨大的舆论旋涡之中而难以自拔，虽然他自始至终对此事都未曾表态，但给他带来的不良影响却是难以挽回的。

在段碑中，段文昌对裴度的竭力抑制绝非一时兴起的个人行为，肯定获得了李纯的某种暗示或者授意。鉴于韩愈与裴度的特殊关系，同时又受到了各方势力的影响，李纯自然会认为裴度是想要利用这个重要机会来大肆宣扬自己，不仅对他的所作所为有所不满，也对他生出猜忌之心。

李纯执意任命皇甫镈与程异出任宰相使得两人积蓄已久的矛盾彻底爆发了，两人拜相后与皇帝接触的机会更多了，对裴度进行诋毁诬陷的机会自然也就更多了。诸多不利因素叠加在一起使得裴度这位曾经为国立下大功的股

---

① （北宋）司马光主编：《资治通鉴·卷二百四十一》，中华书局1956年版，第7768页。

肱之臣不得不黯然下野。

《平淮西碑》的作者韩愈也在韩碑被废不久遭遇了噩运，因为他不慎卷入了谏迎佛骨事件。

专门负责宗教事务的功德使向李纯上奏道："凤翔法门寺塔内藏有佛祖指骨，每三十年开放一次，开放后岁丰人安，明年恰好就到了开放之期！"佛祖指骨是佛祖释迦牟尼的真身指骨舍利，时隔千年之后，文物部门对法门寺地宫进行考古时找到了这件无价之宝。

元和十四年（公元819年）正月，李纯派遣使者前往凤翔府（今陕西省宝鸡市凤翔区）奉迎佛骨，想要将佛骨带入宫中供养三日。他的这个举动顿时在长安城掀起了一股崇佛的狂潮，那些虔诚而又狂热的信徒们为了崇佛不惜倾家荡产，甚至割肉献佛。

见到此情此景，韩愈不顾个人安危毅然给李纯献上《论佛骨表》，大声疾呼抑制佛教，以免天下人会被一枚小小的佛骨所误导。

韩愈此举虽然勇气可嘉，可他却并没有与当事人李纯进行换位思考。尊崇佛教是大唐长期以来的传统，李纯自然也难以免俗，如今大唐显露出中兴之兆，李纯未免有些沾沾自喜，韩愈此举无异于给正在兴头上的李纯当头浇了一盆凉水，韩愈甚至还直言信佛的帝王全都短命，这些明显带有诅咒意味的大不敬之语，即使换作常人恐怕也难以接受。

此外韩愈的建议也极为过激，"乞以此骨付之有司，投诸水火，永绝根本，断天下之疑，绝后代之惑"。若要是真如他所言直接毁掉佛骨，势必会引发佛教徒的骚乱，甚至是暴动。

韩愈的劝谏言辞激烈，做法极端，李纯看到后自然是极为震怒，甚至想要用极刑来处死他，在裴度等人的极力劝谏下，李纯心中的怒气才渐渐消散了些，但还是将他贬为潮州（今广东省潮州市）刺史。

韩愈抵达潮州后上表为自己辩白。好在李纯是中晚唐为数不多的几个明君，事后他也能或多或少地体尝到韩愈的良苦用心，流露出重新起用韩愈之意，于是召集宰相们议事时说："昨日收到韩愈上表，他谏迎佛骨之事，实是爱护朕，朕又岂会不知呢？可韩愈身为人臣，不应说人主奉佛便位促寿短，这分明是在诅咒朕！"

宰相皇甫镈自然听出了皇帝的弦外之音，于是抢先说道："韩愈终究还是太过狂放粗疏了，不过可以考虑将其调到别郡！"皇甫镈的一席话堵塞了韩愈的回京之路，不过他还是得以从偏远的潮州调往江南腹地袁州（今江西省宜春市）担任刺史。

虽然史书中并没有明确记载韩愈被贬与《平淮西碑》事件之间有什么直接关联，但任何事态的发展并非一蹴而就而是有着一个发展变化的过程。《平淮西碑》事件使得李纯本就对有些意气用事的韩愈心生不满，如今他居然又如此不识时务而言辞激烈地反对他奉迎佛骨，自然最终落得个被贬出朝的下场。

随着韩愈与裴度的黯然离开，段碑在很长一段时间内获得了官方认可，直到一百多年后，事态又发生了戏剧性的变化。

根据《夷坚志·甲志·卷二》的记载，北宋政和年间（公元1111年至1118年），蔡州新任长官陈珦视察后前去拜谒裴度庙，迎面看到一块硕大的石碑，这就是由段文昌撰写的《平淮西碑》，于是向当地百姓询问这块碑的来历，但听完之后，他却"忿然不平"，于是命人推倒了段碑，在裴度庙外重新立起了韩碑。

随着段碑被磨平，韩碑也越来越受后人的推崇，这与北宋重文抑武的大环境密切相关，段碑大肆宣扬武力自然引发了士大夫们的厌恶与憎恨。作为"唐宋八大家"之首，韩愈在宋朝越来越受推崇，段文昌显然无法与他同日而语，因此韩碑也就渐渐取代了段碑。大文豪苏轼曾在《沿流馆中得二绝句》中写道：

淮西功业冠吾唐，吏部[①]文章日月光。
千载断碑人脍炙，不知世有段文昌。

[①] 晚年曾任吏部侍郎的韩愈被世人称为"韩吏部"。

第十一章

后宫危机与宪宗之死

元和十四年（公元819年）十二月十一日，此时已经临近年尾了，朝中却突然爆出了一个爆炸性消息，宰相崔群居然被贬为湖南观察使。宰相下野后出任节度使是极其司空见惯的事情，当时称之为"出将入相"，但几乎都是前往淮南、西川、河东等大藩镇任职，可崔群这次去的却是偏远的湖南，他也只是观察使而并非是节度使，贬谪的意味十分明显。

在大唐289年的历史中，宰相下野前往湖南任职的只有崔群、崔胤两人，但崔胤却并未实际赴任，因此崔群便成为前无古人、后无来者的第一人。

关于崔群此番被贬，史书记载是因为他遭受了皇甫镈的陷害，因为当初皇甫镈拜相的时候，崔群与裴度曾经一起竭力阻止，如今大权在握的皇甫镈自然要对他们进行报复。

随着削藩之战取得决定性胜利，大唐也呈现出中兴气象，百官们商议给宪宗皇帝李纯上尊号。皇甫镈认为应当增加"孝德"两个字，可崔群却说："既然尊号中有'圣'字，那么'孝'的意义就已经包含在内了。"皇甫镈借故在李纯面前大肆诋毁崔群说："群臣商议给陛下上尊号，崔群竟然舍不得为陛下加上'孝德'这两个字。"李纯听后自然对崔群心生不悦。

虽然皇甫镈对朝廷用度很是慷慨，但对于边军要求却十分苛刻，衣粮赏赐时常不能按时发放，即便发放也多是陈旧腐败之物，朝廷调拨的粮食无法食用，布帛无法使用，边军将士对此极为愤慨，甚至扬言要发动兵变。此时已经调任邠宁节度使的李光颜听说后忧心如焚，甚至因为恐惧与自责一度想要自杀。

李光颜将此事禀告李纯，但李纯却并不相信，可长安城内却是人心惶惶，崔群也赶忙将此事禀报李纯，直到此时李纯仍旧是将信将疑，于是征召皇甫镈询问此事，可皇甫镈却说："朝廷供给边军的衣粮赏赐都是严格按照制度发放的，可那些边军将士居然并不满足，肯定是崔群暗中推波助澜，为了自己猎取美名，却煽动边军将士怨恨皇上，真是可恨！"

怒不可遏的李纯将崔群贬为湖南观察使，不过崔群此番被贬却绝非如此简单，李纯之所以要将他远贬，其实是想要为接下来更换太子做准备。可是李纯好端端的为什么要更换太子呢？他又因何太子未能换成，自己却突然暴亡了呢？

第十一章 后宫危机与宪宗之死

不立皇后的皇帝

在中晚唐，皇后缺位似乎成为一种政治常态，正史虽然记载唐朝有二十六位皇后，却只有八位是皇帝老公亲自册封的正儿八经的皇后，其他的十八位要么是皇帝老公在她们死后追封的，要么是她们的儿子当上皇帝后加封的。在这八位皇后中，有七位生活在唐朝前期，只有昭宗何皇后生活在晚唐。皇帝不立皇后虽然始于顺宗皇帝，但他在位只有短短的八个月时间，长期在位却又不立皇后的风气其实始于宪宗皇帝李纯。

早在李纯还是广陵王的时候，郭氏就成为他的王妃，李纯登基之后，她被册封为贵妃，成为实际上的后宫之主。

郭贵妃的祖父是功高盖世的中兴名将郭子仪，她的父亲是深受恩宠的驸马郭暧，母亲是代宗皇帝的女儿升平公主，郭贵妃从辈分上讲是宪宗皇帝的姑姑。无论是显赫的出身，还是亲近的血缘，抑或正妻的身份，凭借哪一点，郭贵妃都应该被册立为皇后，但李纯宁肯空着皇后之位也不愿意册立她为皇后，这又是什么原因呢？

第一个原因是养尊处优的郭贵妃很可能继承了母亲升平公主骄纵任性的基因，有着非常严重的"公主病"，需要丈夫时刻呵护，时刻宠爱，远没有那些出身卑微的妃嫔和宫女们温柔体贴，两人的夫妻关系应该并不是很和谐，郭贵妃只为李纯生有一儿一女。

第二个原因是风流成性的李纯不愿受太多的拘束。李纯儿子数量之多、"质量"之差在大唐皇帝中是首屈一指的，"质量"差并非是这些皇子素质差而是他们的母亲出身卑微。除了太子李恒外，另外十九个儿子均为宫女所生，后来凭借母以子贵才获得封号。郭贵妃自然接受不了丈夫如此放纵，李纯也担心她一旦成为皇后恐怕将会更加肆无忌惮地干涉他的私生活。

第三个原因是李纯畏惧郭家人在朝中强大的政治影响力，担心郭贵妃被册立为皇后之后，郭家人会趁机干政。

凭借如此显赫的身世，郭贵妃成为皇后，她的儿子李恒成为太子，似乎是顺理成章的事情，他们是这么想的，世人也是这么想的。可郭贵妃的皇后梦最终却破灭了，李纯宁肯空着皇后之位也不册立她为皇后。

虽然郭贵妃不是皇后，却是后宫之中身份最尊贵的妃嫔，她所生的李纯的第三子李恒（原名李宥）也就拥有了准嫡子的地位。或许是因为恨屋及乌，李纯并不太喜欢郭贵妃为他生的这个儿子李恒。

按照政治惯例，新皇帝登基三年内往往都会册立太子，这样皇帝一旦发生不测，朝政不至于发生动荡，可李纯却迟迟没有册立太子，在群臣几次三番的催促之下，他才于元和四年（公元809年）三月二十一日对外公布了太子人选，但朝野上下得知后却是震惊不已，太子居然并非是此前呼声最高的李恒而是出身卑微的李宁！

李宁虽然是年纪最长的皇长子，但他的母亲纪氏原本却只是个小宫女，后来因母以子贵才晋升为美人，与郭贵妃简直不能同日而语，李恒自然是心有不甘，身为六宫之主的郭贵妃，还有满门勋贵、门生故吏满天下的郭家自然不会善罢甘休。

李纯诏令有关部门尽心竭力地筹办太子册立大典，谁知却因阴雨连绵，大典日期不得不一拖再拖，直到初冬时节才得以举行。这仿佛也在预示着这位毫无背景的新太子未来的路恐怕并不会一帆风顺，他能否顺利登上皇位也就此成了一个未知数！

太子死亡疑云

元和六年（公元811年）闰十二月二十一日，在一年行将结束之际，年仅十九岁的李宁突然去世，史书对于这位正值壮年的太子暴亡的原因居然全都语焉不详。李纯得知这一噩耗后居然连续辍朝十三日之久，辍朝时间如此之长在唐朝历史上是绝无仅有的，足见李纯当时的悲痛之情。

其实只需将李宁去世前后的诸多事件稍加梳理就会发现他的死并不那么简单。在郭贵妃之子李恒成为太子的路上，吐突承璀始终充当着绊脚石的角色，在史书中，他总是在李纯面前进谗言，大肆诋毁李恒。

其实吐突承璀不过是个背锅侠而已，如果李纯果真属意三子李恒，吐突承璀怎敢贸然支持其他皇子呢？如果他只是想立下拥立之功，那么他扶持身份最为尊贵的李恒上位无疑是明智的选择，可他却偏偏选择了身份卑微的长子李宁与次子李恽，虽然他这么做收益无疑会更大，但风险也会更大。

如果没有李纯的暗中支持，吐突承璀恐怕还没有胆量，更没有必要这么做，因此真正不想让李恒成为太子的人可能是李纯，不过作为君威难测的皇帝，不到最后时刻李纯不能轻易表露自己的态度，很多事情只能由吐突承璀代劳。

在郭贵妃一党看来，如若能够设法除去吐突承璀，那么便无异于断了李纯的一只臂膀。很快，他们在苦苦等待的机会终于来了！

元和五年（公元810年）九月初二，吐突承璀从河北前线返回朝廷，此番讨伐成德镇在耗费大量军费后却铩羽而归，身为主帅的吐突承璀此时此刻承受着巨大的舆论压力，但李纯却对他宠信依旧，让他担任左卫上将军、左神策军中尉。

朝中舆论顿时哗然，宰相裴垍对李纯说："吐突承璀首倡对成德镇使用武力，如今耗费了不计其数的钱粮却讨伐无功，白白使得天下百姓陷入困苦之中，如果不将他加以贬斥，恐怕朝廷无颜面对天下百姓！"翰林学士李绛等人也纷纷上书请求对穷兵黩武的吐突承璀严加惩处，甚至有人提议将吐突承璀斩首，以谢天下。

面对波涛汹涌的讨伐声，李纯渐渐感到有些力不能支，他是一个很在乎自己声誉的皇帝，思虑再三之后只得下诏免去了吐突承璀所担任的左神策军中尉的职务，将他降职为军器使。

就在同一年，右神策军中尉第五从直也出事了。安黄节度使伊慎被召入朝中担任尚书右仆射（从二品），后改任右金吾大将军（正三品），可他却早就习惯了封疆大吏的生活，受不得朝中的诸多拘束，渴望着能够再度成为节度使，于是偷偷地向右神策军中尉第五从直行贿三万贯钱，希望自己能够出任河中节度使。但第五从直自从收了钱之后却越想越害怕，主动向李纯说出了这一切。

元和五年（公元810年）十一月初三，伊慎被贬为右卫将军（从三品），三名涉案人员被杀，李纯究竟如何处置受贿后主动投案的第五从直，史书中并没有明确记载，不过此后却再也没有了关于他的记载，他极有可能是被免职了。

就在元和五年（公元810年），左、右神策军中尉同时被免职，宦官程文干随后被提拔为中尉，不过他究竟担任什么职务，史书却记载不一。

《册府元龟》记载程文干出任右神策军中尉，但《旧唐书》却记载他出任左神策军中尉。如果两部史书记载无误，对此合理的推测应当是当年九月，吐突承璀被免职后，程文干先任左神策军中尉，仅仅两个月后，第五从直受贿案发，于是他又转任右神策军中尉。李纯这么安排显然是想要等到风头过了之后重新起用吐突承璀，不过由于阻力仍旧很大，只能再等等，但另一场政治风波却突然向着吐突承璀袭来。

宪宗朝宦官任职情况

年份	左神策军中尉	右神策军中尉	枢密使	地方任职的宦官
永贞元年 （公元805年）	杨志廉	孙荣义	不详	河东监军李辅光
元和元年 （公元806年）	杨志廉 吐突承璀 （十一月就任）	薛盈珍 （正月就任）	刘光琦	徐州监军王守澄 西川监军俱文珍 平卢、凤翔监军仇士良 淄青道宣慰使彭忠献 河东监军李辅光
元和二年 （公元807年）	吐突承璀	薛盈珍 第五国珍 （二月赴任）	刘光琦	河东监军李辅光 淮南监军薛尚衍
元和三年 （公元808年）	吐突承璀	第五国珍	刘光琦	河东监军李辅光
元和四年 （公元809年）	吐突承璀 （十月讨伐成德）	第五国珍	刘光琦	河东监军李辅光

续表

年份	左神策军中尉	右神策军中尉	枢密使	地方任职的宦官
元和五年（公元810年）	吐突承璀（九月复任，战败降为军器使）程文干	第五国珍 第五从直（因受贿被免）程文干（改任）	梁守谦	岭南监军许遂振
元和六年（公元811年）	彭献忠（十月就任）	程文干？[①]	梁守谦	淮南监军吐突承璀
元和七年（公元812年）	彭献忠	程文干？	梁守谦	—
元和八年（公元813年）	彭献忠	程文干？	梁守谦	宣武监军俱文珍 振武监军骆朝宽
元和九年（公元814年）	吐突承璀（正月就任）	程文干？	梁守谦	振武监军路朝见 江西监军高重昌 忠武监军崔潭峻
元和十年（公元815年）	吐突承璀	程文干？	梁守谦	平卢监军仇士良
元和十一年（公元816年）	吐突承璀	程文干？	梁守谦 刘弘规	淮西监军梁守谦
元和十二年（公元817年）	吐突承璀	第五守进	刘弘规 梁守谦（从淮西返回长安）	唐邓监军李诚义 淮南监军刘弘规
元和十三年（公元818年）	吐突承璀	梁守谦	刘弘规（从淮南返回长安）	—
元和十四年（公元819年）	吐突承璀	梁守谦	刘弘规	忠武监军宋孝诚
元和十五年（公元820年）	吐突承璀（正月被杀）马进潭	梁守谦	王守澄 魏弘简	荆南监军崔潭峻 忠武监军宋孝诚

元和四年（公元809年），羽林大将军（正三品）孙璹通过行贿当上了凤翔节度使，谁知此事却在两年后败露了。元和六年（公元811年）十一月，

[①] "？"表示因目前史料缺失而做出的待考证的推论。

突然有人揭发孙璹为了上位居然向担任弓箭库使的宦官刘希光行贿两万贯钱，刘希光不过是个小角色，真正有能力为孙璹运作的其实是左神策军中尉吐突承璀。

这场政治风波之后，吐突承璀彻底复职无望了，于十一月初五被贬为淮南监军。李纯询问翰林学士李绛外界对此怎么看，李绛回答说："外界想不到陛下会这样！"李纯有些得意地说："吐突承璀不过是我的一个家奴罢了，只是使唤时间很长了，对他有了些感情，但倘若他有什么违法乱纪之事，朕对他决不姑息！"

李绛与吐突承璀之间的矛盾由来已久。左神策中尉吐突承璀兼功德使，奉命重修安国寺，趁机请求立圣德碑，让翰林学士撰文为李纯歌功颂德。翰林学士李绛却对此表示反对，觉得如今天下未定，贸然立圣德碑不仅起不到应有的效果，反而还会有损圣德。李纯觉得他说得很有道理，于是便下令停止修建，用数十头牛将巨大的石碑拽倒，吐突承璀当时的气愤之情可想而知。

后来，李绛向李纯打小报告，说吐突承璀太过专横，李纯当即面露不悦之色，觉得他的话未免有些言过其实了，但李绛却说自己直言相告是不想辜负陛下对自己的期许，李纯心中的怒气才渐渐消散，将他从翰林学士、司勋郎中（从五品上阶）擢升为翰林学士、中书舍人（正五品上阶）。

在正史中，李绛每每与吐突承璀发生矛盾，李纯似乎总会偏向李绛。直言进谏的李绛虽然有时也会惹得李纯不悦，可李纯却从未因此迁怒于他，仍旧对他委以重任，展现出自己宽广的胸襟。虽然李纯在朝臣面前竭力表现自己对吐突承璀毫无袒护之意，但实际上却并非如此。

淮南堪称大唐第一藩镇，"命节度使，皆以道德儒学，来罢宰相，去登宰相。命监军使，皆以贤良勤劳，内外有功，来自禁军中尉、枢密使，去为禁军中尉、枢密使。自贞元、元和已来，大抵多如此"[①]。到淮南镇担任节度使的可都是朝廷重臣，先后有七任淮南节度使直接升任宰相，数量在剑南西

[①]（唐代）吴在庆校注：《杜牧集系年校注·樊川文集·卷十·淮南监军使院厅壁记》，中华书局2008年版，第809页。

川之上，此外还有八位下野宰相来淮南任职。节度使如此，监军也是如此，到淮南担任监军的全都是亲信宦官，回朝之后大多会出任神策军中尉或枢密使等显要之职，在淮南任职期间的待遇也很不错。

吐突承璀被贬后不久，李绛就被李纯任命为宰相，很多学者认为贬谪吐突承璀是为重用李绛做准备，其实这个说法值得商榷。

吐突承璀被贬淮南与李绛拜相中间间隔了五十四日，虽然吐突承璀的黯然离开为李绛拜相扫除了障碍，但李纯却绝非是因为想要重用李绛而贬谪吐突承璀，李纯任命李绛为相其实是为了制衡宰相李吉甫。李吉甫善于权变，李绛刚正不阿，李纯想让性格迥异的两个人在一起搭班子，这样才能够有所牵制，实现互补，谁知两人因政见不同致使彼此间的矛盾日趋尖锐，这显然是李纯不愿意看到的，因此他在日后不得不对执政班子进行调整。

远赴扬州的吐突承璀自身尚且难保，已经很难对朝政施加影响了，这显然是郭贵妃最愿意看到的。

吐突承璀离开长安刚刚两个月，年纪轻轻的李宁便突然去世了，虽然并无史书记载他死于谋杀，但如此巧合恐怕不能不令人怀疑。

讨伐成德节度使王承宗历时将近两年，调动十余万兵马，花费了七百万贯钱，最终却黯然收兵，这自然使得皇帝李纯的威望严重受损，朝野间一时暗流涌动。如今吐突承璀又被远贬淮南，在册立太子问题上，李纯已然失去了最坚强的依靠，在思虑再三之后只能选择妥协。

李宁的母亲虽然是宫女出身，但后来却被晋封为美人，次子李恽母亲的身份更为卑微。李纯实在没有勇气再册立一位难以服众的皇子为太子。

皇储之位在空置了七个月之后终于尘埃落定。元和七年（公元812年）七月十九日，众望所归的皇三子李恒成为新太子。远在淮南的吐突承璀对此结果却并不肯善罢甘休，因为他知道李纯并不肯轻易认输，或许这一切还有回旋的余地。

自从李恒被册立为太子之后，朝中请求册立郭贵妃为皇后的呼声便日益高涨。面对这种不利局面，有苦难言的李纯只能说他与郭贵妃有子午之忌。在人的脸部中间画一条线，一边为"子"，一边为"午"，这两边的面部特征都与阴阳五行相对应。李纯居然很无奈地搬出了这套说辞，认为他与郭贵妃面相相冲，不适合结为夫妻。

明眼人一看便知这不过是李纯的一个托词而已，但群臣们却不好再说些什么，因此要求册立郭贵妃为皇后的思潮渐渐退去。

一旦郭贵妃凭借母以子贵被册立为皇后，那么李恒的太子之位势必会变得牢不可破。册立李恒为太子纯属无奈之举，在接下来的日子里，他还要继续考察李恒，正是李纯在太子问题上的摇摆不定使得李恒一直觉得自己的太子之位摇摇欲坠。

更换太子的前奏

元和九年（公元814年）二月二十五日，李绛被罢免了宰相职务，关于他此番去职的原因，《资治通鉴》记载是他因患有足疾而主动提交了辞呈，其实并没有这么简单。

上一年七月，李绛与李吉甫这两位宰相围绕如何处置西受降城（今内蒙古自治区乌拉特后旗）出现了严重分歧，李纯自然不希望宰相间的争斗与内耗影响到自己的中兴大业，这促使他势必要在两位宰相之间有所取舍。

突然改道的黄河水冲毁了西受降城，受降城共有东、中、西三座，最初为汉朝接受匈奴贵族投降而建。由于突厥人给大唐北部边疆带来巨大的军事威胁，名将张仁愿在汉代遗址上修建了这三座受降城，作为黄河外侧重要的战略屏障，他也因功被升为中宗朝宰相。

不过这三座受降城因距离黄河很近时常会受到洪水威胁，西受降城曾在开元初年被洪水摧毁过，如今又遭遇洪水侵袭，李吉甫考虑到当时朝廷财政拮据，并不主张修造西受降城，建议将驻扎在那里的将士迁徙到天德军城。

当时参与讨论此事的有宰相李绛，还有专门负责预算工作的户部侍郎、判度支卢坦，按照常理来说，李吉甫的提议是在为朝廷节省开支，卢坦对此理应拥护才是，可他却说："西受降城位于沙漠边缘地带，地处北方蛮夷南下的交通咽喉，水草丰美，位置重要，虽说面临着水患威胁，完全可以退后两三里再筑新城，怎么能为了省钱而轻易将它废弃呢？天德军城土地贫瘠，北面靠山，距河较远，如果失去了西受降城这个重要的战略支点，原有的烽火斥候等战争预警体系将会受到极大的影响，一旦北方蛮夷入侵，唐军恐怕很难及时察觉，这样无异于将二百多里的国土白白拱手送人！"

卢坦之所以会提出与李吉甫截然相反的意见，既是因为两人见解不同，更是因为他与李绛是政见相和的好友，两人都将对方视为自己的依靠，自然也就将李吉甫视为政敌，就在众人争论不下之际，西受降城使周怀义也上表向朝廷表示不可轻易废弃此城。

不过李纯最终还是支持了李吉甫，卢坦因此遭到李吉甫的记恨，一个月后被贬出朝，出任东川节度使，四个月后，李绛也被罢免了宰相职务。

西受降城举城迁往天德军城，虽然这两座城池全都隶属天德军都防御使管辖，但西受降城的士卒却并不愿意贸然离开熟悉的环境，到陌生的环境中去生活战斗。周怀义一时难以说服手下将士，居然忧郁而亡。燕重旰成为新任西受降城使，率领麾下将士迁徙到了天德军城，但将士们心中的怒火却始终都没有消散，找了个合适的机会斩杀了强迫他们迁徙的燕重旰，甚至还将他的家人一并杀害。

在这场如何处置西受降城的争论中，史书大多对李绛与卢坦的建议持肯定态度，或许是出于对盛唐故土的怀念之情吧！其实李吉甫的建议也绝非一无是处，否则英明果决的李纯最终也不会力排众议支持他。

究竟是否应该废弃西受降城，除了两人的意气之争外，其实就是长远利益与当下利益之争。西受降城的确是战略位置极为重要的军事要塞，可无论是原地修缮还是异地重建都将会是一笔不小的支出，此外还需要修筑黄河沿线的堤坝，这样才能保证新城的安全，李吉甫觉得有些得不偿失。

其实李吉甫也并非目光短浅的保守之人，就在李绛被罢相两个月之后，正是在他的积极建议之下，朝廷才决定在经略军城（今内蒙古自治区鄂尔多斯市鄂托克旗）重新设置宥州，还将屯驻在鄜城县（今陕西省延安市洛川县）的九千神策军调来宥州，为的就是防备回鹘，震慑党项。他之所以会建议放弃西受降城其实是想将有限的钱花在更有价值的事情上。

就在这场争论发生前四个月,李纯已经将西川节度使武元衡召回朝中重任宰相,其实从武元衡回归开始,李绛下野便已经进入了倒计时。李吉甫与武元衡之前一同秉政时可谓珠联璧合、相得益彰,正是这场争论使得之前还有些犹豫的李纯彻底下定了决心,让李绛下野。

李绛被罢相还有一个极为重要的原因,李纯即将把自己最宠信的宦官吐突承璀从淮南调回朝中继续担任左神策军中尉,罢免李绛的宰相职务其实也是为吐突承璀的回归营造良好的政治氛围。

时隔将近三年之后,吐突承璀再度返回长安,虽说喜悦之情溢于言表,却也不禁生出物是人非之感,他看得很清楚,如今繁花似锦之下其实暗藏着重重杀机。太子李恒顺利登基之日恐怕就是自己死无葬身之地之时,若想为自己日后寻一条活路,他只能劝说李纯下定决心换掉李恒,他知道李纯当初册立李恒为太子也是无奈之举,并非是真的欣赏他。

不过此时李纯却无暇顾及这些,淮西之战即将打响,不过让他始料未及的是这场战争居然会变得如此旷日持久,以至于他曾经几度想过要放弃,好在最终还是打赢了。这场战争的胜利极大地震慑了那些桀骜不驯的节度使们,也使得他的威望达到了顶峰。

就在李纯的威望空前高涨之际,朝堂上却发生了诸多不利于太子李恒的变化。元和十二年(公元817年)九月,宰相李逢吉罢相出任剑南东川节度使。当时裴度已经身临淮西前线,李逢吉担心政敌裴度会在前线立功,于是不停地在暗中搞破坏,为了早日取得淮西之战的胜利,李纯只得罢免了他的宰相职务。这是史书对这件事的解读,其实李逢吉罢相并没有这么简单。

李逢吉下野一年以后,宰相王涯也被贬为兵部侍郎,他因"坐循默不称职罢"[①],就是说他不敢决策,不肯主事,不愿担当,不敢作为,当时威望日隆的裴度拥有首相之位,王涯自觉难以与他抗衡,处理政事时自然多是随声

---

① (北宋)欧阳修、宋祁等撰:《新唐书·卷一百七十九·王涯传》,汉语大辞书出版社2004年版,第3917页。

附和，但这个罢相理由多少有些欲加之罪何患无辞的意味。

就在一个月前，李夷简主动请辞，一个月后王涯又突遭罢免，李纯如此安排显然是在为皇甫镈、程异腾位置。皇甫镈之所以能够得到李纯的重用，除了善于搜刮民脂民膏外，还因为他不惜花费重金贿赂吐突承璀，两人也至此结成了政治同盟。程异病逝后，皇甫镈又举荐好友令狐楚出任宰相，这使得吐突承璀对朝政的控制力持续增强。

其实之前惨遭罢免的李逢吉与王涯还有着一个极易被忽略的身份。时任给事中的李逢吉于元和七年（公元812年）十一月二十日成为太子诸王侍读，时任中书舍人的王涯于元和九年（公元814年）闰八月十八日成为太子诸王侍读。从玄宗朝开始，太子并不实际居住在东宫之中，因此东宫官大多沦为虚职，与太子并无太多接触的机会。太子诸王侍读虽然并非正式官职，却负责为太子诸王授书讲学，与太子李恒朝夕相伴，感情自然不同于常人。

太子李恒登基之后不久，东川节度使李逢吉便改任山南东道节度使，依仗着昔日对李恒有侍读之恩，很快他就被召入朝中担任兵部尚书，后来他又巧妙地利用元稹与裴度之间的矛盾将两人全都排挤走，自己重任宰相，自此长期把持朝政。王涯虽然并没有像李逢吉那样迅速地东山再起，却也出任东川节度使、山南西道节度使等地方要职，后来在文宗皇帝李昂执政时再度出任宰相。

自从宰相王涯下野之后，政治嗅觉敏锐的人已然从中嗅到了非同寻常的气息，此后李纯一系列举动的指向性就更加明确了。

元和十四年（公元819年）四月，宰相裴度离京出任河东节度使，八个月后，宰相崔群被贬为湖南观察使。之前曾经提及过裴度被罢相的原因极其复杂，其实李纯这么做也是为他之后在政治上的大动作做准备。

裴度虽然与太子李恒的关系并不密切，但太子没有犯下大的过错便被废，与儒家传统理念并不相符，深受儒学思想影响的裴度恐怕一时难以接受。

裴度与崔群又是政治上的盟友，两人曾经联手阻止皇甫镈、程异拜相，因此李纯一直怀疑他们结党。

当初李纯因太子问题而犹豫不决时，崔群一直是李恒坚定的支持者。等到李恒一即位，当即便将他从湖南召回朝中出任吏部侍郎，特地在别殿召见了他，对他满是感激地说："我升储位，知卿为羽翼"。[1] 由此可见当初李恒之所以能够顺利成为太子，崔群的确出力不少，即便是若干年后，李恒仍旧感念着对方的恩情。

既然崔群属于太子一党，李纯一旦要废除李恒的太子之位，崔群势必会竭力反对，裴度必然会对他予以声援，所以李纯必然要先将他们贬出长安。

经过此番人事调整，此时朝中宰相共有皇甫镈、令狐楚、韩弘三位，不过韩弘的宰相身份却有些特别。为了消除李纯对他的猜忌，宣武节度使韩弘主动要求入朝。此时他年事已高又深知当下的处境，除了照例参加宰相议事外，他几乎不怎么参与政事，因此朝政实际上由皇甫镈、令狐楚两人把持着。

随着崔群的离去，凡是亲近太子李恒的宰相已经悉数下野，执掌朝政的皇甫镈、令狐楚全都是吐突承璀一派的人，自然也就成为澧王李恽的支持者。

随着双方斗争日趋白热化，这场看不见硝烟的暗战也将一触即发。忧心忡忡的太子李恒派遣心腹向自己的舅舅郭钊询问当下的对策，郭钊派人给他捎去了一句意味深长的话："殿下但尽孝谨以俟之，勿恤其他"。[2] 这个"以俟之"显得颇为耐人寻味，郭钊究竟想要让他等什么呢？

如若李纯此时年事已高抑或病入膏肓，或许李恒还有等下去的希望，可李纯此时只有四十二岁，虽然因服用丹药而使得自身健康有些受损，不过却并无大碍。

对此有两个解读，一个是等待着上天的眷顾，尽人事而听天命，不过出身政治世家的郭钊不会不知道听天由命无异于坐以待毙；另一个可能就是等待着利好的消息，虽然身份敏感的李恒不便直接出面，但他的母亲郭贵妃和他的舅舅们正秘密筹划着一场让他提前抢班夺权的大阴谋。

此时距离李纯去世只有一个月的时间了，各种积聚已久的矛盾即将彻底地爆发。

---

[1]（后晋）刘昫等撰：《旧唐书·卷一百五十九·崔群传》，汉语大辞书出版社 2004 年版，第 3552 页。

[2]（北宋）司马光主编：《资治通鉴·卷二百四十一》，中华书局 1956 年版，第 7780 页。

始料未及的疯狂反扑

元和十五年（公元820年）正月初一，在这个举国欢庆的日子里，朝廷本该召集盛大的朝会来辞旧迎新，可身为皇帝的李纯却有些出人意料地缺席了，以至于京城上下谣言四起，人心不安。

就在人们翘首以待李纯痊愈的好消息时，他却于正月二十七日突然驾崩于中和殿。就在他去世前后，他最信任倚重的宦官吐突承璀，他一直颇为欣赏的儿子澧王李恽，还有与他过从甚密的术士柳泌、僧人大通等全都惨遭屠杀。

对于李纯的突然离世，当时的官方说法是他因服用丹药而死，随着年龄的增长，李纯也未能免俗地喜欢上了神仙不老之术，于是下诏寻找方术之士。恰在此时，宰相皇甫镈向他推荐了术士柳泌。

柳泌自称可以炼制长生不老之药，还说台州（今浙江省台州市）境内的天台山是神仙聚集的地方，那里生长着许多灵草，如果他可以成为当地的长官就可以采摘到那些灵草，从而让李纯永生。信以为真的李纯当即任命他为台州刺史，还赐给他只有三品以上高官才能穿戴的紫色朝服与金鱼袋。

李纯居然让一个术士去治理一个大州，朝野上下对此议论纷纷。柳泌抵达台州后逼迫当地官吏率领百姓前往天台山采摘草药，可历时一年多也没能采摘到他所说的灵草。柳泌担心自己会背负欺君的罪名，于是携带全家老小逃到山里。浙江东道观察使赶忙派人前去逮捕，将柳泌捕获后押往长安。

至此柳泌精心编造的骗局已然被戳穿了，可深受李纯信任的皇甫镈却竭力为他开脱，因为两人早就成了一条绳上的蚂蚱。李纯居然听信了皇甫镈的话，不仅没有将柳泌治罪，反而命他待诏翰林院，继续为他炼制丹药，可李纯服用了柳泌炼制的丹药之后，不仅没有收获他当初吹捧的效果，反而变得越来越躁渴。

从古至今，死于丹药中毒的皇帝数不胜数，但是李纯的死果真就如此简单吗？两唐书与《资治通鉴》在字里行间却透露着李纯突然驾崩的背后其实隐藏着天大的隐情：李纯其实是被一个名叫陈弘志的宦官杀害的。陈弘志究竟是何许人也，为何胆敢冒着生命危险杀害声望日隆的大唐皇帝呢？

《旧唐书》记载："宪宗服柳泌药，日益烦躁，喜怒不常，内官惧非罪见戮，遂为弑逆"[1]。在人生的最后阶段，李纯服用丹药之后的确变得暴躁易怒，他身边的宦官宫女时常因为一些微不足道的过错或者莫名其妙的原因而遭受他的责骂殴打。

当死亡触手可及时，所有约束都失去了作用，所有威严都丧失了效力，敢想从前不敢想的事情，敢干之前不敢干的事情。不过要真是这样，敢于弑君的陈弘志的下场肯定会很悲惨，可事实却并非如此。

陈弘志不仅没有受到应有的惩处，反而被外放为淮南监军，那可是一个有职有权、有名有利的肥缺，吐突承璀此前就曾担任过这个职务。陈弘志在淮南的日子过得很滋润，也很惬意，丝毫没有受到李纯之死的影响。

直到李纯的孙子李昂当上了皇帝，他实在看不下去了，才将陈弘志这个弑君逆臣处死，此时距离李纯被害已然过去了足足十五个年头。在如此之长的时间内，陈弘志不仅一直逍遥法外，居然还能步步高升，他的身后肯定隐藏着一个庞大的权力集团，正是在他们的庇护之下，陈弘志才敢干出如此大逆不道之事。

《旧唐书》记载："宪宗疾大渐，内官陈弘庆（即陈弘志）等弑逆。宪宗英武，威德在人，内官秘之，不敢除讨，但云药发暴崩。时（王）守澄与中尉马进潭、梁守谦、刘承偕、韦元素等定册立穆宗皇帝。"[2]

可见陈弘志的身后有一个庞大的宦官群体，马进潭、梁守谦分任宦官

---

[1]（后晋）刘昫等撰：《旧唐书·卷一百三十五·皇甫镈传》，汉语大辞书出版社2004年版，第3143页。

[2]（后晋）刘昫等撰：《旧唐书·卷一百八十四·王守澄传》，汉语大辞书出版社2004年版，第4099页。

中权势最为显赫的左、右神策军护军中尉，马进潭是在吐突承璀被杀后突然提拔起来的禁军统帅。王守澄也很快升任枢密使，文宗朝又升任右神策军中尉，一直是炙手可热的大人物。韦元素在宦官中也有着很大的影响力，后来在文宗朝升任左神策军中尉。

郭贵妃虽然并没有皇后之名，却有皇后之实，在后宫中有着其他嫔妃难以比拟的巨大影响力和号召力，不仅宫女们对她马首是瞻，即便宦官们也对她俯首称臣。她在宦官中间大肆培植党羽，刘承偕就是她的养子，他的手中握有部分禁兵的指挥权，后来还被外放为昭义监军，以至于连节度使都时常遭受他的凌辱。

吐突承璀原本只是东宫中的一个普通小宦官，由于性情聪敏、颇有才干而受到李纯的青睐，他与顺宗皇帝李诵的死脱不了干系，李纯也因此将他视为自己最倚重的心腹宦官。虽然飞扬跋扈的吐突承璀总爱惹事，但李纯唯独对他表现得极为宽容，他不管犯下何等大错，总能官复原职。

看到身份卑微的吐突承璀一路平步青云，很多原本资历比他更老的宦官心中自然很不是滋味，吐突承璀偏偏又爱招摇，以至于四面树敌，王守澄等宦官为了能够飞黄腾达，陆续投到郭贵妃的门下。

不过拥立李恒称帝的宦官之中并非全都是谋害李纯的凶手，陈弘庆、刘承偕、王守澄等少数几个郭贵妃的心腹才是实际动手杀害李纯的凶手。等到李纯遇害之后，太子李恒自然成为众望所归之人。梁守谦等人深受李纯宠信，又一贯谨小慎微，应该只是迫于形势，同时也为了趁机捞取政治利益才不得不转投到李恒门下，事先他们对于谋害李纯之事极有可能并不知情或是虽然知情却只是采取观望态度。

由于郭贵妃的祖父郭子仪对大唐有再造之恩，一直享有崇高的威望，她的娘家人在朝中担任高官的不计其数，也正是因为对这股不容小觑的势力有所忌惮，李纯才不敢贸然更换太子，总想等待合适的时机，可就在他迟疑不决之际，危险却悄然来临了。

生活在宣宗朝的裴廷裕所著《东观奏记》记载："宪宗皇帝晏驾之夕，上（宣宗皇帝）虽幼，颇记其事，追恨光陵商臣之酷。"宪宗皇帝第十三子李忱后来意外地登基成为宣宗皇帝。当年父亲被害时，他虽然年幼，却依旧能依稀记得当时的情形。光陵就是穆宗皇帝李恒的陵墓，商臣就是春秋时期的楚穆王，因杀害自己的父王而遗臭万年，裴廷裕认定穆宗皇帝就是杀害其父亲的元凶。

《东观奏记》的记载可信吗？裴廷裕是昭宗朝翰林学士，并非什么八卦文人，他根据自己在宣宗朝的所见所闻编写而成《东观奏记》，编纂《宣宗实录》时还将这部书列为参考书目，可见这部书的内容应该是真实可信的。

元和十五年（公元820年）闰正月初三，也就是李纯去世一个月之后，在宦官们的拥立之下，太子李恒在太极殿东厢即皇帝位，史称"唐穆宗"。

史书中还有一个细思极恐的细节，穆宗皇帝对当时拥有草拟诏书之权的翰林学士颇为器重，即位后便将翰林学士段文昌提拔为宰相，另一位翰林学士杜元颖之后也被火速提拔为宰相，一个新皇帝对于前朝翰林学士如此器重实属罕见，不能不令人怀疑。猝死的李纯应该还来不及安排自己的后事，所谓的遗诏极有可能是伪造的，应该就出自这两人之手。

即位之初，穆宗皇帝李恒还面临着一个严峻的问题，那就是左神策军的异动，因为吐突承璀长期担任左神策军中尉。他毫不吝惜地拿出大把金钱赏赐禁军将士。左、右神策军将士每人赏赐五十贯钱，左、右羽林，左、右龙武，左、右神武等六军以及威远营每人赏赐三十贯钱，左、右金吾军将士每人赏赐十五贯钱。

按照《礼经》的规定，儿子应该在父亲死后为其服丧三年，但唐朝皇帝却往往"以日易月"来确定丧期，只需服丧三十六天即可。

闰正月十二日，穆宗皇帝尊奉自己的母亲郭贵妃为皇太后，郭贵妃终于得到了丈夫不曾给予她的荣耀。

二月初五，穆宗皇帝亲临大明宫丹凤门楼，宣布大赦天下，随后在城楼上观看乐舞和杂戏，他看得津津有味，可群臣却看得忧心忡忡，因为这位任性而为的年轻皇帝让他们感到很是不安。

十天后，穆宗皇帝视察左神策军军营，如果仅仅是来安抚禁军将士倒也无可厚非，可他此行的目的却是为了找乐子。他酷爱摔跤，看到那些被摔倒在地的将士们痛苦呻吟的时候，他却酣畅淋漓地笑了，之前压抑得太久了，需要彻底地宣泄出来。在接下来的日子里，打猎游乐、观赏歌舞以及纵情女色成为他生活的主旋律，也正因如此他很短命，不过他的三个儿子李湛、李昂、李炎却先后登上了皇帝位。

文宗皇帝李昂虽然杖杀了一直逍遥法外的凶手陈弘志，之后又赐死了另一个凶手王守澄，但他也不便，更不敢对爷爷李纯的死因进行深入细致的调查，抹黑自己的父亲无疑也会影响自己皇位的合法性。

直到李纯之子李忱以皇太叔的身份登上皇位，才毫无顾忌地开始追查其父亲李纯猝死的死因，引起了仍旧健在的郭太后的极大恐慌。

这一天，在两个宫女的陪同下，郭太后怀着复杂的心情来到了勤政楼。她凭栏远眺，眼前的美景美不胜收，可她竟然想着要纵身一跃，彻底远离世俗的烦扰，远离良心的谴责，这样刚刚即位的宣宗皇帝李忱将会背负逼死嫡母的罪名。不过她的如意算盘最终却落空了，她身旁的宫女们死死地拽住她，将她从死亡线上硬生生拉了回来。

这件事很快传到了宣宗皇帝耳中。《东观奏记》记载："上（宣宗皇帝）大怒。其夕，太后暴崩，上志也。"《资治通鉴》也收录了这件事，可见这件事的真实性应该毋庸置疑。

李忱对郭太后如此绝情其实还掺杂着个人情感因素。他的母亲出身卑微，命运坎坷。早年因相貌出众被镇海节度使李锜收为婢女，后来李锜因背叛朝廷兵败被杀，他苦命的母亲也就此被罚入皇宫之中，成为郭贵妃身边的侍女。不过她后来却幸运地获得了李纯的宠幸，之后还幸运地生下了李忱。

看到丈夫与身边的侍女肆意苟合，居然还生下了孩子，悍妒成性的郭贵妃自然是恼怒不已，于是开始疯狂地迫害这个身份卑微的女人，还有她所生的那个孽种。在苦难中成长起来的李忱对郭贵妃有着太多太多的仇恨。

郭贵妃是历经穆宗、敬宗、文宗、武宗、宣宗的五朝太后，仅次于历经六朝的东晋穆皇后何法倪，可等到她死后，宣宗皇帝却并不允许她与自己丈夫李纯合葬在景陵，还撤销了自己的哥哥穆宗皇帝李恒的忌日庆典活动，也停止了对他的陵墓光陵的朝拜，甚至还撤走了守护光陵的宫人。

无论是文宗皇帝李昂，还是武宗皇帝李炎对当时还是藩王的叔叔李忱都不太尊敬，总会不遗余力地奚落他、取笑他，武宗皇帝甚至还曾一度想要杀死他，即便如此宣宗皇帝也没有像对待李恒那样对待他们。由此可见宣宗皇帝之所以会如此对待郭贵妃母子，绝非出于私人恩怨，他想要惩戒这些杀害自己父亲的凶手。

第十二章

功亏一篑的中兴

各派政治势力之间由来已久的矛盾在元和十四年（公元819年）迅速激化，使得宪宗皇帝李纯在元和十五年正月暴亡。新继位的穆宗皇帝李恒却是个极不称职的皇帝，面对一片大好的政治形势，他却因用人不当昏招迭出，将刚刚呈现出中兴气象的大唐硬生生推入了万劫不复的深渊……

一个决定丢了两个藩镇

元和十五年（公元820年）十月，与朝廷明争暗斗了十一年之久的成德节度使王承宗带着无奈、悔恨、不安与惶恐去世了。

淮西之战的胜利使得王承宗被吓破了胆，识时务地归顺了朝廷，最终与朝廷一笑泯恩仇。等他去世之后，他的弟弟王承元照例被成德镇将士拥立为新任节度使，不过王承元却并没有接受。之前血淋淋的教训使得他意识到如今时代已然不同了，分裂割据根本就没有出路，于是王承元乖乖地听从朝廷的安排出任义成节度使，还要求成德镇将士服从新任节度使的命令。

王承宗去世后，谁将会成为成德镇节度使继任者让穆宗皇帝一时间犯了难。这个人必须要很有能力与威望，否则震慑不住成德镇那帮飞扬跋扈的骄兵悍将们；这个人必须要熟悉河北地区的风俗习惯，否则很难迅速进入角色，或许还有可能会引发兵乱；这个人必须要对朝廷无限忠诚，否则在将领们的撺掇下很可能会走上分裂割据的老路。

穆宗皇帝思来想去，觉得似乎只有魏博节度使田弘正符合这些苛刻的条件，他的军事才能不容置疑，他在河北地区的威望也不容置疑，关键是他对大唐的忠诚更不容置疑。想到此，他不禁有些自鸣得意，不过他显然对这项人事任命背后潜藏的巨大政治风险估计不足。

虽然成德、魏博两镇在与朝廷对抗时经常狼狈为奸，但这两个藩镇之间却有着刻骨铭心的仇恨，甚至可以追溯到两个藩镇的首任节度使田承嗣、李宝臣在任时。在朝廷第二次讨伐成德镇时，双方更是兵戎相见，惨烈厮杀。

历史的恩怨与现实的仇恨使得田弘正的履职之路杀机四伏，险象环生，不过自幼在阴谋与兵变中成长起来的田弘正可是一个斗争的老手，可皇帝的漠然与宰相的愚蠢最终却葬送了他为此付出的所有努力，也使得李纯呕心沥血十五年换来的中兴局面毁于一旦。

田弘正非常清楚自己前往成德任职后所面临的险恶处境，为了确保自身安全，他率领两千魏博镇精锐士卒一同前去赴任，还奏请朝廷供给这两千人的军饷。

当朝宰相崔植的堂兄崔倰担任户部侍郎、判度支，这个人有些刚愎自用，觉得朝廷当前正在大力压缩财政开支，魏博、成德两镇各自拥有部队，如果这个先例一开，朝廷将会凭空地增加一大笔财政开支。

田弘正四次上表朝廷，崔倰却始终都不予批准，在迫不得已之下只得将自己带来的魏博镇士卒遣返回镇。随着这些士卒的离开，危险也悄然来临了。

为了防止自己的亲属被士卒们拥立为节度使，田弘正特地将自己的几十个亲属全都安置在长安、洛阳等地，他们过着奢靡的生活，每天的花费就高达二十万贯钱。这笔庞大的开支一直由田弘正默默承受，田弘正隔三岔五便会给他们运送财物，这使得成德镇将士极为不满。

成德都知兵马使王廷凑是回鹘阿布思族后裔，世代为成德镇裨将，因骁勇善战被成德节度使王武俊收为养子，因此改姓王。此人性情阴险狡诈，经常借小事激怒将士，从而加深他们对新任节度使田弘正的仇恨。不过慑于二千魏博精锐士卒尚在，王廷凑一直不敢贸然行动，等到那些人被遣返回本镇之后，他便开始蠢蠢欲动了。

穆宗皇帝下诏赏赐给成德镇将士一百万贯钱，却又迟迟没有运到，王廷凑故意将这个消息大肆散布出去，想要在暗中观察一下众人的反应。将士们听说朝廷出尔反尔之后果然群情激奋，王廷凑觉得自己动手的时候到了。

长庆元年（公元821年）七月二十八日夜，王廷凑瞅准时机突然发动叛乱，残忍地将田弘正及其僚佐、随从将吏和家属三百多人统统杀害，自称成德镇留后。

穆宗皇帝得知田弘正遇害后才意识到了事态的严峻性，不过此时的他仍旧幻想着名将李愬能够稳定住河北地区的局势。田弘正就任成德节度使之后，他特地将之前雪夜下蔡州的名将李愬调任魏博节度使。

听到田弘正遇害的消息之后，李愬感到惊愕万分，身着丧服召集诸将说："如今魏博六州百姓之所以能够得到皇上教化，安居乐业，生活富足，这可全都是田公的功劳，如今大逆不道的成德人残忍地将他杀害，这是在轻视我们魏博没有人吗？诸位觉得我们应该怎么办呢？"诸将却并不说话，只是一直在失声痛哭。

威名赫赫的李愬履新才不过九个月的时间，麾下士卒在如此之短的时间内不可能真心地臣服于他。虽然老节度使田弘正的死使得他们感到很是气愤，可要是让他们以命相搏去为田弘正报仇，他们还没有如此之大的决心与魄力。

李愬对自己当下的处境看得很清楚，在鼓舞鞭策麾下诸将的同时，他也试图策反成德镇将领。当年他之所以能够成功地奇袭蔡州，淮西降将发挥了至关重要的作用。经过一番物色，他看中了深州刺史牛元翼。

为了笼络牛元翼，李愬特地派人将自己的宝剑和玉带送给他，还特地派人对他说了这样一段深情款款的话："过去，我的父亲（名将李晟）曾用此剑平定朱泚发动的叛乱，后来我又用这把剑剿灭了吴元济发动的叛乱，如今我特地将这把剑赐予你，希望你用它来翦灭王廷凑！"

牛元翼拿着李愬送来的宝剑和玉带在自己的军营内绕行一周，展示给麾下将士们看，激励他们与自己一道坚定地拥护朝廷，反抗叛乱。他随后又派人给李愬捎话说："我愿以死效力！"

有了牛元翼相助，李愬顿觉如虎添翼，可就在即将带兵出征讨伐王廷凑之际，李愬却突然病倒了。淮西之战结束后，李愬一直饱受痿病的困扰，痿病类似于今天的肌肉萎缩。虽然经过积极治疗，他的病情有所缓解，却始终都无法治愈，如今病情又突然加重了。

就在战争一触即发之际，穆宗皇帝最为倚重的名将李愬却病倒了，这无疑是一个很不好的兆头。李愬这次病得极重，朝廷只得将他改任闲职太子少保，准许他返回洛阳养病，仅仅几个月后，年仅四十九岁的李愬便与世长辞了，颇有些"出师未捷身先死"的意味！

鉴于魏博镇当下群龙无首，穆宗皇帝只得起用正在为父亲田弘正服丧的前泾原节度使田布，任命他为新任魏博节度使。穆宗皇帝的用意很明确就是想要让熟悉魏博镇情形的田布带领成德军前去为他死去的父亲报仇。

不过田布深知在成德镇士卒眼中忠义其实一文不值，他们看重的只有利益，让他指挥这样一支唯利是图的军队去与成德军决一死战又谈何容易！

田布对于朝廷的任命一再推辞，却终究未获允许，面对国仇家恨，此时的他已然没有了任何退缩的余地，只得硬着头皮踏上了一条不归路。

在赴任前，田布下令撤下节度使旌节，也没有照例携带大量前导随行人员，轻车简从就上路了。在距离魏州三十里时，他从马上跳下来，散着头发，赤着双脚，大声痛哭着进入州城。

田布入城后并未住在节度使衙署而是特地挑了一间极为残破的房子，继续为父亲服丧。他每月应得的一千贯俸禄也分文不要，还将自己家在魏博镇的产业统统卖掉，得来的十几万贯钱全部用来赏赐士卒。对于父亲的旧部与年长的官吏，他全都以兄弟之礼来对待，希望能够借此激发魏博镇将士的斗志，与他同仇敌忾、同讨叛贼，不过他最终还是失望了。

因一个人毁了整个计划

就在田弘正被害十八天前，幽州镇发生了兵乱，与田弘正之死一样，这次兵变其实原本也是可以避免的，却因当朝宰相目光短浅误了国家大事，朝廷被迫陷入两线作战的尴尬境地。

淮西之战与淄青之战的胜利使得大唐重振雄威，曾经与朝廷两度兵戎相见的王承宗也彻底归顺了朝廷，不仅将自己的儿子派往长安充作质子，还主动向朝廷献上德州、棣州两州，这让幽州节度使刘总感到有些惶恐不安。

刘总是凭借弑父杀兄上位的，父亲与哥哥血淋淋的脸庞时常出现在他的噩梦中。每当夜幕降临之际，他总会被无边的恐惧所袭扰，心灵深处充斥着沉重的负罪感。

刘总认定这一定是父亲与哥哥的鬼魂在作祟，于是安排几百名僧人昼夜不停地为他诵经祈福，尽管如此，无边的黑夜仍旧时常压得他喘不过气来，因此他主动上表要求入朝，放弃在幽州的一切！

不过刘总却并非一走了之，由于他世世代代生在幽州，长在幽州，深知幽州长期以来分裂割据的症结所在，因此他专门上奏朝廷请求将幽州镇分割为三镇：

幽州（今北京市区）、涿州（今河北省涿州市）、营州（今辽宁省朝阳市）三州为一镇；

原属幽州道北部的平州（今河北省秦皇岛市卢龙县）、蓟州（今天津市蓟州区）、妫州（今河北省张家口市怀来县）、檀州（今北京市密云区）四州为一镇；

原属幽州镇南部的瀛州（今河北省河间市）、莫州（今河北省任丘市）两州为一镇。

涿州是大历四年（公元769年）分割幽州的三个县而设置的小州，本就与幽州是一家。自从平卢军主力南下淄青镇之后，原来的治所营州便一直被奚族人与契丹人侵占。安史之乱后，首任幽州节度使李怀仙的辖区中并无营州。如今却再度出现在史书之中，估计是幽州镇趁机收复了该州。虽然营州名义上隶属于新的幽州道，却与幽州并不接壤，所以新的幽州道实际上能够有效管辖的只有原幽州一州之地。

如果这个方案能够得以实施，那个雄踞大唐北部边陲半个多世纪的幽州镇将会被彻底地斩断手足，更精妙的是幽州镇不仅因惨遭肢解而实力严重受损，新的幽州镇一旦有什么异动便会陷入南、北夹击的不利境地。

刘总不仅对分割幽州镇费了一番脑筋，甚至还对三镇行政长官的人选颇费了一番脑筋：

他建议宣武节度使张弘靖出任新的幽州节度使。张弘靖担任河东节度使时宽容大度，平易近人，深受部下拥戴。他的美名传到了与河东镇毗邻的幽州镇，幽州人长期以来桀骜不驯，在他的心中，宽厚仁慈的张弘靖无疑是最佳人选。

他建议淄青节度使薛平出任平州、蓟州、妫州、檀州四州节度使。出身名门的薛平是一代名将薛仁贵的曾孙，原昭义节度使薛嵩的儿子。薛嵩是安史之乱后期史思明父子手下的重要将领，在安史旧部中间拥有很强的号召力。幽州镇一直是安史旧部残余势力盘踞的大本营，或许只有薛平能够凭借父亲的威名掌控住局面，况且他不仅熟悉河北地区的风俗习惯，而且长期担任禁军将领，对朝廷有着绝对的忠诚。

他还建议京兆尹卢士玫出任瀛、莫两州观察使，卢士玫具有管理京兆府的经验，此外他还是刘总妻子的亲戚，因此这项人事建议可谓公私兼顾。

除此之外，刘总还将幽州镇中所有有可能会作乱的将领全都送往京城长安，其中就包括朱滔的孙子、幽州都知兵马使朱克融。刘总希望朝廷能够重用这些人，用令人垂涎的高官来笼络他们，用令人羡慕的厚禄来软化他们，使得长期盘踞在幽州的将领们对前往朝廷任职心生向往，从而带动更多的幽州将领走出去，也使得更多的外地将领走进来，彻底扭转幽州将领心中根深蒂固的割据思想。

知晓症结所在的刘总开出的是一剂治标又治本的良药，如若刚刚即位的穆宗皇帝能够坚决贯彻他制定的方案，或许大唐的历史将会被重写，但一个个偶然却使得大唐不得不偏离了原来的运行轨迹。

刘总再也不想在生他养他的幽州继续待下去了，屡次上奏朝廷请求弃官为僧。长庆元年（公元 821 年）三月十七日，穆宗皇帝任命幽州节度使刘总为天平节度使，不过此时的刘总已然对尘世间的一切都失去了兴趣，他向往的是与青灯古佛相伴的日子，似乎只有充斥着救赎的诵经声才能使他迎来片刻的安宁。

刘总恳求朝廷批准自己出家为僧，还请求批准将自己的私人住宅改建为佛寺。穆宗皇帝无奈之下只得同意了他的要求，赐给他法名大觉，还将刘总的私宅改为报恩寺。

宦官带着紫色僧衣急匆匆地赶往幽州，但刘总已然等不及了，迫不及待地想要离开幽州。但幽州镇一直由刘氏祖孙三代人统领，将士们自然不愿让他离开，更不愿接受朝廷新任命的节度使，于是拦着他不让他走。不过此时的刘总已经变成近乎歇斯底里的偏执狂，这座阴森恐怖的幽州城，他一刻也不愿意再待下去了。

恼羞成怒的刘总接连斩杀了阻拦自己的十几个带头将领，就在当天夜里，刘总将幽州节度使的大印与符节扔给了留后，趁着茫茫夜色急匆匆地离开了幽州城。

当阳光再次洒向大地的时候，幽州将士们惊奇地发现节度使刘总居然已经走了。谁也不知道他去了哪里。

刘总后来被发现死于义武镇治所定州境内，不过他具体的死因却成了千古之谜。人们对权力的争夺可以使自己变得疯狂而又冷酷，却终究无法摆脱心灵的煎熬，自己曾经做下的恶不仅会铭刻在别人的心里，更会铭刻在自己的心里！

刘总的死标志着一个时代的结束，割据了半个多世纪的河北三镇此时已经全部回到了朝廷的怀抱，但中兴的大好局面却犹如玻璃般易碎。其实只要精心呵护，重现昔日开元盛世的辉煌也并非遥不可及的梦，可一个糊涂的皇帝与一群昏庸的宰相却将一切的美好都击得粉碎。

穆宗皇帝整日沉湎于酒色之中而难以自拔，执掌朝政的宰相崔植、杜元颖又是缺乏深谋远虑的庸才，仅仅因为一个人的缘故，刘总提出的将幽州镇一分为三的战略构想最终竟然化为了泡影。

张弘靖此前曾在河东、宣武等大藩镇担任节度使，如若将幽州镇一分为三，幽州镇势必会沦为一个中等藩镇。朝廷不愿意委屈了股肱之臣张弘靖，只是将瀛州、莫州从幽州镇分割出来，交由观察使卢士玫来统辖，其余各州仍旧由张弘靖统领，正是这个致命的安排使得幽州镇爆发兵乱时，朝廷对此束手无策，无可奈何。

幽州将领朱克融原以为自己来到长安之后生活会变得更美好，因为上司刘总曾经不止一次地告诉他，长安将会成为他们幸福生活的新起点。可当他兴冲冲来到长安之后却发现刘总为他们编织的不过是一个不切实际的梦罢了！

他们苦苦等待着朝廷给他们分配工作，却迟迟等不来任命，以至于他们

第十二章 功亏一篑的中兴

不得不每天都要到中书省去恳求，但宰相崔植、杜元颖等人却对他们的诉求置若罔闻。

当然朝廷也有自己的难处，虽然李纯秉承的削藩政策打开了大唐复兴的大门，却也使得朝廷不得不背负沉重的财政负担。连年的财政赤字让中央财政入不敷出，自然不愿意再为朱克融等人来支付工资，之前他们也不愿支付田弘正带到成德来的两千魏博兵马的军饷。他们热衷于算眼前的小账，却忽视了未来的大账，正是他们的自作聪明彻底断送了大唐原本光明的未来。

朱克融等人在长安甚至窘迫到了借衣讨食的地步。这无疑给那些留在幽州的将士们传递了一个极为不好的信号：千万不要离开幽州，一旦离开了将会变得一无所有。刘总当初制定的斩草除根的举措不仅没能起到应有的效果，反而带来了巨大的负面效应。

张弘靖赴任之后，朱克融等人居然被勒令返回幽州。就在精打细算的崔植和杜元颖为甩掉了一个巨大的财政包袱而自鸣得意的时候，刘总的担忧却一步步地成了现实。

踏上归程的朱克融等人不停地暗暗诅咒吝啬的朝廷，诅咒可恶的宰相。他们将这种不满情绪带到了幽州。此时一个小小的火花或许就能将这些不满的情绪彻底点燃，继而引发震撼人心的大爆炸。

年过花甲的张弘靖前往幽州赴任时，城中男女老少争相前来观看，都想要看一看这位曾经担任过宰相的大官究竟长什么模样。此时的张弘靖感受到的是权力带给他的无上荣耀，不过让他始料未及的是仅仅半年之后，他居然会惨遭乱兵拘禁，之后灰溜溜地从这里逃离，幽州也至此彻底脱离了朝廷的管辖。

在河北三镇之中，幽州镇无疑是军乱最为频繁的，历任幽州节度使为了笼络军心民心都会选择与士卒们同甘共苦，并无高低贵贱之分。可张弘靖却当惯了官老爷，更为重要的是他想要借助朝廷权威弹压震慑那些骄兵悍将。上任后的他显得傲慢华贵，养尊处优，甚至视察军营时都会乘坐肩舆，将士们对朝廷派来的这位特立独行的新任节度使越来越不满。

幽州镇日常政务，张弘靖全都委托给他的幕僚。但判官韦雍等人却多是些年少轻浮的青年官员，对幽州复杂的政治环境与特殊的人文风俗并不了解，只知一味地立威，一味地弹压，将士们稍有不满，韦雍等人便会将他们绳之以法，甚至还会时常嘲笑责骂他们。

朝廷下诏赐给幽州镇将士一百万贯钱，可张弘靖却私自截留了二十万贯充作节度使衙署的杂用，这在其他藩镇是司空见惯的事，但在幽州将士们看来，张弘靖的这个举动侵占了原本属于他们的利益。将士们心中的不满逐渐汇聚成一股波涛汹涌的暗流，一个意外事件的突然爆发便会使得这股暗流迅速冲破堤坝，变成可怕的洪水猛兽！

长庆元年（公元821年）七月初十，一个小将骑马冲撞了判官韦雍的仪仗前导。韦雍下令当众杖责他，但河北地区的士卒却并不习惯接受杖责，那个小将自然是拒不服从。韦雍只得将此事报告给上司张弘靖，张弘靖命令军虞候将那个小将拘捕治罪，此事迅速传遍了幽州镇军营。

当天晚里，一场大规模骚乱便开始了，愤怒的士卒们冲入节度使官邸，肆意掠夺张弘靖的财产和妻妾，将张弘靖关押在蓟门馆，还将韦雍等人统统杀害。

天渐渐亮了，那些乱兵们开始为自己的过激行为感到悔恨不已，纷纷前往蓟门馆向张弘靖负荆请罪，表示愿意悬崖勒马，洗心革面，希望张弘靖不要记恨他们。若是张弘靖处置得当，这场变乱很快便会被平定，尽管士卒们再三向他谢罪，可他却始终闭口不言。

那些发动叛乱的士卒们惶恐不安而又无所适从，只得转而拥戴幽州老将朱洄为留后。老迈的朱洄在军中威望虽高，却已然在家卧床很长时间了，无心也无力再与朝廷对抗了，于是便将自己一直都不太安分的儿子朱克融举荐给他们。

朝廷接到幽州兵乱的消息后将张弘靖贬为太子宾客、分司东都，很快又将他再贬为吉州刺史，不过此时被困在幽州的张弘靖根本无法前去上任。

张弘靖出生于名门望族，他的祖父张嘉贞、父亲张延赏与他三代都是宰相，因此他们家也被称为"三相张家"，不过他的一世英名却在幽州毁于一旦。

时任昭义节度使的刘悟以骁勇善战而闻名于世，曾经亲手擒获胆敢犯上作乱的淄青节度使李师道，因此穆宗皇帝在危难之际又想起了他，于是想要任命他为幽州节度使。

第十二章　功亏一篑的中兴

不过穆宗皇帝的这个决定未免有些太过草率了。当初李纯征讨李师道时曾经许诺谁擒获了李师道便可获得他的地盘，因此刘悟生擒李师道之后幻想着自己能够成为淄青镇的新主人，可淄青镇随后却被朝廷一分为三，他也被调任义成节度使，心中自然藏着怨气。

穆宗皇帝即位后又将他调任昭义节度使，昭义镇管辖五州之地，实际管辖区域要大于义成镇，重用他的意味非常明显。不过他本就不是什么胸怀忠义之人，当年擒杀李师道也并非是为了报效朝廷，只是因为李师道对他起了猜忌之心，他不得已而为之。

刘悟对朝廷将自己调离淄青镇始终耿耿于怀，如今既然已经掌握了昭义镇，自然也就不愿轻易舍弃如今的一切，贸然前往杀机四伏的幽州任职，弄不好会丢了自己的性命，于是故意夸大朱克融的势力，奏请朝廷暂且任命朱克融为节度使，然后再慢慢想办法除掉他。

穆宗皇帝在刘悟那里碰了一个软钉子，却也无可奈何，只得又重新任命他为昭义节度使。

瀛州、莫州两州将士的家属大多居住在幽州，因此莫州都虞候张良佐暗中策应朱克融的兵马入城，莫州刺史吴晖仓皇逃窜，最终不知去向，此后不久瀛州也发生了军乱，观察使卢士玫和监军幕僚被乱军逮捕后送往幽州，囚于客馆之中。刚刚分离出去的瀛州、莫州两州再度回到了幽州镇的怀抱，幽州镇依旧是曾经那个实力强劲的大藩镇。

当初淄青镇被一分为三后，即便兖海镇发生了兵乱，但很快就被镇压下去。刘总当初提出的对幽州镇分而治之的计划如果能够得到坚决贯彻，即便发生了兵乱，也不会影响到大局，可仅仅为了表示对张弘靖的尊崇，朝廷居然只是分出瀛州、莫州两州之地，等到兵变来袭时，朝廷根本就无力与之抗衡。

在形势错综复杂的河北地区，如果一个藩镇发动叛乱，穆宗皇帝或许还能够凭借父亲李纯的余威勉强支撑下去，可他的一系列操作却使得幽州、成德两镇同时爆发了叛乱，魏博镇也是蠢蠢欲动，当前的乱局显然已经大大超出了他的操控范围。

劳而无功的征讨

  河南、河北地区那些曾经割据一方的藩镇势力要么被武力削除，要么主动投降，却也使得朝廷财政吃紧，因此宰相段文昌向穆宗皇帝建议裁军，穆宗皇帝即位后整日游乐饮宴，不理朝政，想也没想就批准了他的建议。

  那些被裁撤的士卒大多沦为亡命之徒，有的聚集在深山，有的啸聚在江湖，如今听闻朱克融、王廷凑叛乱的消息之后，他们纷纷前去归附。经历此次裁军之后，诸镇军事势力都或多或少地受到了影响，如今听闻朝廷即将讨伐叛乱，又不得不临时招募兵马，但那些新兵却因缺乏长期系统性训练不过是一帮乌合之众罢了。

  长庆元年（公元821年）八月十四日，穆宗皇帝下诏魏博、横海、昭义、河东、义武等镇军队前去讨伐成德镇，不过他也希望王廷凑不要再执迷不悟，能够主动向朝廷投降。

  此时担任河东节度使的老臣裴度被任命为幽州、成德两镇招抚使，在朝廷大兵压境之际，成德镇内部发生了分裂，大将王俭等五人密谋暗杀王廷凑，不料消息却意外泄露，这五员大将及其麾下三千士卒全都被王廷凑残忍杀害。

  不过最让王廷凑感到头疼与恼怒的是深州刺史牛元翼归顺了朝廷。牛元翼先被任命为深冀节度使，后来又被任命为成德节度使。王廷凑自然将他视为眼中钉、肉中刺，联合幽州兵马将深州团团围困，恨不得手刃了牛元翼。

  魏博节度使田布率全军三万兵马前去讨伐成德，屯驻在南宫县。幽州、成德两镇相继发生叛乱之后，魏博镇将士也是人心思变，尽管穆宗皇帝多次派遣宦官前来督战，但魏博镇将士仍旧毫无斗志。

  见奉命讨伐的诸道兵马大多迁延不进，急于建功立业的穆宗皇帝渴望能够得到李愬那样的良将。恰在此时，他身边的宦官向他推荐了杜叔良，他当即任命杜叔良为深州诸道行营节度使，命杜叔良带兵前去解深州之围。

  横海节度使乌重胤也接到了即刻援救深州的指令，他是一员经验丰富的

第十二章 功亏一篑的中兴

老将，深知叛军绝非一朝一夕便能被击败，因此他一直按兵不动，在暗中观察着敌军动静。

可他的这个举动却惹得年轻气盛的穆宗皇帝大为不快，于是任命杜叔良为横海节度使，将老将乌重胤调任山南道节度使，不过他很快就意识到了冲动的代价。

新任横海节度使杜叔良虽然在穆宗皇帝面前口号喊得很响亮，但实际上却是个外强中干的无能之辈，他率领诸道兵马与成德军交战数次，可每次都以失败告终，成德军士卒也变得更加骄横。

长庆元年（公元821年）十二月初八，横海监军谢良通奏报节度使杜叔良在博野遭遇重创，一下子就损失了七千多士卒，杜叔良仓皇逃回军营，连朝廷颁赐的节度使旌节都弄丢了，这对于节度使而言可是奇耻大辱！

八天后，穆宗皇帝不得不紧急起用老将李光颜，将他从凤翔节度使调任忠武节度使，还让他兼任深州行营节度使，替代杜叔良指挥各镇兵马前去讨伐成德镇。

就在河北地区激战正酣之际，官军的后勤供应却总是出现各种各样的问题。那些押运军事物资的车队时常走到半路就遭到哄抢劫掠，致使那些孤军深入的官军士卒们不得不忍受着饥寒交迫的生活，以至于官军士气低落，毫无斗志，胜利也变得遥遥无期。

宪宗皇帝李纯在位后期国库空虚，穆宗皇帝即位后自知得位不正，为了获得禁军士卒的拥护，时常毫无节制地对他们进行赏赐，等到朝廷对幽州、成德用兵时，虽然仅仅过了三四个月，但国库已然难以支撑了。

宰相们建议说王廷凑杀害节度使田弘正罪不容赦，朱克融尚且能够保全节度使张弘靖性命，两人虽然都属于反叛，但罪行却各有轻重，建议赦免罪行相对较轻的朱克融，以便能够集中兵力讨伐王廷凑。

河北局势的日渐失控使得穆宗皇帝渐渐变得不那么自信了，因此他只得于长庆元年（公元821年）十二月二十三日无奈地下诏任命朱克融为幽州节度使。朱克融心满意足之后才将一直囚禁在幽州的张弘靖与卢士玫放了出来。

若是刘总有在天之灵，恐怕将会愤恨不已，一群庸才居然将他所谋划的一盘好棋下得如此面目全非，难以挽回！

这无疑是一个极坏的开端，经过将近十五年的不懈奋斗，李纯基本革除了武力夺权的弊端，如今朝廷等同于认可了弱肉强食的丛林法则，朝廷尊严也遭受了粗暴的践踏。

参与讨伐的诸镇兵马之所以迟迟没有斩获，与宦官的深度参与有着很大的关系。诸镇都设有监军，诸镇下辖部队每次作战还会设立由宦官担任的监阵使，使得将领们时常受到这些宦官的掣肘，不能随心所欲地排兵布阵，每有胜利他们便邀功请赏，每有失利他们便推卸罪责，使得将领们无心作战。淮西之战时，裴度曾经上奏李纯一度撤销了监阵使，赋予前线将领更大的话语权，但这次他的建议却并未被穆宗皇帝采纳。

一些藩镇的监军将本镇最为骁勇善战的士卒挑选出来充作自己的卫队，居然派遣老弱病残的士卒前去作战。监军们机械地执行着朝廷制定的作战方略，穿梭于河北前线传达指令的宦官们络绎不绝，以至于连驿马都不够用了，有时甚至还会公然抢夺行人马匹，以至行人们都不敢在驿路上行走。

由于作战命令总是朝令夕改，将士们时常会为此而不知所措，却又不敢不执行，如果坚决执行，即便是输了，那么也是小问题；如果要是有所抵制，即便是赢了，依旧可能会被追责问责，若是输了将会是万劫不复！

就是因为那些趾高气扬的宦官们的存在，一向防守严密的弓高县城竟然于长庆二年（公元822年）正月初五被幽州兵攻陷。

一个宦官半夜出使弓高县，根据军法条例，城门一旦关闭不允许再随意开启，何况当时又处在战时，于是守城将士拒绝了他夜间入城的请求。天明之后，那个宦官方才获准入城，可他却早就憋了一肚子火，用手指着守将们破口大骂，骂到对方都不敢抬头看他。

来自幽州的探马得知此事后报告了自己的主将，此后不久，幽州兵伪装成宦官半夜来到了弓高城下，守将上次白白地挨了一顿骂，这次自然也就学乖了，很轻易地就将对方放入城中，却不知是前来偷袭的幽州兵。弓高县失陷后不久，下博县也很快失守。

此时战争已经打了半年多，无论是幽州镇，还是成德镇充其量只有一万多士卒，朝廷却征调了十七八万人从四面对他们进行讨伐，却屡遭败绩，致

第十二章 功亏一篑的中兴

使叛军气焰更加嚣张。

弓高失陷后，通往前线的运粮道路已经彻底被叛军切断，困守在深州城中的将士饱受着饥饿的折磨，如果再不及时调整战略，战争形势将会变得更加危急。

中书舍人白居易上书全面反思了这场战争，朝廷迫切需要解决的是彻底理顺前线的指挥权，通过有效的赏罚制度激发前线将士们的斗志。他恳请朝廷任命李光颜为东路军总指挥，统率诸道三四万精兵从东面向叛军发起猛攻，一举打通通向弓高的粮道，解除叛军对深州的包围，解救牛元翼部于水火之中；同时命裴度为西线总指挥，率领河东军主动从西面讨伐叛军，东西对进将会给叛军形成强大的军事威慑，或许可以彻底扭转河北的战局。

白居易的建议很有见地，可惜却并未被穆宗皇帝采纳，河北地区的形势不仅没有丝毫好转，反而正在日趋恶化。

新任魏博节度使田布之前跟随父亲田弘正镇守魏博镇时对骁勇善战的牙将史宪诚颇为器重，正是在他的极力推荐之下，史宪诚才得以出任要职。等到田布此番重返魏博镇之后，他自然将史宪诚视为自己的铁杆心腹，任命他为先锋兵马使，将本镇精锐兵力全都隶属在史宪诚麾下。

史宪诚并非是汉族人而是奚族人后裔，世代在魏博镇从军。魏博、幽州、成德三镇自从安史之乱结束后便一直割据一方，俨然一个个独立王国，虽然彼此之间的矛盾由来已久，甚至有时还会兵戎相见，但在与朝廷对抗时，他们往往会坚定地团结在一起。

虽然田弘正就任节度使后毅然决然地归顺朝廷，但割据文化早就浸入魏博镇将士的骨子里面，对于他们而言，忠君爱国不过是说说而已，他们最看重的是实际利益的得失。如今幽州、成德两镇都反了，魏博镇将士自然是军心动摇，可朝廷却一再责令他们前去讨伐成德，他们自然会心存抵触，也想趁着这个机会彻底脱离朝廷的管辖，这样或许能够获取更大的好处。

田布率军驻扎在冀州下辖的南宫县（今河北省南宫市），这里属于成德镇的地盘，因此他们作战所需军费理应由朝廷来支付。恰逢河北地区下了一场大雪，朝廷军需供应出现了问题，军需物资一时间难以运达。

田布急切地想要进军为死去的父亲报仇，于是征发魏博镇所属六州的租赋供给军需。如果是在其他藩镇，这并非是什么大事，可魏博镇却长期不向朝廷缴纳赋税，因此他在不知不觉间触犯了政治大忌。

魏博镇的将士们不满地大声嚷嚷道："我军出境作战，所有供应理应由朝廷来承担，可如今田尚书（田兴为检校工部尚书）却搜刮我魏博镇六州的民脂民膏来供应军需，他可曾想过我六州百姓今后该如何生活？我六州百姓为什么要遭这份罪呢？"

虽然田布一向将史宪诚视作自己最为倚重的心腹，可史宪诚却早就想着要趁乱篡夺节度使之位，当他听到将士们的议论之后不仅不进行劝阻，反而挑拨煽动士卒的不满情绪。恰在此时，穆宗皇帝下诏命魏博镇将部分兵马交由李光颜指挥，前去救援深州。

田布按照朝廷要求派出兵马前往指定区域，可这些骄兵悍将本就不想打仗，如今听说居然还要接受李光颜的指挥，心中自然是憋了一肚子气。正月初八，这支部队在行军途中居然溃散了，其中绝大部分人转投到史宪诚的麾下。

田布听到这个消息后惊愕不已，知道这场仗实在没办法继续打下去了，只得率领八千中军返回魏博镇治所魏州。

抵达魏州次日，田布召集诸将商议征讨成德之事，可由于受到史宪诚的挑唆，诸将变得愈加傲慢，居然说："田尚书如果能够按照以往惯例割据一方，我们定然会舍生忘死地跟随您；如果您要是迫使我们出兵作战，我们坚决不会服从！"

田布发出几声悲凉的叹息，满是绝望地说："我立功报国的愿望恐怕无法实现了！"

当天，他用颤抖的手给远在长安的穆宗皇帝写了一封遗书："我观察魏博镇将士的言行，他们恐怕将会背叛朝廷。微臣辜负了皇上信任，既然未能立功，只好前去赴死。愿陛下尽快派兵前去救援李光颜、牛元翼等人，否则身在河北地区的那些忠臣义士们恐怕将会被那些叛党屠杀殆尽了！"

田布手捧遗书拜倒在地，大声痛哭，随后将遗书转交给自己的幕僚李石，让他转呈朝廷。他走到父亲灵位前，抽出刀说："我决意一死，上可以向皇上、父亲谢罪，下可以向三军将士表达我忠君爱国的决心！"

田布自杀之后，喜出望外的史宪诚当即向将士们宣布将会遵循河朔惯例实行割据，将士们听说后欣喜若狂，推举他为节度留后。

长庆二年（公元822年）正月十七日，就在田布尸骨未寒之际，穆宗皇帝无奈地任命史宪诚为魏博节度使。虽然他没有像王廷凑那样擅杀节度使，也没有像朱克融那样囚禁节度使，但正是他在暗中一步步推波助澜才将心系社稷的田布活活逼死，最终篡夺了魏博镇军政大权，至此河北三镇再度从大唐分离出去，直到大唐灭亡都未能再收复这片土地！

大敌当前的内部斗争

王廷凑派出重兵将牛元翼团团围困在深州，官军从东、北、西三个方向前来救援，却因缺粮等各种原因而进展缓慢，即使是当世名将李光颜都无可奈何，只能选择闭关自守，他手下的士卒们每人每天只能领到一勺陈米，还得自己去打柴草。

由于深州城随时都有可能被攻陷，穆宗皇帝被迫于长庆二年（公元822年）二月初二任命王廷凑为成德节度使，成德镇将士一律官复原职，朝廷刚刚建立起来的威信也就此被涤荡殆尽！

正值天下初定大有作为之际，穆宗皇帝却在错误的时间任用错误的人，以至于最终铸成了大错。

河北地区激战正酣之际，朝廷内的明争暗斗也不断升级。翰林学士承旨元稹对宰相之位垂涎已久，于是竭力逢迎巴结穆宗皇帝身边的亲信宦官枢密使魏弘简。他深知一旦裴度在河北战场再立新功，那么他势必会重任宰相，到了那时元稹的宰相梦怕是就要破灭了。

为了阻止裴度再度拜相，元稹居然置朝廷利益于不顾，不断地在暗中使坏，以至于裴度提出的很多战略构想、战役部署最终都沦为了泡影。凡是对河北战局有利的事情，他与魏弘简几乎都不做；凡是对河北战局不利的事情，两人几乎都会不遗余力地去做。

其实裴度之前与元稹并没有什么私人恩怨，因此他起初对元稹并无戒备之心，可随着河北战局变得越来越不利，他才意识到原来是元稹与魏弘简从中作梗，当即将这件事汇报给穆宗皇帝。穆宗皇帝得知后也很气愤，当即贬枢密使魏弘简为弓箭库使，同时免去了元稹的翰林学士承旨职务，不过对元稹依旧信任。

河北局势之所以会彻底失控，身为首相的崔植和他的堂兄崔俊难辞其咎。"（崔植）手弛槛跌，纵虎狼焉，一日而亡地数千里，为天下笑；（崔）俊贪财资贼，又皆幸不诛。天以河北乱唐，故君臣不肖，勃缪其谋，惜哉。"①

崔植出生于门第显赫的博陵崔氏，养父崔祐甫为德宗朝宰相，成功地帮助刚刚即位的德宗皇帝李适度过了执政之初的重重危机，"时议者趑其谟谋，谓可复贞观、开元之治"②，正当天下人认为凭借崔祐甫的智谋，类似贞观、开元这样的太平治世指日可待之际，崔祐甫却突然去世了，犹如一颗闪过历史夜空的流星，虽然曾经光芒万丈，却迅速消失在天际。一意孤行的德宗皇帝后来因为处置失当酿成了"两帝四王"的大动乱。

崔植因为养父崔祐甫的缘故从政后受到诸多眷顾，担任谏官和御史中丞时赢得了极高的政治声望。其实每一个人都是缺点与优点的集合体，关键在于最大限度地发挥优点，最大限度地限制缺点。崔植虽然精通经史，却缺乏驾驭全局的经验；虽然清廉谨慎，却缺乏随机应变的能力，以至于在出任宰相后声名狼藉，声名扫地。

在天下大定之时，坚持原则的崔植或许可以震慑臣僚，在天下纷争之际，他显然难以适应时代的要求，既缺乏在暗流汹涌的环境下找寻正确政治方向的经验，也缺乏在纷繁复杂的局面下处理复杂问题的能力，更为可悲的是与崔植一同为相的杜元颖也是一个没有远见卓识的平庸之人。崔植、杜元

---

① （北宋）欧阳修、宋祁等撰：《新唐书·卷一百四十二·崔植传》，汉语大辞书出版社2004年版，第3286页。
② （北宋）欧阳修、宋祁等撰：《新唐书·卷一百四十二·崔祐甫传》，汉语大辞书出版社2004年版，第3284页。

颖的误国之举不仅是个人的悲剧，更是社会的悲剧和时代的悲剧。

长庆二年（公元822年）二月十九日，宰相崔植在无边的骂声中被罢为刑部尚书，工部侍郎元稹随即被提拔为宰相，但曾经的有志青年元稹如今眼中却只有自己的得与失，全然不顾大唐的生与死。

一直坚守深州的牛元翼虽然被朝廷任命为山南东道节度使，可他却被幽州、成德两镇军队围困在深州城中，根本就无法前去赴任。穆宗皇帝得知后只得派遣宦官出使深州，名义上是督促牛元翼尽快前往山南东道赴任，实际上是劝说朱克融和王廷凑尽快退兵。

裴度派人分别给朱克融与王廷凑送去了一封信，责备两人既然已经被朝廷任命为节度使，那就应该接受朝廷诏命，一意孤行只会搬起石头砸自己的脚，如果他们对朝廷都不尽忠，又如何要求部下对他们尽忠呢？

朱克融接到信后当即退兵撤围，王廷凑却仍旧不死心，只是率兵稍稍向后撤了几里，仍旧赖着不肯走。在宣慰使韩愈苦口婆心的劝说之下，王廷凑才很不情愿地撤兵而走，算是放了牛元翼一条生路。

穆宗皇帝将各路征讨大军分别遣返回本镇，却唯独要求忠武节度使李光颜继续留守沧州与景州。虽然这场讨伐战争以朝廷无原则的妥协而告终，但穆宗皇帝却担心素来骄纵的朱克融、王廷凑、史宪诚等人会借机再生事端，想要让李光颜统领手下这支彪悍的忠武兵在河北地区充当定海神针的作用。

李光颜对朝廷的诏命并无异议，但他手下那帮忠武兵却不干了，得知要求自己继续留守的消息后当即便鼓噪喧哗起来，相约一同返回忠武镇治所许州，身为节度使的李光颜赶忙出面制止，不过他在战争打响后才紧急调来忠武镇任职，那些向来我行我素的忠武兵根本就不听他的指挥，毅然决然地踏上了回家之路。

李光颜一向以治军严整著称，如今麾下士卒却自行溃散，他因为自责受惊大病了一场。李光颜觉得自己继续在河北待下去也没有什么意义，于是屡次给朝廷上表请求辞去横海节度使之职。他的申请最终获得了朝廷的批准，悻悻地返回了许州，终于可以过几天安稳日子了。

宰相元稹深知裴度必将成为自己的大敌，于是以尽快恢复河北地区正常秩序为由规劝穆宗皇帝解除了裴度的兵权，任命他为司空、东都留守，由于安史之乱后，皇帝几乎不再巡行洛阳，因此他这个东都留守也就沦为并无多大实权的闲职。

这项人事任命一出，朝野顿时为之哗然，河北战局失利这个锅不应由裴度来背，如此苛待裴度这位曾经为国家立下大功的朝廷重臣实在有失公允。穆宗皇帝听到朝野间的议论之后命裴度先来京城长安，随后再前往东都上任。

裴度的到来使得元稹深深地感受到了威胁，于是劝说穆宗皇帝任命裴度为淮南节度使，虽然淮南是大唐首屈一指的大藩镇，但这个任命一出仍旧在朝中引起了不小的争议，穆宗皇帝在巨大的压力之下不得不于三月二十七日任命裴度为宰相，不过让裴度与元稹始料未及的是他们很快就同时遭到了罢黜，鹬蚌相争最终却让渔翁得利！

之前深州城岌岌可危之际，和王傅于方曾向宰相元稹建议道："恳请派遣能言善辩的说客王昭、于友明等人携带大笔钱物前去游说策反王廷凑的部下，再随身带着二十张文武官员告身，或许可解深州之围！"

可于方之计还未及实施，朝廷便无奈地任命王廷凑为成德节度使，不过此事却被别有用心的人利用，很快就在朝中掀起了轩然大波。

那些人经过一番添油加醋告诉裴度，元稹暗中授意于方交结刺客，密谋刺杀他。老辣的裴度自然不会轻易听信这些谣言。那些人见一计未成便又心生一计，直接向左神策军告发了此事。

当年淮西之战激战正酣，王承宗、李师道曾经派遣刺客秘密进京刺杀主战派重臣，以至于宰相武元衡当街被杀，御史中丞裴度虽侥幸逃过一劫，却也是身负重伤，穆宗皇帝实在不愿意看到悲剧再度上演，于是下诏彻查此事。

此案最终因查无实据而草草结案，但两位当朝宰相相互算计之事却闹得满城风雨。其实这件事的幕后黑手是老奸巨猾的李逢吉，当年他因为暗中阻挠裴度在淮西之战中立功而被李纯罢免，自从下台那一日起，他就无时无刻不想着再度上台执政。

长庆二年（公元822年）六月初五，裴度与元稹同时被免去宰相职务，裴度被罢为尚书左仆射，元稹被罢为同州刺史，他们短短两三个月的宰相生涯也就此戛然而止，这也成为元稹此生最大遗憾。除了短暂回朝担任尚书右丞外，元稹一直飘零在外，五十三岁时病逝于武昌节度使任上。

几家欢乐几家愁，就在两人罢相的同时，李逢吉却趁机攫取了宰相之位，这对于大唐而言是极具灾难性的。他为了巩固自己的权位大肆勾结宦官，任人唯亲，贿赂公行。他精心培植了八个心腹，后来又招揽了八个亲信，被称为"八关十六子"。无论任何人，也不管请托任何事，只要打通了"八关十六子"这个关节几乎就都能办成，正是李逢吉的恣意妄为使得朝中变得乌烟瘴气，污垢丛生。

在李逢吉执政期间，朝廷重臣裴度屡屡遭受他的打压，不过好在穆宗皇帝这个败家子一直沉迷酒色，又大量服用丹药，年仅三十岁便突然离世了，不过他在位的这四年多的时间成为大唐从中兴走向动荡的关键时期！

穆宗皇帝的儿子敬宗皇帝李湛即位时只有十六岁，还是个率性而为的少年，不过他也有聪慧的时候，忠臣牛元翼的不幸遭遇使得他唏嘘不已。

当年在朝廷的竭力斡旋之下，王廷凑网开一面放仇人牛元翼离开。牛元翼走后，戍守深州的大将臧平等人举城投降了王廷凑。王廷凑恼怒于臧平等人一直坚守不降，于是将臧平等一百八十多名将领全都残忍杀害。

牛元翼就任山南东道节度使后不停地派人给王廷凑送去财物，因为他的老婆孩子如今还在王廷凑的手中，幻想着王廷凑能够让老婆孩子与自己团聚，但冷酷无情的王廷凑对他的恨意始终没有消除，将他的老婆孩子一直扣在自己手中。

牛元翼虽然对此心急如焚，却也是无可奈何，后来他听说与自己并肩战斗的臧平等人全都遭到了屠杀，心中满是愤怒、悲凉与自责，很快他就郁郁而终了。牛元翼死后，残忍的王廷凑居然将他的老婆孩子全都给杀了。

反叛朝廷的王廷凑、朱克融、史宪诚等人全都得到了高官厚利，为国尽忠的牛元翼最终却落得个愤懑而死、惨遭灭族的下场。

年幼的敬宗皇帝每每想起此事便总是意难平，觉得这是因为朝廷无能，宰相无能，于是将朝廷重臣裴度召回朝中重任宰相，不过此时的裴度却愈加深刻地意识到属于自己的时代已经随着李纯的死悄然逝去了，此时此刻谁都无法改变大唐的颓势。

每每想到至为关键的元和十四年（公元819年），裴度总是唏嘘不已，也惋惜不已。这一年既是各种矛盾彻底爆发前的关键一年，也是决定李纯生死存亡的关键一年，更是左右大唐走向的关键一年，可惜在这一年之中，李纯对暗流涌动的政局缺乏足够的警觉，也对自己的对手缺乏足够的警惕，最终酿成了他个人的悲剧，也成为时代的悲剧！

如若李纯能够再多活一年，一向深谋远虑的他肯定会从制度上彻底根除河北三镇分裂割据的土壤，即便在他死后发生军乱，朝廷也不至于会失去整个河北三镇，如若河北地区一直在大唐的控制之下，那么大唐的寿命无疑将会大幅地延长。

如若李纯能够再多活十年，收复陇右故地的梦想或许真的能变为现实，到了那时大唐势必会再度屹立于世界之巅。

历史最大的悲凉之处在于没有如果。李纯四十三年的生命历程永远地定格在了元和十五年（公元820年）那个洋溢着春节喜庆气氛的正月，无论世人如何扼腕叹息，却终究是无济于事！

经过将近十五年的不懈抗争，李纯得以重拾朝廷尊严，亲手敲响了藩镇割据势力的丧钟，可他的意外身死却使得他此前所有的努力刹那间便化为泡影，先后继位的穆宗皇帝李恒与敬宗皇帝李湛全都是贪图享乐、无心政事的昏庸之君，使得他辛辛苦苦缔造的中兴局面最终被击得粉碎。

一系列的决策失误使得大唐永远地失去了河北地区，日益滋长的藩镇割据势力犹如一个个癌细胞正一步步地吞噬着大唐的生命，不管是大唐皇帝们，还是五代十国的皇帝们全都对此束手无策，一直等到宋太祖赵匡胤登基之后才彻底解决了这个问题。

虽然相互钳制的制度设计与重文抑武的社会思潮使得北宋朝廷始终对地方保持着极强的控制力，可面对外敌入侵的时候，却又显得那么的脆弱不堪。

大唐经历了"国都六陷，天子九迁"之后才令人惋惜地落下帷幕，堪称我国历史上最顽强的王朝，北宋仅仅是都城第二次被围、国都第一次失陷便无奈地宣告亡国。

随着李纯的突然死亡，大唐苦苦追求六十余年的中兴之梦还没有来得及入梦便无奈地被惊醒，大唐不得不再度直面淋漓的鲜血，不得不再度直面这个残酷的世界！

附录

顺宗、武宗朝宰相在任情况表

时间	在任宰相	宰相变动情况
永贞元年（公元805年）正月	贾耽、杜佑、郑珣瑜、高郢	—
永贞元年（公元805年）二月	贾耽、杜佑、郑珣瑜、高郢、韦执谊	韦执谊拜相
永贞元年（公元805年）七月	贾耽、杜佑、韦执谊、袁滋、杜黄裳	郑珣瑜、高郢罢任，袁滋、杜黄裳拜相
永贞元年（公元805年）八月	贾耽、杜佑、韦执谊、袁滋、杜黄裳、郑余庆	郑余庆拜相
永贞元年（公元805年）十月	杜佑、韦执谊、杜黄裳、郑余庆	贾耽去世，袁滋罢任
永贞元年（公元805年）十一月	杜佑、杜黄裳、郑余庆	韦执谊罢任
永贞元年（公元805年）十二月	杜佑、杜黄裳、郑余庆、郑絪	郑絪拜相
元和元年（公元806年）十一月	杜佑、杜黄裳、郑絪	郑余庆罢相
元和二年（公元807年）正月	杜佑、郑絪、武元衡、李吉甫	杜黄裳罢相，武元衡、李吉甫拜相
元和二年（公元807年）十月	杜佑、郑絪、李吉甫	武元衡罢相
元和三年（公元808年）九月	杜佑、郑絪、于頔、裴垍	于頔、裴垍拜相，李吉甫罢相
元和四年（公元809年）二月	杜佑、于頔、裴垍、李藩	郑絪罢相，李藩拜相
元和五年（公元810年）九月	杜佑、于頔、裴垍、李藩、权德舆	权德舆拜相
元和五年（公元810年）十一月	杜佑、于頔、李藩、权德舆	裴垍罢相
元和六年（公元811年）正月	杜佑、于頔、李藩、权德舆、李吉甫	李吉甫拜相
元和六年（公元811年）二月	杜佑、于頔、权德舆、李吉甫	李藩罢相

—289—

续表

时间	在任宰相	宰相变动情况
元和六年（公元811年）十一月	杜佑、于頔、权德舆、李吉甫、李绛	李绛拜相
元和七年（公元812年）六月	于頔、权德舆、李吉甫、李绛	杜佑退休
元和八年（公元813年）正月	于頔、李吉甫、李绛	权德舆罢相
元和八年（公元813年）二月	李吉甫、李绛	于頔罢相
元和八年（公元813年）三月	李吉甫、李绛、武元衡	武元衡拜相
元和九年（公元814年）二月	李吉甫、武元衡	李绛罢相
元和九年（公元814年）六月	李吉甫、武元衡、张弘靖	张弘靖拜相
元和九年（公元814年）十月	武元衡、张弘靖	李吉甫去世
元和九年（公元814年）十二月	武元衡、张弘靖、韦贯之	韦贯之拜相
元和十年（公元815年）六月	张弘靖、韦贯之、裴度	武元衡遇刺身亡，裴度拜相
元和十一年（公元816年）正月	韦贯之、裴度	张弘靖罢相
元和十一年（公元816年）二月	韦贯之、裴度、李逢吉	李逢吉拜相
元和十一年（公元816年）八月	裴度、李逢吉	韦贯之罢相
元和十一年（公元816年）十二月	裴度、李逢吉、王涯	王涯拜相
元和十二年（公元817年）七月	李逢吉、王涯、崔群	裴度罢相，崔群拜相
元和十二年（公元817年）九月	王涯、崔群	李逢吉罢相
元和十二年（公元817年）十月	王涯、崔群、李鄘	李鄘拜相
元和十二年（公元817年）十二月	王涯、崔群、李鄘、裴度	裴度拜相
元和十三年（公元818年）三月	王涯、崔群、裴度、李夷简	李鄘罢相，李夷简拜相
元和十三年（公元818年）七月	王涯、崔群、裴度	李夷简罢相
元和十三年（公元818年）八月	崔群、裴度	王涯罢相
元和十三年（公元818年）九月	崔群、裴度、皇甫镈、程异	皇甫镈、程异拜相
元和十四年（公元819年）四月	崔群、皇甫镈	程异去世，裴度罢相
元和十四年（公元819年）七月	崔群、皇甫镈、令狐楚	令狐楚拜相
元和十四年（公元819年）八月	崔群、皇甫镈、令狐楚、韩弘	韩弘拜相
元和十四年（公元819年）十二月	皇甫镈、令狐楚、韩弘	崔群罢相

顺宗朝、宪宗朝宰相任职情况表

姓名	拜相年龄	拜相时间	拜相时职务	拜相后升迁	离任时间	离任后职务	在位时间
贾耽	64岁	贞元九年五月二十七日	尚书右仆射、平章事	尚书左仆射、检校司空、平章事	永贞元年十月初二	去世	12年4个月
杜佑	68岁	贞元十九年三月初一	检校司空、平章事	司徒、平章事	元和七年六月初七	以太保之职退休	9年3个月
郑珣瑜	66岁	贞元十九年十二月十三日	中书侍郎、平章事	吏部尚书、平章事	永贞元年七月二十八日	吏部尚书	1年7个月
高郢	64岁	贞元十九年十二月十三日	门下侍郎、同平章事	刑部尚书、平章事	永贞元年七月二十八日	刑部尚书	1年7个月
韦执谊	42岁	永贞元年二月十一日	尚书左丞、平章事	中书侍郎、平章事	永贞元年十一月初七	崖州司马	8个月
袁滋	57岁	永贞元年七月二十八日	中书侍郎、平章事	—	永贞元年十月初三	剑南西川节度使	2个月
杜黄裳	68岁	永贞元年七月二十八日	门下侍郎、平章事	—	元和二年正月十七日	河中节度使	1年半
郑余庆	61岁	永贞元年八月二十八日	尚书左丞、平章事	—	元和元年十一月庚戌	河南尹	1年2个月
郑絪	54岁	永贞元年十二月二十七日	中书侍郎、平章事	—	元和四年二月二十一日	太子宾客	3年1个月

注：同中书门下平章事简称为平章事

续表

姓名	拜相年龄	拜相时间	拜相时职务	拜相后升迁	离任时间	离任后职务	在位时间
武元衡	50岁	元和二年正月二十一日	门下侍郎、平章事	门下侍郎、平章事，判户部	元和二年十月十三日	剑南西川节度使	9个月
	56岁	元和八年三月十一日	门下侍郎、平章事	—	元和十年六月初三	遇害	2年2个月
李吉甫	50岁	元和二年正月二十一日	中书侍郎、平章事	—	元和三年九月十九日	淮南节度使	1年8个月
	54岁	元和六年正月二十五日	中书侍郎、平章事	—	元和九年十月初三	去世	3年8个月
裴垍	不详	元和三年九月十七日	中书侍郎、平章事	—	元和五年十一月二十三日	兵部尚书	2年2个月
于頔	不详	元和三年九月十一日	司空、平章事	—	元和八年二月丁酉（疑误）	恩王傅	4年5个月
李藩	65岁	元和四年二月二十一日	门下侍郎、平章事	—	元和六年二月初七	太子詹事	1年11个月
权德舆	52岁	元和五年九月十九日	礼部尚书、平章事	—	元和八年二月十七日	礼部尚书	2年3个月
李绛	48岁	元和六年十月二十九日	中书侍郎、平章事	—	元和九年十月十五日	礼部尚书	2年2个月
张弘靖	55岁	元和九年六月二十七日	刑部尚书、平章事	中书侍郎、平章事	元和十一年正月初三	河东节度使	1年6个月
韦贯之	55岁	元和九年十二月二十五日	尚书右丞、平章事	中书侍郎、平章事	元和十一年八月初九	吏部侍郎	1年7个月

续表

姓名	拜相年龄	拜相时间	拜相时职务	拜相后升迁	离任时间	离任后职务	在位时间
裴度	51岁	元和十年六月二十五日	中书侍郎、平章事	—	元和十二年七月丙戌（疑误）	淮西节度使	1年1个月
李逢吉	53岁	元和十二年十二月初七	中书侍郎、平章事	—	元和十四年四月二十九日	河东节度使	1年4个月
王涯	59岁	元和十一年三月初九	门下侍郎、平章事	—	元和十二年九月二十一日	东川节度使	1年7个月
崔群	52岁	元和十二月十六日	中书侍郎、平章事	—	元和十三年八月初一	兵部侍郎	1年7个月
李鄘	46岁	元和十三年十月丙戌（疑误）	中书侍郎、平章事	—	元和十四年十二月十一日	湖南观察使	2年4个月
皇甫镈	不详	元和十二年十月戊戌	门下侍郎、平章事	—	元和十三年三月戊戌（疑误）	户部尚书	4个月
李夷简	59岁	元和十三年九月二十三日	户部侍郎、平章事、判度支	门下侍郎、平章事	元和十三年七月二十八日	淮南节度使	4个月
程异	不详	元和十三年九月二十三日	工部侍郎、平章事、盐铁转运使	—	元和十四年润正月初四	崖州司户	1年4个月
令狐楚	不详	元和十四年七月二十一日	中书侍郎、平章事	门下侍郎、平章事	元和十五年四月十四日	去世	7个月
韩弘	54岁	元和十四年八月初三	司徒兼侍中、平章事	—	元和十五年七月十三日	宣歙观察使	1年
	55岁			—	长庆二年十二月初七	去世	2年2个月

宪宗朝宰相出身情况表

姓名	出身	家庭情况	婚姻情况	拜相前任职情况
贾耽	明经	曾祖贾远则任长河县尉；祖父贾知义任沁源县主簿；父亲贾炎之无官	武功苏氏，驾部郎中苏守忠曾孙苏珣的女儿	山南东道节度使—东都留守—义成节度使
杜佑	门荫	曾祖杜行敏任银青光禄大夫、荆益二州都督府长史、南阳郡公；祖父杜悫任中散大夫、右司员外郎；父亲杜希望为银青光禄大夫、鸿胪卿、恒州刺史、西河郡太守	安定郡梁氏，苏州常熟县令梁幼睦之女 陇西李氏，皇族远亲	尚书右丞—陕虢观察使—淮南节度使
郑珣瑜	制举	曾祖郑曾任慈州刺史；祖父郑长裕任许州刺史；父亲郑谅任冠氏县令	—	侍御史—刑部员外郎—饶州刺史—谏议大夫—吏部侍郎
高郢	进士	曾祖高卿任遂城县令；祖父高质任沧州长史；父亲高伯祥任右拾遗	—	主客员外郎—刑部郎中—中书舍人—礼部侍郎—太常卿
韦执谊	进士	曾祖韦会无官；祖父韦仲昌任京兆少尹；父亲韦浼任巴州刺史	杜氏，宪宗朝宰相杜黄裳之女	右拾遗、翰林学士—吏部郎中—吏部侍郎
袁滋	荐举	曾祖袁伦为当阳县令；祖父袁知玄为石州司马；父亲袁毕任咸宁县令	清河崔氏，崔虔之女	尚书右丞—华州刺史兼御史中丞—左金吾卫大将军
杜黄裳	进士	曾祖杜玄道为左千牛；祖父杜含章为定州司法参军；父亲杜绾任京兆府司录	赵郡李氏，李映之女	侍御史—刑部侍郎—吏部侍郎—太子宾客—太常卿
郑余庆	进士	曾祖郑曾任慈州刺史；祖父郑长裕任许州刺史；父亲郑慈明任太子舍人	—	山南西道从事—殿中侍御史—兵部员外郎—库部员外郎、翰林学士—库部郎中、翰林学士—工部侍郎—德宗朝宰相—郴州司马—尚书左丞
郑絪	进士	曾祖郑崇业任永州司马；祖父郑杳任河阳县丞；父亲郑羡任池州刺史	—	起居郎—司勋员外郎、知制诰—司勋员外郎、翰林学士—中书舍人

第十二章　附录

续表

姓名	出身	家庭情况	婚姻情况	拜相前任职情况
武元衡	进士	曾祖武载德为武则天族弟、任湖州刺史；祖父武平一任考功员外郎；父亲武就任殿中侍御史	—	右司郎中—御史中丞—太子右庶子—御史中丞
				剑南西川节度使
李吉甫	门荫	曾祖李肃然无官；祖父李载无官；父亲李栖筠任御史大夫	—	郴、饶二州刺史—考功郎中、知制诰—考功郎中、翰林学士—中书舍人
				淮南节度使
裴垍	进士	曾祖裴纲任蔡州刺史；祖父裴璩为河南少尹；父亲裴昱任高陵县令	—	考功员外郎、翰林学士—中书舍人、翰林学士—户部侍郎
于頔	门荫	曾祖于玄范任显武县令；祖父于汪任秘书监；父亲于复任泗州司马	赵郡李氏，李复之女	大理寺卿—陕虢观察使—山南东道节度使
李藩	入幕	曾祖李鹏任天官侍郎、壁州刺史；祖父李畬任考功郎中；父亲李承任湖南观察史	崔氏，崔构之女	吏部郎中—著作郎—国子司业—给事中
权德舆	入幕	曾祖权无待任成都县尉；祖父权倕任羽林军录事参军；父亲权皋任著作郎	清河崔氏，德宗朝宰相崔造之女	户部侍郎—兵部侍郎—太常卿
李绛	进士	曾祖李贞简任司农卿；祖父李刚官至宰邑；父亲李元善任襄州录事参军	范阳卢氏	监察御史、翰林学士—户部侍郎
张弘靖	门荫	曾祖张思义任成纪县丞；祖父张嘉贞为玄宗朝宰相；父亲张延赏为德宗朝宰相	范阳卢氏	户部侍郎—陕虢观察使—河中节度使
韦贯之	进士	祖父韦希元任上党县尉；父亲韦肇任吏部侍郎	—	都官郎中—中书舍人—礼部侍郎
裴度	进士	曾祖裴寔无官；祖父裴有邻为濮州濮阳县令；父亲裴溆任河南府渑池县丞	—	中书舍人—御史中丞—御史中丞兼刑部侍郎

续表

姓名	出身	家庭情况	婚姻情况	拜相前任职情况
李逢吉	进士	曾祖李晏,贞观中学士;祖父李颜无官;父亲李归期无官	—	给事中、皇太子侍读—中书舍人、知礼部贡举
王涯	进士	曾祖王寔任湖州安吉县令;祖父王祚任朝散大夫、青州司马;父亲王晃任温州刺史	—	蓝田县尉、翰林学士—都官员外郎、翰林学士—中书舍人、翰林学士—工部侍郎、翰林学士
崔群	进士	曾祖崔湛任常州武进县主簿,颍川、荥阳郡长史;祖父崔朝任怀州刺史;父亲崔积任金部郎中、兼侍御史	陇西李氏,李霸之女	右补阙、翰林学士—中书舍人、翰林学士—礼部侍郎—户部侍郎
李鄘	进士	曾祖李昉无官;祖父李璞任郓州司户参军;父亲李暄任起居郎	—	凤翔节度使—刑部尚书兼诸道盐铁转运使—淮南节度使
李夷简	门荫进士	曾祖李敬任郓州刺史;祖父李察言任鸿胪卿;父亲李自仙任太仆卿、怀楚等州别驾	—	户部侍郎、判度支—剑南西川节度使—御史大夫
皇甫镈	进士	曾祖皇甫文亮任高陵县令;祖父皇甫邻几任汝州刺史、太子洗马;父亲皇甫愉任常州刺史	—	户部郎中—御史中丞—户部侍郎、判度支
程异	明经	曾祖程奉思任利州刺史;祖父程子珪任左赞善大夫;父亲程献可任太子左谕德	—	淮南等道两税使—卫尉卿、盐铁转运副使—工部侍郎、盐铁转运使
令狐楚	进士	曾祖令狐浚任秦州上邽县尉;祖父令狐崇亮任绵州昌明县令;父亲令狐丞简任太原府功曹参军	—	职方员外郎、知制诰—职方员外郎、翰林学士—中书舍人—华州刺史—河阳节度使
韩弘	入幕	祖父韩望无官;父亲韩垂无官	翟氏,检校御史大夫、宋州刺史翟良佐之女	宋州南城守将—宣武都知兵马使—宣武节度使

唐朝宰相与节度使之间交流任职情况表

藩镇	节度使出任宰相 人数	姓名	宰相出任节度使 人数	姓名
淮南	7人	杜佑、李吉甫、李郦、王播、李德裕、李绅、杜悰	8人	李吉甫、王播、李夷简、牛僧孺、李绅、李让夷①、崔铉、刘邺
河东（天兵）	6人	张说、李光弼、马燧、王缙、裴度、李程	5人	张弘靖、王缙、裴度、李程、郑从谠
剑南西川	5人	杜鸿渐、张延赏、武元衡、夏侯孜、韦昭度	13人	杜鸿渐、武元衡、袁滋、段文昌、杜元颖、李固言、崔郸、李让夷、李回、魏谟、夏侯孜、路岩、韦昭度
河中（护国）	5人	萧华、张弘靖、韩弘、令狐绹②、崔胤（未赴任）	5人	杜黄裳、韩弘、夏侯孜、蒋伸、崔胤（未赴任）
朔方	4人	牛仙客、郭子仪、浑瑊、李怀光	0人	无
山南东道	3人	于頔、裴度、郑肃	4人	李逢吉、窦易直、裴度、于琮
宣武	2人	韩弘、王铎	4人	张镐、崔龟从、裴休、王铎
山南西道	2人	李宗闵、李固言	4人	李德裕、李固言、李载义、李宗闵
浙西（镇海）	2人	韩滉、贾𫗧（未赴任）	4人	路隋、杜审权、赵隐、曹确
义成（永平）	2人	张镒、贾耽	1人	王铎
淮西	2人	李忠臣、裴度	1人	裴度
荆南	1人	白敏中	8人	李石、李德裕、郑肃、刘瞻、王铎、萧邺、徐商、孔纬
剑南东川	1人	高璩	4人	李逢吉、杜悰、周墀、崔慎由
凤翔	1人	李晟（邠坊兼凤翔）	4人	张镒、白敏中、杜悰、徐彦若（未赴任）
武昌（即鄂岳）	1人	牛僧孺	3人	牛僧孺、卢商、裴澈
陕虢	1人	李泌	0人	无
河阳	1人	令狐楚	0人	无

---

① 会昌六年（公元846年）四月，李让夷司空兼门下侍郎，七月出任淮南节度使。
② 大中十三年（公元859年）八月，宰相令狐绹升任司空，十二月出任河中节度使。

续表

藩镇	节度使出任宰相		宰相出任节度使	
	人数	姓名	人数	姓名
河西	1人	萧嵩	0人	无
安西	1人	杜暹	0人	无
镇国	1人	韩建①	0人	无
湖南（武安）	0人	无	2人	崔群、崔胤（未赴任）
邠宁	0人	无	1人	白敏中
天平	0人	无	1人	马植
宣歙	0人	无	1人	杨收
武宁	0人	无	1人	刘崇望
合计	49人	—	74人	—

剑南西川节度使任职沿革表

姓名	上任时间	任职时间	上任前职务	上任时朝衔	卸任后职务	类别
卢元裕	至德二载年（公元757年）	1年	户部员外郎	—	通义郡守	剑南道分为西川、东川两道
李之芳	乾元元年（公元758年）	2年	黄门侍郎（即门下侍郎）	—	—	—
裴冕	乾元二年（公元759年）六月	1年	尚书右仆射	御史大夫	尚书右仆射	下野宰相辗转来此
李若幽	上元元年（公元760年）三月	不足1年	京兆尹	—	殿中监	—
崔光远	上元二年（公元761年）	不足1年	礼部尚书	—	去世	—

---

① 光化元年（公元898年）九月，镇国节度使韩建升任太傅兼中书令。

续表

姓名	上任时间	任职时间	上任前职务	上任时朝衔	卸任后职务	类别
严武	上元二年（公元761年）十月	1年	京兆尹	—	太子宾客兼御史大夫	—
高适	宝历元年（公元762年）	1年	蜀州刺史	—	刑部侍郎	—
严武	广德二年（公元764年）正月	1年	黄门侍郎	—	去世	西川、东川合为剑南一道
郭英乂	永泰元年（公元765年）五月	9个月	尚书右仆射	—	被兵马使崔宁杀害	—
杜鸿渐	大历元年（公元766年）二月	1年	黄门侍郎（即门下侍郎）、平章事	—	门下侍郎、平章事	下野宰相直升宰相
崔宁	大历二年（公元767年）七月	12年	剑南西川行军司马	尚书左仆射	检校司空、同中书门下平章事、兼御史大夫	剑南道分为西川、东川两道，升任宰相
张延赏	大历十四年（公元779年）十一月	5年	荆南节度使	检校兵部尚书	中书侍郎、平章事	直升宰相
韦皋	贞元二年（公元785）六月	19年	左金吾大将军	检校户部尚书，后升为尚书右仆射，再升检校太尉、中书令	去世	升任使相
袁滋	永贞元年（公元805年）五月	1个月	中书侍郎、平章事、剑南东西川、山南东道安抚大使	检校吏部尚书、同平章事	并未实际赴任	下野宰相
刘辟	永贞元年（公元805年）十二月	9个月	给事中、剑南西川行军司马	—	兵败被俘	—

-299-

续表

姓名	上任时间	任职时间	上任前职务	上任时朝衔	卸任后职务	类别
高崇文	元和元年（公元806年）九月	1年	东川节度使	检校司空	邠宁节度使、平章事	升任使相
武元衡	元和二年（公元807年）十月	5年	门下侍郎、平章事	检校吏部尚书、兼门下侍郎、平章事	门下侍郎、平章事	下野宰相直升宰相
李夷简	元和八年（公元813年）正月	5年	山南东道节度使	检校吏部尚书	御史大夫，后任门下侍郎、平章事	间接升任宰相
王播	元和十三年（公元818年）正月	3年	礼部尚书	检校户部尚书	刑部尚书，后任中书侍郎、平章事	间接升任宰相
段文昌	长庆元年（公元821年）二月	2年	中书侍郎、平章事	检校刑部尚书、平章事	刑部尚书	下野宰相
杜元颖	长庆三年（公元823年）十月	6年	户部侍郎、平章事	检校礼部尚书、平章事	韶州刺史	下野宰相
郭钊	太和三年（公元829年）十二月	1年	东川节度使	检校司空	太常卿	—
李德裕	太和四年（公元830年）十月	2年	义成节度使	检校兵部尚书	兵部尚书，后任文宗、武宗两朝宰相	间接升任宰相
段文昌	太和六年（公元832年）十一月	2年	荆南节度使	检校尚书左仆射、平章事	去世	使相
杨嗣复	太和九年（公元835年）二月	2年	东川节度使	检校户部尚书	户部尚书、盐铁转运使，随即平章事	间接升任宰相

续表

姓名	上任时间	任职时间	上任前职务	上任时朝衔	卸任后职务	类别
李固言	开成二年（公元837年）十月	4年	门下侍郎、平章事	检校尚书左仆射	尚书右仆射	下野宰相
崔郸	会昌元年（公元841年）十一月	5年	中书侍郎、平章事	检校尚书左仆射、平章事	淮南节度使	下野宰相
李回	大中元年（公元847年）八月	6个月	门下侍郎、平章事	检校户部尚书、光禄大夫、平章事	湖南观察使	下野宰相
杜悰	大中二年（公元848年）二月	3年	东川节度使	—	淮南节度使，后为尚书右仆射、中书侍郎、平章事	间接升任宰相
白敏中	大中六年（公元852年）四月	4年	邠宁节度使	检校司徒、平章事	荆南节度使	下野宰相辗转来此，后再度为相
魏谟	大中十一年（公元857年）二月	1年	门下侍郎、平章事	检校户部尚书、平章事	吏部尚书	下野宰相
李景让	大中十二年（公元858年）五月	1年	御史大夫	检校吏部尚书	太子少保、分司东都	—
杜悰	大中十三年（公元859年）	1年	东都留守	—	太子少保、分司东都	下野宰相辗转来此
夏侯孜	咸通元年（公元860年）十月	1年	门下侍郎、兼兵部尚书、平章事	检校尚书右仆射、门下侍郎、平章事	尚书左仆射、门下侍郎、平章事	下野宰相直升宰相
萧邺	咸通三年（公元862年）七月	1年	荆南节度使	检校尚书左仆射、平章事	山南西道节度使	下野宰相辗转来此

-301-

续表

姓名	上任时间	任职时间	上任前职务	上任时朝衔	卸任后职务	类别
李福	咸通五年（公元864年）二月	2年	刑部尚书、盐铁转运使	平章事	蕲王傅	使相
刘潼	咸通七年（公元866年）三月	2年	河东节度使	检校尚书右仆射	去世	—
卢耽	咸通九年（公元868年）九月	2年	山南东道节度使	—	兵部尚书	—
吴行鲁	咸通十一年（公元870年）	1年	西川节度留后	—	—	—
路岩	咸通十二年（公元871年）四月	3年	尚书左仆射、门下侍郎、平章事	检校司徒、平章事	荆南节度使，还未赴任贬新州刺史	下野宰相
牛丛	咸通十四年（公元873年）十一月	1年	—	—	太常卿	—
高骈	乾符二年（公元875年）正月	3年	天平节度使	检校司徒、平章事	荆南节度使	升任使相
崔安潜	乾符五年（公元878年）	2年	忠武节度使	—	太子宾客、分司东都	—
陈敬瑄	广明元年（公元880年）三月	8年	左金吾大将军	兼中书令	被免职后拒绝交权，直至大顺二年（公元891年）八月被擒	升任使相
韦昭度	文德元年（公元888年）六月	3年	司空、平章事	检校司空、平章事	率兵攻打成都，却久攻不下	下野宰相
王建	大顺二年（公元891年）十月	16年	永平节度使	司徒、平章事、蜀王	唐亡后建立前蜀	升任使相

兖海观察使（后升为泰宁节度使）任职沿革表

姓名	上任时间	任职时间	上任前职务	上任方式	卸任职务	人员类别
王遂	元和十四年（公元819年）二月	5个月	淄青行营诸军粮料使	朝廷任命	兵乱被杀	文职
曹华	元和十四年（公元819年）七月	3年	棣州刺史	朝廷任命	义成节度使	武职
高承简	长庆二年（公元822年）约八月	1年	宋州刺史	朝廷任命	义成节度使	武职
王沛	长庆三年（公元823年）八月	2年	忠武节度副使	朝廷任命	忠武节度使	武职
张茂宗	宝历元年（公元825年）八月	5年	右金吾大将军	朝廷任命	左金吾大将军	武职
康承宣	太和五年（公元830年）十一月	8个月	尚书左丞	朝廷任命	吏部侍郎	文职
李文悦	太和六年（公元831年）六月	3年	灵武节度使	朝廷任命	去世	武职
崔戎	太和八年（公元833年）三月	3个月	华州刺史	朝廷任命	去世	文职
崔杞	太和八年（公元833年）六月	3年	将作监	朝廷任命	大理少卿（此职为卸任十余年后职务）	文职
张贾	开成二年（公元837年）七月	4年	太府卿	朝廷任命	鸿胪卿	文职
李玭	会昌元年（公元841年）	5年	不详	朝廷任命	—	不详
高承恭	会昌六年（公元846年）	4年	邠宁节度使	朝廷任命	—	不详

续表

姓名	上任时间	任职时间	上任前职务	上任方式	卸任职务	人员类别
萧俶	大中四年（公元850年）	3年	太子宾客	朝廷任命	太子宾客	文职
敬晦	大中七年（公元853年）	1年以内	浙西观察使	朝廷任命	太子宾客、分司东都	文职
田牟	大中八年（公元854年）	约2年	武宁节度使	朝廷任命	天平节度使	不详
刘莒	大中十二年（公元858年）	约2年	不详	朝廷任命	—	不详
郑助	咸通元年（公元860年）	约5年	邠宁节度使	朝廷任命	—	不详
郑汉璋	咸通五年（公元864年）	约4年	不详	朝廷任命	—	不详
曹翔	咸通九年（公元868年）	约6年	陇州刺史	朝廷任命	—	武职
崔尚书	乾符元年（公元874年）	约2年	不详	朝廷任命	—	不详
齐克让	乾符三年（公元876年）正月	约2年	左金吾大将军	朝廷任命	—	武职
李係	乾符五年（公元878年）	约1年	不详	朝廷任命	湖南观察使	文职
齐克让	乾符六年（公元879年）三月或五月	8年	将军	朝廷任命	被天平牙将朱瑾驱逐	武职
朱瑾	光启二年（公元886年）五月	11年	天平牙将	攻击自立	出师后地盘被攻占	武职
葛从周	乾宁四年（公元897年）正月	8年	宣义行军司马	攻击自立	左金吾上将军	武职
刘仁遇	天祐二年（公元905年）	3年	棣州刺史	朝廷任命	任职至唐亡	武职

参考文献

1. 刘后滨著：《唐代中书门下体制研究：公文形态·政务运行与制度变迁》，齐鲁书社 2004 年版。

2. 贾志刚著：《唐代中后期供军使、院及相关问题探讨》，《魏晋南北朝隋唐史资料》第 18 辑，武汉大学出版社 2001 年版。

3. [日] 横山裕男、区玉莹：《唐的官僚制与宦官——中古近侍政治的终结序说》，《唐史论丛》第 31 辑，三秦出版社 2020 年版。

4. 黄永年编著：《从立储谈宪宗之死》，《六至九世纪中国政治史》，上海书店出版社 2004 年版。

5. 韩国磐著：《唐宪宗平定藩镇之乱的经济条件》，《隋唐五代史论集》，生活·读书·新知三联书店 1979 年版。

6. 王寿南著：《唐代藩镇与中央关系之研究》，嘉新水泥公司文化基金会 1969 年版。

7. 张国刚著：《唐代藩镇研究》，湖南教育出版社 1987 年版。

8. 贾志刚著：《唐代军费问题研究》，中国社会科学出版社 2006 年版。

9. 李锦绣著：《唐代财政史稿》（第 5 册），中国社会文献出版社 2007 年版。

10. 陈寅恪著：《唐代政治史述论稿》，上海古籍出版社 1982 年版。

11. 丁鼎著：《牛僧孺年谱》，辽海出版社 1997 年版。

12. 李润强著：《牛僧孺研究》，甘肃人民出版社 2002 年版。

13. 岑仲勉著：《隋唐史》，中华书局 1982 年版。

14. 唐长孺著：《唐修宪穆敬文四朝实录与牛李党争》，《唐长孺文集：山居存稿》，中华书局 1989 年版。

15. 傅璇琮著：《李德裕年谱》，中华书局 2013 年版。

16. 周浩：《新辑牛僧孺贤良策文考释》，《唐史论丛》第 20 辑，三秦出版社 2015 年版。

17. 卢向前：《卢从史冤狱与牛李党争》，《张广达先生八十华诞祝寿论文集》，新文丰出版公司 2010 年版。

18. 黄楼：《唐代宪宗朝官僚集团的矛盾及其党派分野》，《中国中古史集刊》第 2 辑，商务印书馆 2016 年版。

19. ［日］松井秀一：《裴垍の税制改革について》，《史学杂志》1967 年第 76 卷第 7 号。

20. 任兆杰：《唐保义军节度使刘澭事迹考实》，《西北民族论丛》第 21 辑。

21. 许超雄：《河朔规矩与朝廷宪章：中晚唐时期的河朔将领——以刘澭为中心》，《史林》2019 年第 1 期。

22. 许超雄，张剑光：《杜黄裳与唐宪宗初年的伐蜀战争》，《陕西历史博物馆馆刊》第 22 辑。

23. 陈乐保：《唐代宗至宪宗时期的西川节度使继任危机与终结》，《中国边疆史地研究》2015 年第 2 期。

24. 陈乐保：《唐代剑南道研究》，山东大学 2015 年博士学位论文。

25. 李碧妍：《危机与重构——唐帝国及其地方诸侯》，复旦大学 2011 年博士学位论文。

26. 何锡光：《论韩愈段文昌先后写作〈平淮西碑〉的政治背景（上）》，《周口师范高等专科学校学报》1999 年第 3 期。

27. 何锡光：《论韩愈段文昌先后写作〈平淮西碑〉的政治背景（下）》，《周口师范高等专科学校学报》2000 年第 3 期。

28. 黄楼：《〈平淮西碑〉再探讨》，《魏晋南北朝隋唐史资料》第 23 辑。

29. 曾现江：《唐后期、五代之淮蔡军人集团研究》，四川大学 2002 年硕士学位论文。

30. 朱德军：《唐代中后期地方独立化问题初探》，《陕西师范大学学报

（哲学社会科学版）》2009 年第 2 期。

31. 张琰：《唐代宪宗朝中枢政局演进研究》，山东大学 2018 年硕士学位论文。

32. 柳淳：《唐代节度使带职问题研究》，西北大学 2016 年硕士学位论文。

33. 许超雄：《元和削藩与唐宪宗时期的财政"二元"格局》，《中国社会经济史研究》2019 年第 4 期。

34. 朱德军：《唐代中原藩镇军额与军费问题初探》，《陕西师范大学学报（哲学社会科学版）》2011 年第 2 期。

35. 黄楼：《从枢密使到枢密院——唐代枢密使演进轨迹的再考察》，《徐州工程学院学报（社会科学版）》2015 年第 4 期。

36. 许超雄：《唐宪宗元和时期中枢政治关系研究——以吐突承璀领兵之争为核心》，《史林》2022 年第 2 期。

37. 卢向前：《卢从史出兵山东与唐宪宗用兵河朔三镇之关系》，《中华文史论丛》2007 年第 3 期。

38. 陆扬：《从碑志资料看 9 世纪唐代政治中的宦官领袖——以梁守谦和刘弘规为例》，《文史》2010 年第 4 辑。

39. 贾艳红：《论唐宪宗对永贞革新之继承与发展》，《山东师范大学学报（人文社会科学版）》2001 年第 2 期。

40. 张琰：《唐代宪宗朝中枢政局演进研究》，山东大学 2018 年硕士学位论文。

41. 王北辰：《唐代河曲的"六胡州"》，《内蒙古社会科学（文史哲版）》1992 年第 5 期。

42. 任士英：《唐玄宗时期东宫体制非实体化考述——以东宫职员的设置变化为中心》，《中国史研究》2004 年第 3 期。

43. 刘思怡：《唐代宗室管理制度研究》，陕西师范大学 2009 年博士学位论文。

44. 牟发松：《墓志资料中的河北藩镇形象新探——以〈崔氏合祔墓志〉所见成德镇为中心》，《陕西师范大学学报（哲学社会科学版）》2008 年第 3 期。

45. 周浩：《论元和三年制举案的过程与性质——兼论"牛李党争"的起

因》,《中华文史论丛》2017 年第 3 期。

46. 冯承基:《牛李党争始因质疑》,《台大文史哲学报》1958 年第 8 期。

47. 胡如雷:《唐代牛李党争研究》,《历史研究》1979 年第 6 期。

48. 何燦浩:《元和对策案试探》,《南开大学学报》1984 年第 3 期。

49. 王炎平:《牛李党争始因辨析》,《四川大学学报(哲学社会科学版)》1985 年第 3 期。

50. 金滢坤:《论元和三年制举科场案——兼论牛李党争之发端与影响》,《人文杂志》2015 年第 8 期。